HISTOIRE

DU

CULTURKAMPF EN SUISSE

(1874-1886)

PAR

CHARLES WOESTE

MEMBRE DE LA CHAMBRE DES REPRÉSENTANTS

de Belgique

BRUXELLES

SOCIÉTÉ BELGE DE LIBRAIRIE

Rue des Paroissiens, 13

A. VANDENBROECK, Directeur

PARIS   GENÈVE

VICTOR PALMÉ, Éditeur   CH. TREMBLEY, Éditeur

1887

HISTOIRE

DU

CULTURKAMPF EN SUISSE

IMPRIMERIE POLLEUNIS, CEUTERICK & LEFÉBURE

35, RUE DES URSULINES, 35

HISTOIRE

DU

CULTURKAMPF EN SUISSE

(1871-1886)

PAR

CHARLES WOESTE

Membre de la Chambre des Représentants
de Belgique

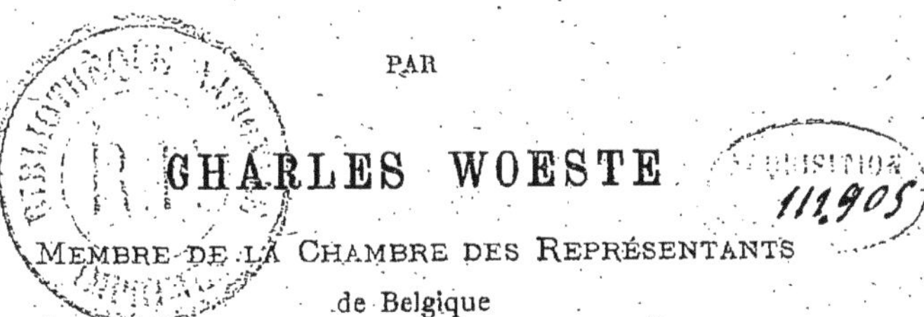

BRUXELLES
SOCIÉTÉ BELGE DE LIBRAIRIE
12, RUE DES PAROISSIENS, 12
A. VANDENBROECK, Directeur

PARIS	GENÈVE
Victor PALMÉ, Éditeur	H. TREMBLEY, Éditeur
76, rue des Saints-Pères, 76	4, rue Corraterie, 4

1887

INTRODUCTION.

Le 18 juillet 1870 est une des dates mémorables de l'histoire de l'Église. Ce jour-là fut proclamé par le Concile du Vatican le dogme de l'infaillibilité papale.

De vifs débats s'étaient élevés au sujet de ce dogme, avant que l'assemblée conciliaire s'ouvrît. Évêques, docteurs, théologiens, avaient été presque unanimes à reconnaître que la croyance à l'infaillibilité du Souverain Pontife était conforme à la tradition catholique; mais beaucoup avaient émis l'avis que l'heure de la définir n'était pas venue. La plupart des évêques allemands et hongrois, au nombre de 32, et parmi eux Mgr Melchers, archevêque de Cologne, le cardinal Rauscher, archevêque de Vienne, Mgr de Ketteler, évêque de Mayence, Mgr Héfélé, évêque de Rottenbourg, s'étaient rangés à cette opinion.

Mais, la décision rendue, la soumission de l'épiscopat fut générale. Par contre, quelques professeurs des facultés de théologie allemandes se révoltèrent. A leur tête se plaça un homme d'une grande notoriété et d'une autorité universellement acceptée jusque-là, le Dr Doellinger, prévôt de St Cajétan à Munich. Ils prirent le nom de vieux-catholiques; ils s'efforcèrent d'organiser les opposants en église et réunirent à cet effet un congrès dans la capitale de la Bavière au mois de septembre 1871. Là fut lu un programme signé des docteurs Doellinger, Reinkens, Schulte, Huber, Maessen,

Langen et Friederich, qui protestait contre l'infaillibilité pontificale, professait pour l'État un véritable culte, invoquait le concours de l'autorité laïque pour la formation du clergé, et demandait, en termes fort peu déguisés, la proscription de la Compagnie de Jésus. L'assemblée approuva ce programme et décida la création de communautés ou de paroisses de vieux-catholiques. Bientôt après, on donna pour chef à la nouvelle église un des auteurs du mouvement, le Dr Reinkens, à qui l'on décerna le titre d'évêque.

Le mot d'ordre de la secte sortie des délibérations du congrès de Munich fut, que l'infaillibilité papale était une menace pour l'État allemand, tant au point de vue politique qu'au point de vue scientifique. " Le 18 juillet 1870, „ déclara le Dr Doellinger en prenant le 23 décembre 1871 possession de son rectorat d'université, " le 18 juillet 1870 n'a pas été seulement une déclaration de guerre faite à l'Allemagne protestante ; il a été une déclaration de guerre faite par Rome à la science allemande. „

Dès la fin de 1870, les catholiques avaient eu le pressentiment des événements qui se préparaient. Ils avaient résolu de s'unir étroitement pour repousser les agressions que des ennemis nombreux et divers méditaient, et ils avaient constitué dans ce but, au sein de la Chambre prussienne et, peu après, du Parlement allemand, *la fraction du centre* à laquelle ils avaient assigné pour mission de défendre la liberté religieuse et le caractère chrétien des écoles contre toutes les attaques, d'où qu'elles vinssent.

Les hostilités ne tardèrent pas à s'engager. Depuis plusieurs années, les nationaux-libéraux s'étaient montrés animés à l'égard des catholiques des projets les plus malveillants. Le gouvernement ne les avait pas suivis ; mais, tout à coup, en 1871, virant de bord, il épousa leur querelle et se signala

par des actes et des démonstrations qui présageaient une
guerre prochaine et générale. Non seulement il s'éleva avec
la plus grande véhémence contre la formation de la fraction
du centre ; mais il prit sous sa protection les prêtres qui
avaient divorcé d'avec l'Église, et il supprima la division du
culte catholique au ministère des cultes. On ne pouvait
guères espérer qu'il s'arrêterait après ces premiers pas ;
tout dénotait de sa part l'adoption d'un plan de campagne
dont les effets les plus graves ne s'étaient pas encore mani-
festés. Aussi, l'un des champions les plus valeureux des droits
des catholiques, M. Auguste Reichensperger, écrivit-il au
mois d'août 1871 : " Peut-être allons-nous voir commencer
dans notre patrie allemande cette lutte stérile et maladive
qui déjà a dévoré la meilleure partie des forces d'autres
pays, en donnant un libre cours aux passions les plus dangereuses. Alors les catholiques de l'Allemagne devront s'ap-
prêter à supporter une longue suite de contrariétés ; leur
courage religieux aura à subir de dures épreuves (1). „

Ces paroles étaient prophétiques : les réformes les plus
funestes ne tardèrent pas à être introduites dans le double
domaine scolaire et religieux.

Quelles causes provoquèrent de la part du gouvernement
un changement de front auquel la loyauté indiscutable des
catholiques avait enlevé d'avance tout prétexte ?

L'empereur Guillaume, dans une réponse aux évêques
qui s'étaient respectueusement plaints à lui vers la fin de
1871 des menaces dont l'Église était la victime, fit entendre
les paroles suivantes : " *S'il s'est produit dans le régime intérieur de l'Église catholique des changements qui menacent la
bonne harmonie qui a régné entre l'État et l'Église,* je n'ai pas
à me prononcer sur des questions de dogme ; mais je

____

(1) *Revue Générale,* août 1871.

m'appliquerai à donner une solution légale aux conflits, qui pourront surgir entre les autorités spirituelles et temporelles et qu'on n'aura pu éviter. „ Un peu plus tard, le 10 mars 1873, le prince de Bismarck, exposant à la Chambre des seigneurs les périls résultant, d'après lui, pour l'empire allemand de l'existence d'une fraction confessionnelle, le parti du centre, s'écria : « Chez nous, il s'agit de créer deux États confessionnels qui seraient engagés l'un vis-à-vis de l'autre dans une lutte dualiste, deux États dont l'un aurait pour souverain suprême un prince ecclésiastique étranger qui, *par suite des derniers changements opérés dans la constitution de l'Église catholique*, est devenu plus puissant qu'il ne l'était autrefois. Nous aurions donc, si ce programme s'exécutait, au lieu de l'État prussien compacte et uni qui a existé jusqu'à présent, au lieu de l'empire allemand, tel que nous devons le réaliser, deux organismes politiques parallèles courant l'un à côté de l'autre, l'un avec son état-major dans la fraction-centre, l'autre avec son état-major dans le principe séculier dirigeant, dans le gouvernement et la personne de S. M. l'Empereur. Cette situation était absolument inacceptable pour le gouvernement ; son devoir était de défendre l'État contre les dangers qu'elle présentait. „

A entendre ce langage, on eût dit que le gouvernement s'était ému tout à la fois des pouvoirs que le dogme de l'infaillibilité avait attribués à la Papauté et du dessein qu'aurait eu la fraction du centre de créer au sein de l'État allemand une sorte de second État dont la tendance eût été de se soustraire aux lois du premier. Il est difficile cependant d'admettre que ces craintes aient été sincères. La décision du Concile du Vatican n'avait fait que consacrer une croyance universellement admise dans l'Église et qui avait de tout temps inspiré la conduite des Souverains Pontifes ; et quant à la fraction du centre, rien n'était plus éloigné de sa pensée que de chercher à ébranler, soit le gouvernement de l'ancienne Prusse, soit l'organisation de l'empire ; elle n'avait, je le répète, qu'un double but de politique intérieure, absolument compatible avec la marche de tout État, savoir la défense de la liberté religieuse et le maintien du caractère confessionnel des écoles.

Il est plus vraisemblable que le prince de Bismarck a cédé à une tentation césarienne. L'église vieille-catholique se présentait à lui comme une église d'État décidée à recevoir sa direction de l'autorité civile ; un instant on avait pu croire qu'elle absorberait une fraction notable de l'Église catholique ; si elle avait réussi, elle aurait créé au profit de l'empire nouveau un rouage puissant, un instrument de règne qui en eût augmenté la force. M. de Bismarck fut très probablement séduit par cette perspective, et de là sont venus les encouragements prodigués aux vieux-catholiques et les persécutions dirigées contre les catholiques ; favoriser les premiers, affaiblir les seconds, c'était travailler à l'érection d'une église nationale qui, à l'exemple de l'église anglicane, aurait indissolublement lié son sort à celui de l'Empire, en même temps qu'elle lui eût fourni un appui complaisant.

Aussi la lutte contre l'Église catholique, bien que n'étant justifiée par rien, prit-elle rapidement de sérieuses proportions : " Nous sommes, s'écrièrent les orateurs du parti national-libéral, nous sommes vis-à-vis de Rome sur le pied de guerre. „ Dès 1872, le Culturkampf sévissait dans toute sa rigueur.

Les conservateurs allemands n'étaient ni satisfaits ni rassurés. M. de Bismarck, sans souci d'une longue alliance, s'était séparé d'eux et marchait avec tous les éléments libéraux la main dans la main. Il avait suffi qu'il se posât en antagoniste de l'Église pour ramener à lui les lutteurs parlementaires qui l'avaient longtemps combattu sur les terrains les plus divers. En dehors de l'Allemagne, il reçut des applaudissements et des encensements qu'il aurait dédaignés peu de temps auparavant, et l'on vit le Culturkampf loué, exalté par tous ceux qui, n'ayant plus foi dans la liberté pour vaincre l'Église, s'étaient pris soudain à espérer qu'ils l'abattraient par la compression.

Dans plusieurs pays, les mœurs ou les institutions s'opposaient, au grand mécontentement des libéraux, à l'introduction de la nouvelle politique allemande. En Suisse, on crut pouvoir l'implanter. Là, les radicaux avaient, depuis longtemps, cherché à diriger contre l'Église les coups les plus perfides; en somme, ils n'avaient pas réussi ; les cantons catholiques avaient, avec plus ou moins de ferveur, conservé leur ancienne foi. Mais dès qu'un auxiliaire imprévu, le vieux-catholicisme, fût entré dans la lice, on résolut, comme en Allemagne, de tâcher de substituer avec son aide une église dépendante à celle qui, jalouse de la mission qu'elle tient de Dieu, s'est toujours refusée à courber la tête devant le pouvoir civil.

Pour assurer le succès de ce dessein, on mit tout en œuvre à l'effet d'égarer les esprits ; on leur fit redouter les conséquences du dogme qui venait d'être défini et qu'on proclamait nouveau ; on invoqua, pour le faire rejeter, la nécessité d'asseoir sur des bases inébranlables l'indépendance du pouvoir civil. Les évêques suisses s'étaient de bonne heure alarmés de ce travestissement. L'évêque de Bâle, Mgr Lachat, vivement pris à partie par le *Bund*, alors qu'il participait à Rome aux travaux du Concile, s'était empressé de lui écrire

une lettre justificative, dans laquelle il avait déclaré que
« le Pape devait consulter l'Écriture, la tradition, la croyance
universelle et puiser les éléments de la doctrine dans le dépôt
de la révélation „ ; „ les définitions du Pape, avait-il ajouté,
n'atteignent point le domaine des sciences, de la philosophie,
de la politique proprement dite. „ Au mois de septembre
1871, l'épiscopat tout entier publia une Instruction pastorale
lumineuse dans laquelle il exposa le caractère des décisions du Concile; il y rappela notamment des déclarations
importantes émanées du Pape : „ C'était, avait dit celui-ci, une
erreur pernicieuse de représenter l'infaillibilité comme renfermant le droit de déposer les souverains et de délier les peuples de leur serment de fidélité. Ce droit a été en effet dans
des circonstances extrêmes exercé par les papes ; mais il n'a
rien de commun avec l'infaillibilité pontificale. Il était une
conséquence du droit public qui était alors en vigueur et du
consentement des nations chrétiennes qui reconnaissaient
dans le Pape le juge suprême de la chrétienté et le constituaient juge sur les princes et les peuples, même dans les
matières temporelles. Or, la situation présente est tout à fait
différente. La mauvaise foi seule peut confondre des objets si
divers et des époques si peu semblables, comme si un jugement infaillible porté sur une vérité révélée avait quelque
analogie avec un droit que les Papes sollicités par le vœu
des peuples ont dû exercer quand le bien général l'exigeait ! „

Ces explications si claires auraient dû désarmer tous les
préjugés. Mais les ennemis de l'Église avaient intérêt à obs-
curcir la vérité. Ils insinuèrent en même temps, que l'évêque
de Rottenbourg, Mgr Héfélé, et l'évêque de Saint-Gall,
Mgr Greith, étaient restés hostiles au dogme de l'infaillibilité. Ils furent bientôt désavoués par les déclarations les
plus formelles des prélats accusés; mais, loin de perdre cou-

rage, ils se rabattirent sur le caractère dangereux pour la sécurité des États des prérogatives reconnues aux Souverains Pontifes.

Il est probable cependant, que si M. de Bismarck n'avait pas tracé aux radicaux suisses la voie de l'oppression, ils ne seraient pas sortis du domaine des déclamations. Stimulés. par un exemple venu de si haut, ils se résolurent à le suivre. Comme en Allemagne, ils procédèrent méthodiquement; la marche du chancelier allemand et la leur furent parallèles; ils mesurèrent leurs efforts aux siens, et pour tout dire en un mot, ils se laissèrent guider par le vent qui soufflait de Berlin. Ils ne s'en cachèrent du reste pas; l'un d'eux, M. Froté, préfet de Porrentruy, à l'heure où la lutte était le plus intense, écrivait au gouvernement de Berne dont il était l'agent : " Bismarck est le premier homme d'État du monde, et il vient de trouver le vrai remède aux maux qui menacent la société civile. Il chasse de l'Allemagne sur la France la vermine qui a déjà anéanti cette dernière nation, et elle est certes plus redoutable encore que les uhlans. Les canons de l'Église romaine sont plus redoutables que les canons Krupp. „

En Suisse comme en Allemagne, le motif apparent de la persécution fut la proclamation du dogme de l'infaillibilité. Là aussi les adversaires protestants ou libres penseurs de ce dogme prétendirent que la définition du Concile du Vatican avait altéré dans son essence la constitution de l'Église et complètement modifié ses rapports avec les États; la liberté suisse était désormais menacée par la curie romaine.

Ce n'était là qu'un prétexte; car, outre que les évêques de la catholicité tout entière et avec eux le pape Pie IX s'étaient empressés de faire ressortir que, d'après des témoignages irrécusables, l'infaillibilité papale avait toujours été contenue dans le dépôt des vérités révélées à l'Église, aucun acte, indiquant des prétentions nouvelles, n'était émané, après le 18 juillet 1870, de l'autorité ecclésiastique. Rien ne montre mieux du reste le caractère factice des alarmes qu'on se plaisait alors à colporter, que l'état actuel des esprits au sujet de cette question. Qui dénonce encore l'infaillibilité pontificale, comme créant un péril pour l'indépendance du pouvoir civil ? Sans doute ceux qui, avant le Concile, se plaisaient à signaler l'Église romaine comme l'ennemie de la société laïque, continuent à lui adresser les plus virulentes invectives; mais ils ne soutiennent plus guères, que le dogme défini en 1870 leur fournisse un argument de plus.

En réalité, le radicalisme, alors comme aujourd'hui, a une passion maîtresse, de beaucoup plus vieille que le Concile du Vatican et qui lui a survécu : c'est la haine du catholicisme; cette haine, il cherche tous les moyens de l'assouvir; il a cru trouver dans la proclamation de l'infaillibilité pontificale une arme nouvelle; il s'en est saisi; mais au fond, il ne tient pas plus à cette arme qu'à toute autre; le résultat seul lui importe. Il y a quelque cinquante ans, il n'avait pas revêtu la forme accentuée qui le distingue à notre époque; il s'appelait alors le libéralisme, et, sous cette bannière, des esprits élevés et sincères, tels que Royer-Collard et Guizot en France, J. B. Nothomb en Belgique, se distinguaient par leur attachement à la liberté en même temps qu'ils défendaient souvent des doctrines larges et généreuses ; mais, petit à petit, le libéralisme s'est transformé, ou si l'on veut, s'est fondu avec le radicalisme. Le radicalisme, partout où il a pu franchement arborer ses couleurs, s'est posé en adversaire des libertés publiques, utiles aux catholiques ; il s'est fait le champion contre eux des thèses les plus autoritaires. Ce qui l'offusque dans l'Église, c'est la distinction

des deux puissances qu'elle n'a cessé de proclamer, c'est
l'empire qu'elle exerce sur les âmes. Lui, il veut aussi régner
sur les âmes, et comme il ne peut y parvenir qu'en faisant
de l'Église la vassale de l'État, il ne désire rien moins que la
mettre sous ses pieds.

Tel a été l'objet de ses efforts en Suisse. Pendant tout le
Culturkampf, il a été le maître dans le canton de Berne et à
Genève ; il y a fait peser sur l'Église une tyrannie à la fois
mesquine et rigoureuse ; il s'y est joué des droits des consciences avec une désinvolture qui restera son opprobre
devant l'histoire. L'attachement à la liberté religieuse a toujours été envisagé par lui comme le fruit d'une erreur de
jeunesse : le seul principe, à l'entendre, qui convienne à la
société moderne, c'est une religion d'État quelconque, pourvu
qu'elle soit anticatholique, c'est l'appui donné à cette religion
par le pouvoir séculier et le trésor public.

Assurément, le radicalisme ne s'affiche pas partout avec le
cynisme qu'il a déployé en Suisse ; il ne dédaigne pas l'habi-
leté, et il fait au besoin parade d'un dévouement sans bornes
au progrès, à la civilisation, à la démocratie. Mais qu'on y
regarde de près ; nulle part il n'apparaîtra comme une doctrine de liberté. L'objet constant de ses efforts, c'est la prédominance de la centralisation, c'est l'établissement d'un
pouvoir fort s'exerçant par l'organe, non plus d'une personnalité monarchique, mais d'un parti profondément hostile à
l'Église, et cherchant passionnément à restreindre ses droits
et à enchaîner son indépendance.

Tous les moyens lui sont bons pour parvenir à ses fins. Ne
lui dites pas que l'État, dans la lutte religieuse, ne peut prendre position ; il affirmera le contraire, s'il s'y croit intéressé ;
il protégera telle secte, telle hérésie, tel drapeau anticatholique ; il en fera des instruments de sa suprématie. Il les

comblera de faveurs, de prévenances, de largesses ; puis, lorsqu'il croira que leur action est épuisée, il les abandonnera plus ou moins pour chercher d'autres engins de guerre. En d'autres termes, espère-t-il pouvoir substituer à l'Église catholique une autre église? Il n'hésitera pas à le tenter. L'opinion publique ne sympathisera-t-elle pas avec l'Église nouvelle ? Il l'abandonnera, il recommandera la libre-pensée et il se bornera à contrarier l'influence du catholicisme, à persécuter ses défenseurs, à le calomnier, à lui mesurer l'air et la lumière.

Le radicalisme s'entend donc à varier son action; en France il a supprimé la liberté d'enseignement; en Allemagne et en Suisse, il s'est servi d'églises nationales ; en Belgique, il tâche d'étouffer toute initiative individuelle et de faire peser le joug de l'État sur les communes. Mais partout et toujours, c'est l'Église qu'il vise. En Suisse plus encore qu'ailleurs, on en a eu la preuve irrécusable.

M. Teuscher, dans le canton de Berne, et M. Carteret, à Genève, ont été les principaux artisans de la fondation d'églises officielles. Quels étaient les sentiments de ces églises à l'égard des catholiques? Leur journal, la *Démocratie catholique*, qui se publiait à Berne, les a révélés le 2 janvier 1875 : " Les ultramontains, a-t-il écrit, sont des malfaiteurs et il n'y a pas de liberté pour les malfaiteurs. „ M. Carteret était aussi précis: " L'ultramontanisme est dangereux, disait-il au Grand Conseil; il faut le combattre par tous les moyens possibles, lui faire une guerre à outrance et sans merci ; car c'est duperie que de se soucier d'être juste et équitable avec un tel adversaire. „ Une autre fois, il écrivait : " Dans quelques années les catholiques formeront la majorité du corps électoral à Genève. Il faut parer à cette éventualité et pour cela leur enlever les écoles où l'on fait des catholiques autant d'ultramontains (1). „

M. Carteret semblait ne vouloir faire appel qu'à la loi pour opprimer les catholiques. Mais souvent ses alliés manifestaient des desseins plus brutaux; c'est ainsi qu'au moment où dans le canton de Soleure, le peuple était appelé à voter la suppression de fondations religieuses séculaires, un de leurs journaux disait : " Si nous étions vaincus et si les noirs devaient l'emporter, nous jouerions du couteau. „ On croirait entendre un sinistre écho de 1793 ; et qui dès lors ne comprendrait ce cri d'alarme poussé, au fort de ce dévergondage de tyrannie, par la voix peu suspecte d'un journal protestant, l'*Union jurassienne :* " L'étoile de la liberté pâlit, l'ombre du despotisme spirituel s'allonge „ ?

Les radicaux ont coutume de prétendre que les catholiques sont hostiles à la liberté religieuse, et qu'ils méconnaissent les droits de la conscience. C'est une tactique ; nulle part, les catholiques ne menacent la liberté de personne, tandis que les violations de droits auxquelles se livrent les radicaux, lorsqu'ils sont les maîtres, ne se comptent plus. Comment en serait-il autrement, puisqu'ils n'aspirent à rien moins qu'à imposer à l'Église le joug de l'État? " L'autorité de l'État et celle de l'Église sont choses incompatibles, disait M. Zuricher dans le *Volkstag* bernois le 13 juin 1875 ; les gouvernements ont le droit de faire prévaloir la première. „ Tel est le fond des sentiments du radicalisme, non seulement en Suisse, mais partout. On se tromperait fort en effet, en croyant que le radicalisme suisse n'a pas eu d'approbateurs dans les pays libres. En Belgique, ses actes ont été hautement approuvés par certains organes du libéralisme. En août 1875, la *Flandre libérale* écrivait : " Les hommes qui diri-

(1) Paroles rapportées par la *Revue de Belgique*, 1876, t. II, p. 115.

gent actuellement la politique genevoise ont heureusement compris la faute commise par leurs prédécesseurs, et ils s'appliquent incessamment à la réparer. C'est ainsi qu'ils viennent de décréter la suppression des corporations religieuses qui subsistaient encore dans le canton et qu'ils viennent d'interdire les processions et tous les exercices du culte qui s'accomplissent sur la voie publique. Nous avons assez souvent exprimé notre opinion au sujet de ces mesures, pour ne pas devoir renouveler ici l'approbation que nous leur donnons. „ De son côté, la *Revue de Belgique* (1), après avoir constaté que, pour M. Carteret et ses amis, " l'établissement d'églises modernisées était surtout une nécessité de gouvernement, un rouage essentiel de bon ordre et de progrès, à la confection duquel il était du devoir de l'État de coopérer dans une certaine mesure „, ajouta : " Quand on voit une petite république prendre l'initiative pour pousser à l'évolution religieuse, on ne peut s'empêcher de s'intéresser à cet exemple; d'autant plus qu'en prenant pour point de départ de ses efforts les religions traditionnelles, elle fait œuvre doublement sage. „

J'ai pensé qu'il pouvait être utile, en présence de pareilles approbations, de retracer, dans un récit complet, l'histoire du Culturkampf en Suisse ; montrer ce qu'a fait le radicalisme dans un pays où il avait les coudées franches, c'est dévoiler l'extrême péril que ses progrès recèlent, c'est mettre la Belgique, comme toutes les nations, en garde contre son invasion.

Ce récit a un autre avantage encore. Il doit être pour les catholiques une source de consolations et d'enseignements.

On parle souvent du scepticisme de ce siècle; les uns l'exaltent, les autres s'en plaignent, et il ne manque pas

____

(1) Juin 1876.

d'esprits chagrins qui crient : les croyances s'en vont! Sans doute, ceux qui aujourd'hui se séparent de l'Église rompent avec toute foi positive. Mais, à côté d'eux ou plutôt en face d'eux, des phalanges nombreuses, ardentes, aguerries, fournissent à l'Église des défenseurs qui ne le cèdent en rien à ses plus vaillants disciples des siècles passés. L'Europe, sous bien des rapports, apparaît comme une terre vieillie, dont la population n'est plus douée de l'énergie de ses aïeux : mais, si la vitalité se rencontre encore quelque part, c'est bien dans les rangs des croyants.

Et remarquons-le avec fierté : ce n'est pas le bras séculier qui sert de point d'appui à la foi des chrétiens de notre époque ; non, les convictions sont fortement raisonnées, librement acceptées ; elles ne leur procurent aucun avantage temporel ; elles naissent de l'amour du Christ trop fréquemment honni et persécuté par les puissants du jour. Ce phénomène n'est pas nouveau dans l'histoire de l'Église ; mais il a été loin de se révéler avec le même éclat dans chacun des dix-huit siècles qui ont précédé le nôtre. Au XVIᵉ siècle, par exemple, on a vu dans presque toutes les contrées de l'Europe des populations entières apostasier de gré ou de force, à la voix des princes ou des seigneurs ; on a vu à Genève le prêtre qui célébrait la messe puni de mort, et en Angleterre les catholiques qui n'assistaient pas au service établi, tantôt jetés en prison, tantôt frappés d'amendes énormes. Aujourd'hui l'esprit de persécution existe toujours ; mais il recule devant l'emploi de moyens aussi violents ; il vexe les catholiques autant qu'il le peut ; parfois il va jusqu'à proscrire leurs prêtres et à fermer leurs églises ; mais il n'ose pas dresser l'échafaud pour eux, et il ne réussit pas à susciter ces défections qui enlevèrent jadis à l'Église des villes, des provinces et même des peuples. Partout où il sévit, la foi refleurit : elle devient plus vivace et plus éclairée, si bien qu'à ce spectacle une reconnaissance sans bornes pour la protection divine se mêle à la légitime indignation que suscitent les méfaits des hommes.

La persévérance admirable des catholiques suisses a été pour la chrétienté tout entière un honneur et un exemple. Elle a eu en même temps sa récompense en réussissant à lasser les persécuteurs; peut-être aussi a-t-elle été secondée par le bon sens populaire et par une certaine équité chez les hommes politiques du radicalisme qui formaient le Conseil fédéral. Toujours est-il qu'on a fini par comprendre qu'il est inutile de blesser et de désoler les consciences pour ne retirer de pareils procédés aucun avantage. Le profit ne grisant pas les persécuteurs, ils se sont dégoûtés de leur propre œuvre; tout à coup la lutte perdit de son intensité dans les foyers mêmes où elle avait pris naissance.

Est-ce à dire que le radicalisme ait renoncé à la guerre contre l'Église? Non; ses haines sont irréconciliables; elles peuvent se modérer sous l'influence d'une réaction de l'opinion, ou même s'assoupir pour un temps; mais elles ne s'éteignent jamais complètement; elles ne cessent de guetter l'heure favorable à la reprise des hostilités; elles se gardent, en attendant, de renoncer à celles des conquêtes qu'elles ont pu faire sur la liberté religieuse et que les circonstances leur permettent de conserver.

Gardons-nous donc de croire que tout conflit religieux soit désormais impossible en Suisse; çà et là d'ailleurs, quelques tiraillements subsistent. Mais c'est beaucoup que les populations frappées puissent reprendre haleine et former, pendant la trêve, des générations aptes à soutenir de nouveaux combats. En tout cas, il est juste de célébrer la générosité de leur conduite, leur résistance à la ruse comme à la violence, leur héroïsme. Les vertus civiques et religieuses qu'elles ont déployées ne peuvent être pour les autres nations que des sources de courage et de constance; elles apprennent d'une part quelle doit être la conduite des chrétiens dignes de ce nom, d'autre part ce que vaut le libéralisme, sous quelque forme qu'il se manifeste. Que ceux qui aiment le césarisme, personnifié soit dans un despote, soit dans une multitude aveugle et dominatrice, soit dans un parti oppresseur, que ceux qui consentent à prostituer leur conscience au dieu-État, aillent aux radicaux. Pour nous, qui avons souci de la dignité de nos âmes et de l'indépendance de nos consciences, nous ne saurions trop prémunir les populations contre une aussi néfaste influence.

HISTOIRE DU CULTURKAMPF EN SUISSE

(1871-1886)

CHAPITRE Ier.

(1871-1872).

—

Les projets de révision fédérale. — Gravité de ces projets. — Craintes des catholiques. — Rejet de la révision. — Retour offensif du radicalisme.

Le radicalisme dirigea son premier effort, en 1871, contre la constitution qui régit la Suisse. Il espérait qu'en la modifiant dans ses bases fondamentales, il réussirait à imposer ses volontés au pays tout entier.

Depuis cinq siècles, la Suisse vit sous le régime fédératif. Ce régime, qui s'est maintenu au milieu de nombreuses vicissitudes religieuses et politiques, a fait son bonheur et lui a valu le respect de ses voisins. Il se résume en deux mots : indépendance des cantons, union pour repousser la domination étrangère; et lorsqu'on envisage la variété des races, des mœurs, des religions et des langues qui divisent cette petite nation, on doit reconnaître qu'il est le seul système qui ne sacrifie aucun de ces éléments.

Malheureusement, là comme presque partout, le parti radical poursuit l'unité de l'État; il cherche à la réaliser en investissant le pouvoir central d'une sorte d'omnipotence.

La lutte entre le fédéralisme et l'unitarisme dure depuis plus de cinquante ans. Elle était devenue fort vive dans les années qui précédèrent 1848. Vers la fin de 1847, l'unitarisme avait remporté une victoire éclatante par la défaite du Sonderbund, et il était parvenu à affaiblir l'indépendance des cantons, en les soumettant à certaines prescriptions communes,

c.

2

inconnues jusque-là (1). Néanmoins, la constitution de 1848 n'avait pas enlevé au pays son caractère fédéral. Elle s'était bornée à introduire dans le pacte fédéral certaines réformes dont l'objet était de donner plus de force à l'autorité centrale dans les affaires de sa compétence.

On pouvait espérer qu'une législation, ayant préservé la République du contre-coup des troubles qui avaient agité l'Europe pendant de si longues années, réunirait tous les Suisses dans un sentiment d'adhésion durable et qu'ils ne se préoccuperaient plus que d'y apporter les améliorations de détail reconnues nécessaires. Mais ce n'est ni patriotisme ni esprit de stabilité qu'il faut attendre du parti radical. Il a une passion impérieuse, c'est le régime unitaire; à peine eut-il succombé, qu'il prépara une campagne nouvelle.

Toutefois, ce n'est qu'en 1866 qu'il réclama formellement une révision partielle de la constitution, et encore au début se garda-t-il bien de revendiquer pour l'autorité centrale une extension de prérogatives. Il limita ses propositions à neuf articles nouveaux développant les droits individuels des citoyens et laissant intacts le principe fédératif et l'indépendance des cantons. De ces articles, le peuple n'accepta que celui qui accordait l'égalité civile aux israélites. Mais bientôt, en 1869, à la veille des élections au Conseil national (2), on arbora à

(1) On se rappelle que le canton de Lucerne ayant résolu d'appeler les Jésuites pour leur confier l'instruction publique, des corps-francs s'étaient formés dans les cantons de Vaud, de Berne, de Soleure et d'Argovie et s'étaient portés sur Lucerne. A la suite de ces faits, les sept cantons essentiellement catholiques (Fribourg, Lucerne, Uri, Schwytz, Unterwalden, Zug et le Valais), s'étaient unis pour leur défense en Confédération particulière (*Sonderbund*). La Diète avait mis immédiatement l'armée fédérale sur pied et réussi à dissoudre par la force le *Sonderbund*. Le bannissement des Jésuites avait été la conséquence de ces événements. Jusque-là les questions d'enseignement avaient toujours été considérées comme étant exclusivement de la compétence des cantons.

(2) Le pouvoir législatif est exercé par l'Assemblée fédérale qui se compose du Conseil national (un membre par 20,000 hab.) et du Conseil des États (2 membres par canton). Le pouvoir exécutif est confié au Conseil fédéral dont les membres, au nombre de 7, sont nommés par l'Assemblée fédérale.

Zurich, à Berne et dans les cantons de Thurgovie et d'Argovie, le drapeau de la révision de la constitution et de l'hostilité au fédéralisme, et les électeurs envoyèrent siéger à l'Assemblée fédérale un certain nombre de ceux qui s'étaient faits les promoteurs de l'unitarisme. Néanmoins, les partisans des innovations constitutionnelles eurent quelque peine à formuler un programme, et les choses en étaient là, lorsque les radicaux, étant arrivés aux affaires dans le canton de Zurich d'une manière fort inattendue, sentirent le besoin, pour prévenir des retours de fortune, de s'appuyer sur le pouvoir fédéral et de modifier la constitution du pays dans le sens de leurs idées.

Ainsi surgit en 1871 le projet de révision fédérale, qui ne devait pas tarder à remuer profondément les esprits sur tout le territoire de la République. Dans les commencements, ce projet fut fort mal accueilli; mais bientôt les meneurs du parti radical dans les Conseils fédéraux en prirent les intérêts en mains; ils entraînèrent la majorité et finirent par élaborer une œuvre qui, en étendant dans des proportions excessives la compétence du pouvoir central, formait le contrepied de la vieille constitution du pays.

La portée des changements adoptés par les deux Conseils résidait principalement dans les droits que ceux-ci proposaient d'attribuer à l'autorité fédérale. Ces droits étaient les suivants :

1º Organisation et gestion de l'administration militaire ;

2º Haute administration des forêts et endiguements ;

3º Législation sur la chasse et la pêche, protection des oiseaux utiles à l'agriculture ;

4º Législation relative aux chemins de fer, à leur construction et à leur exploitation;

5º Administration et surveillance de l'instruction supérieure, de l'école polytechnique et des universités fédérales, obtention des diplômes nécessaires à la pratique des vocations suivantes : médecins, pharmaciens, vétérinaires, ingénieurs, notaires, avocats, professeurs et ecclésiastiques ;

6º Péages et leur produit, sans qu'à l'avenir les cantons fussent indemnisés ;

7º Police commerciale, et surveillance des industries et des fabriques;

8° Concession des agences d'émigration et surveillance ;

9° Assurances contre l'incendie, la grêle, les épidémies des bestiaux, le transport des marchandises, etc. ;

10° Banques d'assurances sur la vie ;

11° Législation concernant l'émission de billets de banque, leur remboursement, éventuellement monopole de l'État, et droit exclusif d'émission de ces billets ;

12° Législation concernant les conditions d'établissement et des droits de Suisses établis dans d'autres cantons ou qui y séjournent, ainsi que les charges qui leur seraient imposées ;

13° Législation sur la police des Églises, et mesures à prendre contre les empiètements de l'autorité ecclésiastique sur les droits des citoyens et de l'État ;

14° Législation concernant les mariages ;

15° Ratifications des lois de police relativement aux sociétés ;

16° Législation concernant le droit civil et les procès civils ;

17° Législation concernant les poursuites pour dettes ;

18° Code pénal ;

19° Organisation des tribunaux ;

20° Nomination du tribunal fédéral, destiné à veiller sur l'application légale des lois fédérales.

Par contre, on laissait aux cantons :

1° Le droit de lever des impôts, dont le produit devait être en partie versé à la Confédération, afin de couvrir les frais d'administration ;

2° L'instruction primaire (jusqu'à un certain point) ;

3° La construction et l'entretien des routes ;

4° La surveillance des administrations communales ;

5° L'organisation des tribunaux, en tant que la Confédération n'y aurait pas pourvu ou que le tribunal fédéral ne serait pas compétent.

Le vote de ces réformes ne s'acheva pas sans difficulté. Mais, après des débats multipliés, l'accord se fit entre les deux Conseils. Au Conseil national, les deux tiers des membres émirent un avis favorable ; au Conseil des États, la majorité ne fut que de vingt-trois voix contre dix-huit. Il paraît, au surplus, que ces résultats ne furent obtenus qu'à l'aide d'une pression extrême, et que, pour prévenir toute défaillance, les révisionnistes réclamèrent constamment l'appel nominal.

Le projet, si centralisateur qu'il fût, n'avait pas été trouvé complet par les ultra-radicaux. Ceux-ci avaient demandé qu'on décrétât l'obligation, la gratuité et la sécularisation complète de l'instruction primaire, l'exclusion des ordres religieux de l'enseignement et le droit pour la Confédération de fixer un minimum de connaissances à enseigner dans les écoles primaires. La majorité des Conseils fédéraux avait préféré laisser l'instruction primaire dans le domaine cantonal, d'autant plus que la contrainte existait partout, sauf à Genève et dans les trois cantons primitifs; seulement elle avait consacré le droit de l'Assemblée fédérale de prescrire aux cantons un minimum d'instruction, et interdit toute action aux Jésuites dans les écoles (1); en même temps elle avait décrété que la Compagnie de Jésus ne pourrait être reçue dans aucune partie de la Suisse.

Si les réformes adoptées étaient jugées insuffisantes par les éléments les plus avancés du radicalisme, elles n'en substituaient pas moins au fédéralisme un État presque complètement unifié. Elles menaçaient de supprimer toute vie locale et de rendre inutiles les pouvoirs législatifs et exécutifs cantonaux, car elles enlevaient aux cantons les attributs principaux de l'exercice de la souveraineté, l'organisation militaire, la législation et la justice. En d'autres termes, elles mettaient fin à la vieille Confédération suisse composée de vingt-deux États dont chacun conservait ses traditions, ses lois et ses coutumes, et elles la remplaçaient par une république unitaire fonctionnant à l'aide de vingt-deux préfectures.

Un tel bouleversement n'était certes pas conforme à l'intérêt du pays. Beaucoup prétendaient, il est vrai, qu'au milieu des agitations de l'Europe, celui-ci serait d'autant plus fort que le pouvoir fédéral serait plus puissant. Mais ils oubliaient que jamais la vraie force du peuple suisse ne résidera dans une organisation centralisée ni dans une armée nombreuse;

(1) Voici comment le Grand Conseil de Fribourg, dans une proclamation adressée au peuple fribourgeois, apprécia les réformes proposées en matière d'instruction primaire : " En imposant, dit-il, aux cantons souverains un contrôle humiliant, il fournit au pouvoir central une occasion et un prétexte dans l'avenir pour s'emparer de l'instruction publique. Cette instruction une fois centralisée, que deviendraient les libertés civiles et religieuses, et les droits des pères de famille? „

elle découle bien plutôt de l'autonomie de chacun de ses cantons qui, lorsqu'ils forment vingt-deux nationalités distinctes, rendent tout coup de force, intérieur ou extérieur, presque impossible et d'ailleurs sans utilité pour l'étranger.

On peut se demander comment un projet si attentatoire aux intérêts et aux traditions de la Suisse avait pu, en pleine paix, rallier la majorité de l'assemblée fédérale.

Il en est deux raisons principales.

La première a sa source dans la vive hostilité au catholicisme qui sévissait dans une partie du pays. Le catholicisme est en minorité en Suisse, mais il domine dans un certain nombre de cantons qui sont régis par des administrations conservatrices et " ultramontaines „, selon l'expression libérale. Les radicaux voulaient porter remède à cet état de choses, et ils n'avaient pas trouvé de meilleur moyen que d'étendre, sur chaque canton, la main toute puissante du pouvoir central.

Pourtant la situation de plusieurs cantons, au point de vue religieux, n'était pas de nature à déplaire aux radicaux. Dans les cantons protestants et dans quelques cantons mixtes, les empiètements du pouvoir civil sur le domaine religieux étaient continuels. Mais, comme ces empiètements rencontraient quelques entraves, on désirait fournir aux autorités fédérales les armes nécessaires pour les briser.

L'épiscopat se rendit immédiatement compte du but que les novateurs poursuivaient. Lorsque les projets de révision furent mis au jour, il adressa à l'Assemblée fédérale un *Mémoire* dans lequel il demandait qu'on mît un terme aux violations de droits dont les catholiques étaient les victimes, notamment dans le diocèse de Bâle et le canton du Tessin. Ses observations avaient principalement trait au *placet* d'État et à l'ingérence du pouvoir civil dans l'éducation des clercs; il se plaignait aussi des atteintes dont souffrait la liberté religieuse des catholiques au point de vue des mariages mixtes, des écoles neutres ou non confessionnelles, de la profanation des dimanches et fêtes et de la suppression des couvents.

Non seulement l'Assemblée fédérale ne fit pas droit à ces réclamations, mais elle aggrava les dispositions légales contre lesquelles les évêques venaient de protester. C'est ainsi que le projet de constitution interdisait le sol suisse aux Jésuites, même comme individus, ce qui arracha au conseiller Roth d'Appenzell le cri d'enthousiasme que voici : " La perle la plus belle de notre constitution est l'article des Jésuites. Autrefois, on avait banni l'ordre des Jésuites; aujourd'hui, on a réussi à les éloigner tous et chacun individuellement. " D'autres dispositions du projet assujettissaient les ecclésiastiques au métier des armes : d'une part, en effet, l'article 18 statuait que tout Suisse était tenu au service militaire, et d'autre part l'article 48 disposait que nul ne pouvait être exempté, pour motifs confessionnels, de l'accomplissement de ses devoirs civiques. Enfin, la treizième réforme, en fournissant à l'État des prétextes d'intervention dans le domaine spirituel, ouvrait la porte à toutes les vexations contre l'indépendance de l'autorité religieuse et les droits des catholiques.

La pensée qui avait inspiré ces changements était apparente : il s'agissait d'opprimer l'Église, et c'est parce que l'autonomie des cantons élevait çà et là une digue contre cette oppression, qu'on avait résolu de recourir à la centralisation. Les protestants, formant les trois cinquièmes de la population, ne pouvaient, d'après les calculs du radicalisme, manquer d'envoyer siéger, dans l'assemblée fédérale, une majorité qui, fortifiée des mauvais catholiques, devait être imposante. Aussi, après l'adoption des réformes par les pouvoirs fédéraux, leurs promoteurs s'écrièrent-ils partout, qu'enfin allaient tomber les frontières entre cantons et se dissiper les ténèbres répandues par le clergé.

Telle est la première cause du succès qu'avait obtenu dès d'abord la nouvelle constitution dans les Chambres fédérales. Il en est une seconde. Les projets de révision étaient favorisés par l'influence allemande. A l'extérieur, toute la presse, dévouée à M. de Bismarck, les soutenait et les encourageait; dans le pays même, les cantons allemands protestants, Zurich et Berne en tête, s'y montraient en tous points favorables.

On demandera où était ici l'intérêt de l'influence alle-

mande. Il n'est pas difficile de le montrer. Les deux tiers des
Suisses sont des Allemands; un quart sont des Français; le
reste est Italien (1). Étendre les prérogatives du pouvoir central, c'était donc assurer la prépondérance des idées et de
l'action allemande dans toute l'étendue de la république.
Sans doute, plusieurs cantons allemands, tels que Lucerne,
Schwytz, Unterwalden, etc., étaient hostiles à la révision,
tant à cause des dispositions du projet contraires aux
croyances catholiques que par attachement à leurs vieilles
institutions. Mais il n'en est pas moins vrai que, dans la
majeure partie des cantons de race germanique, on était
séduit par la perspective, que désormais l'ascendant allemand serait irrésistible au sein des pouvoirs fédéraux et que
les lois, les codes mêmes, seraient imprégnés de l'esprit allemand.

Il y avait là un double danger pour la Suisse.

Le premier, c'était de créer une profonde scission entre la
Suisse romande et la Suisse allemande, entre l'élément français et l'élément germanique, et Dieu sait quels déchirements
pouvaient un jour en résulter.

Le second danger, c'était que la pression de l'Empire
d'Allemagne n'eût pas tardé à s'exercer à Berne et à entraîner la Suisse dans l'orbite de l'unité allemande. Telles étaient
du reste bien les espérances que manifestait avant le vote
du peuple un organe semi-officiel de Berlin, la *Gazette de
l'Allemagne du Nord* : " Il y a, disait-il, entre la Suisse et
l'Allemagne une affinité très étroite. Les deux pays ont à
lutter contre le même ennemi; tous les deux, avec l'aide de
Dieu, triompheront des forces de l'obscurantisme. Déja le
matin arrive; les deux pays, à l'arrivée du plein jour, se
donneront la main comme confédérés dans le même combat
pour le bien le plus élevé qui est la liberté spirituelle et la
rénovation morale „ (2). Ces paroles étaient toute une révélation; et du reste, il suffit de jeter les yeux sur la carte pour

(1) Les Suisses de langue française habitent le Bas-Valais, Genève,
Vaud, Fribourg, Neufchâtel et le Jura bernois. Les Suisses de langue
italienne occupent le Tessin.

(2) Année 1872, n° 82.

se rendre compte de l'avantage qu'aurait retiré M. de Bismarck de la réalisation de ce plan. Si jamais il s'était effectué, l'Allemagne eût régné le long de la frontière française, depuis Luxembourg jusqu'au lac de Genève ; là elle aurait été relevée par les soldats de l'Italie, et elle aurait ainsi créé contre la vaincue de 1870 dont elle redoutait les retours offensifs, une barrière qu'il eût été bien difficile à celle-ci de briser.

Il est donc impossible de le méconnaître : la nouvelle constitution mettait en question non seulement l'indépendance des cantons et les libertés civiles et religieuses des catholiques, mais encore les destinées mêmes du pays.

Mais reprenons les événements.

Au moment où les Conseils terminaient leur examen, un fait grave éveilla l'attention publique : M. Dubs, conseiller fédéral depuis 1861, et le citoyen peut-être le plus éminent et le plus écouté du pays, donna sa démission. Avant l'ouverture de la session, il avait publié une remarquable brochure dans laquelle, sans repousser toute réforme, il se montrait fidèle aux principes du fédéralisme. Les Chambres s'étant associées aux desseins du parti radical, il rappela dans une lettre adressée le 1er mars 1872 à l'Assemblée fédérale qu'en acceptant les fonctions dont il était revêtu, il avait déclaré qu'il prendrait le fédéralisme pour ligne de conduite, et il ajouta : " J'estime que pour mon honneur je dois donner ma démission, parce que sans cela je risquerais, ou de manquer aux égards que je dois à la haute Assemblée en soutenant ouvertement mes convictions, ou d'encourir par un silence équivoque, le reproche de m'être accommodé après coup, par amour pour ma place, des décisions que j'ai combattues depuis le commencement de la révision. „

Cette lettre produisit une immense sensation. L'Assemblée fédérale sentit la force du coup qui la frappait, et par 76 voix contre 63, elle refusa la démission de M. Dubs ; mais celui-ci, tout en consentant à rester en fonctions jusqu'à la prochaine réunion des Chambres, maintint sa résolution.

Au reste, M. Dubs en s'exprimant comme il l'avait fait, était l'organe de tous les vieux patriotes. L'un d'eux, M. Tallichet, directeur de la *Revue Suisse*, écrivait à la même époque : « Dans quelques années, notre pays sera dans les mains de quelque deux cents personnages qui pourront gouverner sans contrôle réel et se maintenir indéfiniment au pouvoir, pourvu qu'ils aient soin de *consulter le peuple* souvent et solennellement et qu'ils organisent des élections sur le mode impérial, ce qui ne sera pas difficile avec une forte bureaucratie et tout pouvoir sur les banques, les télégraphes et les chemins de fer. Depuis 1848, nous descendons toujours plus rapidement un courant qui conduit à l'extinction de la Suisse. » A Genève, M. James Fazy s'exprimait dans des termes analogues.

Il restait à fixer le mode de votation par le peuple de la constitution révisée. Plusieurs articles, tels que celui relatif au minimum d'instruction primaire, n'avaient passé aux deux Conseils qu'à une très faible majorité. L'Assemblée fédérale, prévoyant que le vote populaire les rejetterait s'ils lui étaient soumis séparément, décida que la constitution serait présentée en bloc aux suffrages de la nation.

Cette résolution prise, on fixa au 12 mai 1872 la date du vote populaire. Immédiatement les divers partis s'organisèrent en vue du scrutin. La confiance des radicaux était illimitée; partout ils parlaient de l'adoption de la constitution comme d'un fait accompli. Heureusement les conservateurs catholiques et protestants firent un effort suprême, et cet effort joint aux répugnances des cantons romands fut couronné de succès.

D'après la législation en vigueur, tout changement aux lois fédérales doit être admis à la fois par la majorité des citoyens prenant part à la votation et par la majorité des cantons. On conçoit en effet que, les cantons étant des États souverains, l'adhésion de la majorité d'entr'eux soit la condition indispensable de toute révision de la législation générale. Il est vrai que le projet élaboré par l'Assemblée fédérale proposait de ne plus faire dépendre à l'avenir l'adoption des lois fédérales que du vote populaire, et cela dans le but de permettre à deux ou trois des cantons les plus étendus d'imposer aux autres des institutions contraires à leurs intérêts ainsi qu'à leurs principes politiques et religieux. Mais aussi longtemps que ce projet n'était pas devenu loi, la nécessité du double vote subsistait, et il avait bien fallu la respecter. Au reste, le vote populaire ne différa pas du vote des cantons, et ce résultat fut salué avec d'autant plus de joie, qu'on avait à peine osé l'espérer.

261,106 voix contre 252,816, et treize cantons contre neuf rejetèrent les réformes proposées.

Les treize cantons qui votèrent le rejet furent : Lucerne, Schwytz, Unterwalden, Uri, Zug, Appenzell, les Grisons, le Valais, Fribourg, Genève, Vaud, Neufchâtel et le Tessin. Les neuf qui émirent des suffrages approbatifs furent Berne, Soleure, Bâle, Thurgovie, Argovie, Zurich, Schaffouse, Saint-Gall et Glaris.

Les adversaires du projet n'avaient guère compté sur Appenzell; mais ils avaient fondé de grandes espérances sur Saint-Gall; dans ce dernier canton, les voix s'étaient à peu près équilibrées (22,503 *oui* contre 22,482 *non*).

Si l'on décompose les votes qui précèdent, on voit que tous les cantons français (Fribourg, Vaud (1), Genève, Neufchâtel et le Valais) s'étaient joints pour repousser les innovations du radicalisme, aux cantons allemands catholiques (Lucerne, Schwytz, Uri, Zug et Unterwalden), à un canton partagé en nationalités diverses et où les protestants l'emportent par le nombre (les Grisons), à un canton allemand aux trois quarts protestants (Appenzell) et au canton italien et catholique (le Tessin).

La minorité s'était formée de la plupart des cantons allemands où le protestantisme domine (Berne, Zurich, Bâle, Schaffouse, Soleure, Argovie, Thurgovie et Glaris), et d'un canton (Saint-Gall) où les trois quarts de la population sont catholiques.

La victoire était donc due à la coalition des catholiques allemands et des protestants français des cantons de Genève, de Vaud et de Neufchâtel. Ces derniers avaient craint que le

____

(1) Dans le canton de Vaud, il y avait eu 51,000 *non* contre 3,000 *oui*. Ce canton s'était souvenu apparemment de la domination bernoise qui pendant deux siècles avait pesé sur lui.

projet de révision n'eût eu pour résultat, par ses dispositions centralisatrices, de fonder depuis le lac de Constance jusqu'au lac de Genève, la prépondérance de l'élément allemand, qui comprend les deux tiers de la population totale.

Il y eut un long cri de rage dans les rangs des vaincus. Ils annoncèrent immédiatement qu'un nouveau projet de révision allait être élaboré. Toutefois, ils comprirent qu'en voulant sur l'heure forcer la main à l'opinion publique, ils risqueraient de se préparer une défaite plus éclatante encore. Ils résolurent donc de temporiser quelque peu, d'autant plus qu'au mois d'octobre suivant devaient avoir lieu des élections générales pour le renouvellement du Conseil national; ils espéraient que ces élections leur procureraient une revanche.

En cela, ils ne se trompaient malheureusement pas. Les élections tournèrent au désavantage des anti-révisionnistes. Ceux-ci gagnèrent bien quelques voix; mais leurs adversaires obtinrent une majorité qui représentait à peu près les deux tiers des membres du nouveau Conseil national.

Trois causes furent assignées à cet insuccès.

La première, c'est l'habile subdivision des cercles électoraux. En France, sous Napoléon III, l'autorité centrale découpait arbitrairement les départements où elle craignait de voir passer un candidat désagréable. Quelque chose d'analogue se pratique en Suisse.

La seconde cause réside dans les progrès de la campagne contre " l'ultramontanisme „, ouverte dès avant le mois de mai, mais poursuivie depuis lors avec une audace peu commune. La haine de l'ultramontanisme était rapidement devenue le mot de ralliement des protestants allemands, des radicaux et des libres-penseurs de partout. On arrivait ainsi à qualifier d'ultramontains, indépendamment des catholiques de Fribourg, de Lucerne et des cantons primitifs, les protestants de Vaud et des hommes d'État tels que MM. Dubs, Weck-Reynold, Steiner, etc. Mais, en Suisse comme dans tous les pays, le radicalisme sait la puissance sur les masses des accusations sonores, et il était parvenu par ce moyen à égarer bon nombre d'électeurs. Le canton de Vaud avait tenu bon; mais Neufchâtel avait fléchi et donné la majorité aux révisionnistes : le journal *le National*, exploitant la question de l'évêché de Genève dont nous parlerons bientôt, avait déployé dans cette polémique une persistance et des efforts tels, que bon nombre de ses coreligionnaires avaient donné dans le piège. C'est ce que constata avec regret un autre journal protestant du canton de Vaud, *le Nouvelliste* : " Au 12 mai, écrivit-il, le peuple ignorait encore ce qu'était l'ultramontanisme; aujourd'hui, il en a peur, parce qu'à force de lui remplir la tête d'histoires grotesques, il a fini par y croire. C'était une tactique comme une autre : elle a bien réussi. „

Enfin, la troisième cause de la défaite des anti-révisionnistes, c'est que dans les votations populaires, les minorités comptent, tandis que dans les élections pour le Conseil national, elles sont annihilées. On comprend qu'il puisse découler de là des résultats d'ensemble complètement différents; cette observation a surtout une grande importance pour le canton de Saint-Gall, où les deux partis se balançaient ou peu s'en faut, les révisionnistes ne l'ayant emporté que d'un très petit nombre de voix.

Mais, quelles que fussent les causes du résultat des élections, celui-ci n'en avait pas moins une importance considérable. Alors qu'au mois de mai, le fédéralisme l'avait emporté, six mois après l'unitarisme triomphait : la majorité du Conseil national était nettement centralisatrice; animée des dispositions les plus militantes, elle brûlait d'effacer son échec. A la vérité, au Conseil des États, formé de deux députés par canton, les anti-révisionnistes avaient une majorité de 4 ou 5 voix, mais il était douteux qu'il pût opposer au Conseil national une résistance efficace.

Aussi, au lendemain des élections, les radicaux reprirent courage; ils chantèrent victoire et se livrèrent à de véritables accès de joie : " Le peuple suisse, s'écria le *Bund* de Berne, le peuple suisse n'est ni ultramontain ni particulariste; le 27 octobre vient d'en fournir la preuve éclatante... Nous déplorions au 12 mai le triomphe de l'ultramontanisme et du particularisme; nous saluons au 27 octobre la défaite des ennemis de la Confédération (!)..... Après le 12 mai, les tendances ultramontaines triomphaient; aujourd'hui, cette pernicieuse influence est réduite à l'impuissance, et la souveraineté républicaine reprend ses droits sur l'empire usurpé de la domination cléricale et étrangère. „

La crise qu'on croyait fermée pour longtemps se trouvait donc rouverte par l'effet des élections. Le Conseil national nomma président un révisionniste décidé qui prononça un discours des plus agressifs contre le fédéralisme et l'Église. Quelques jours après, lors des élections pour le Conseil fédéral, les dispositions des meneurs s'accentuèrent encore davantage. Les sept membres choisis appartenaient au parti révisionniste, et l'on élimina ainsi M. Challet-Venel, l'un des conseillers sortants, administrateur habile, intègre, et qui s'était signalé par d'éminents services; on voulait sans doute punir de son attachement à la constitution le canton de Genève que M. Challet représentait spécialement au sein du pouvoir exécutif. Toujours est-il que la majorité anti-révisionniste du 12 mai se trouva, dès le mois de novembre, représentée par un pouvoir exécutif pris entièrement parmi les révisionnistes.

La conséquence de cet état de choses nouveau ne pouvait tarder à se produire. Dès les premiers jours de décembre, soixante-douze députés du Conseil national déposèrent la motion suivante : " Le Conseil fédéral est invité à présenter un rapport et des propositions sur la manière dont pourra être reprise la révision de la constitution fédérale. „

Cette motion était conçue en termes trop généraux pour susciter l'opposition des membres de la minorité. Tous reconnaissaient, en effet, que la constitution pouvait être améliorée en certains points. Aussi, les fédéralistes, voulant donner un gage solennel de leur modération, donnèrent-ils à une voix près leur assentiment à l'élaboration d'un nouveau projet de révision. Seulement, par l'organe de M. Dubs, ils tracèrent les limites de cette adhésion, en disant qu'ils approuveraient les modifications qui ne seraient pas de nature " à porter atteinte aux principes essentiels de l'État fédératif. „

On ne songeait plus, du reste, au moins pour le moment, à réclamer un projet de révision aussi complet que celui qui

avait succombé lors de la votation populaire ; on désirait surtout introduire dans la constitution des réformes hostiles
aux catholiques, et on s'employa à recommander l'adoption
des dispositions suivantes : " Cession à la Confédération de
tout ce qui concerne l'instruction et l'éducation ; écoles obli-
gatoires dégagées de toute tendance confessionnelle ; séparation de l'Église et de l'État ainsi que de l'Église et de
l'école ; suppression des ordres religieux. „ Par là, les centra-
listes espéraient rallier Genève, Neufchâtel et peut-être même
Vaud. Or, avec ces cantons là, et même avec Genève seul, ils
se croyaient assurés du succès : Genève, Berne, Zurich disposent en effet dans la Confédération de la principale
influence ; unies, ces trois villes sont à même de faire la loi au
pays tout entier.

Genève n'était que trop bien disposée à jouer le rôle qu'on
lui assignait. Elle avait, à la vérité, au mois de mai et même
au mois d'octobre, voté contre la révision, par peur de l'Allemagne ; mais, en même temps, les ennemis du catholicisme
y dominaient et ne demandaient pas mieux que d'inaugurer
l'ère de la persécution. Parmi les députés qu'elle avait nommés au Conseil national comme anti-révisionnistes, figurait
M. Carteret, et M. Carteret n'était rien moins que l'antagoniste de Mgr Mermillod et l'implacable adversaire de l'influence catholique.

Dès avant le mois d'octobre, il avait donné le signal du
Culturkampf.

CHAPITRE II

(1872 à février 1873.)

—

Coup-d'œil sur l'histoire religieuse de Genève jusqu'en 1870. — Progrès du catholicisme. — Avènement de M. Carteret. — Ses premières mesures. — Décrets contre Mgr Mermillod. — Mgr Mermillod nommé vicaire apostolique de Genève. — Son expulsion.

La ville de Genève, bien qu'ayant toujours eu une population assez restreinte, a joué dans l'histoire un rôle important. La splendeur du site au milieu duquel elle s'élève, a sans doute contribué à fixer l'attention sur elle; mais, ce qui lui a valu son principal renom, c'est l'ardeur qu'elle a mise à partir du xvie siècle à pratiquer et à défendre la doctrine de Calvin : elle portait, non sans orgueil, le surnom de " Rome protestante. „

Pendant trois siècles, elle est restée une république théocratique, gouvernée par une aristocratie intolérante ; la liberté des cultes y était inconnue; la célébration de la messe y était punie de mort; les quelques catholiques qui résidaient dans ses murs, — il n'y en avait pas 300, — ne pouvaient acquérir de propriétés.

A la fin du xviiie siècle, elle perdit son indépendance et devint le chef-lieu d'un département français. Une liberté religieuse relative y fut introduite; les catholiques furent placés sous la juridiction de l'archevêque de Chambéry et reçurent l'autorisation de bâtir une église ; à partir de 1811, les Sœurs de charité donnèrent l'enseignement gratuit dans les écoles libres.

En 1815, Genève fut réunie à la Suisse; on annexa à son territoire quelques communes catholiques de la Savoie et du pays de Gex, et ces communes formèrent avec elle un des cantons de la Confédération. Les puissances, en adoptant cet arrangement, ne négligèrent pas les intérêts des consciences catholiques. Des garanties religieuses furent imposées au canton nouveau. A cet effet, un protocole fut arrêté à Vienne le 29 mars 1815, d'accord avec les négociateurs genevois, et confirmé peu de temps après, le 16 mars 1816, par le traité de Turin. Des dispositions protectrices des droits des catholiques y furent insérées; elles s'étendaient tout à la fois aux catholiques de Genève et à ceux des communes annexées.

Le protocole de 1815 portait, entr'autres stipulations, les suivantes :

Art. III. S. M. le roi de Sardaigne ne pouvant se résoudre à consentir qu'une partie de son territoire soit réunie à un Etat où la religion dominante est différente, *sans procurer aux habitants du pays qu'elle cède, la* CERTITUDE QU'ILS JOUIRONT DU LIBRE EXERCICE DE LEUR RELIGION, *qu'ils continueront à avoir les moyens de fournir aux frais de leur culte, et à jouir eux-mêmes de la plénitude des droits de citoyens ;*

Il est convenu que,

1. *La religion catholique sera maintenue et protégée* DE LA MÊME MANIÈRE QU'ELLE L'EST MAINTENANT, DANS TOUTES LES COMMUNES CÉDÉES *par S. M. le roi de Sardaigne, et qui seront réunies au canton de Genève ;*

Les provinces actuelles qui ne se trouveront ni démembrées, ni séparées par la délimitation des nouvelles frontières, conserveront leurs circonscriptions actuelles, et seront desservies par le même nombre d'ecclésiastiques; et quant aux portions démembrées qui sont trop faibles pour constituer une paroisse, on s'adressera à l'évêque diocésain pour obtenir qu'elles soient annexées à quelque autre paroisse du canton de Genève....

3. Dans les mêmes communes cédées par S. M., si les habitants protestants n'égalent point en nombre les habitants catholiques, les maîtres d'école seront toujours catholiques. Il ne sera établi aucun temple protestant, à l'exception de la ville de Carouge qui pourra en avoir un.

Les officiers municipaux seront toujours au moins pour les deux tiers catholiques ; et spécialement sur les trois individus qui occuperont les places de maire et d'adjoints, il y en aura toujours deux catholiques.

En cas que le nombre des protestants vînt, dans quelques communes, à égaler celui des catholiques, l'égalité et l'alternative seront établies, tant pour la formation du conseil municipal, que pour celle de la mairie. En ce cas, cependant, il y aura toujours un maître d'école catholique, quand même on en établirait un protestant.

On n'entend pas, par cet article, empêcher que des individus protestants, habitant une commune catholique, ne puissent, s'ils le jugent à propos, y avoir une chapelle particulière pour l'exercice de leur culte, établie à leurs frais, et y avoir, également à leurs frais, un maître d'école protestant pour l'instruction particulière de leurs enfants.

Il ne sera point touché, soit pour les fonds et revenus, soit pour l'administration, aux donations et fondations pieuses existantes, et on n'empêchera pas les particuliers d'en faire de nouvelles....

5. Le gouvernement fournira, aux mêmes frais que fournit le gouvernement actuel, pour l'entretien des ecclésiastiques et du culte.

6. L'église catholique actuellement existante à Genève y sera maintenue, telle qu'elle existe, à la charge de l'Etat, ainsi que les lois éventuelles de la constitution de Genève l'avaient déjà décrété; le curé sera logé et doté convenablement.

7. *Les communes catholiques et la paroisse de Genève continueront à faire partie du diocèse qui régira les provinces du Chablais et du Faucigny, SAUF QU'IL EN SOIT RÉGLÉ AUTREMENT PAR L'AUTORITÉ DU SAINT-SIÈGE.*

8. Dans tous les cas, l'évêque ne sera jamais troublé dans les visites pastorales.

Par le traité de Turin, un traitement de cinq mille francs fut affecté à l'entretien du curé de Genève. L'article 12 de ce traité prenait soin de protéger les catholiques contre toute éventualité fâcheuse ; il disait :

" Sur tous les objets auxquels il a été pourvu par le protocole de Vienne du 29 mars 1815, *les lois* ÉVENTUELLES *de la constitution de Genève* NE SERONT PAS APPLICABLES. Et attendu que ledit protocole a arrêté, art. 3, § 1, " que la religion catholique sera maintenue et protégée de la même manière qu'elle l'est maintenant dans toutes les communes cédées par S. M. le roi de Sardaigne, qui seront réunies au canton de Genève, il est convenu que les lois et usages en vigueur au 29 mars 1815 relativement à la religion catholique dans tout le territoire cédé seront maintenus, SAUF QU'ILS SOIENT RÉGLÉS AUTREMENT PAR L'AUTORITÉ DU SAINT-SIÈGE. "

A peine ce traité eut-il été signé, que les magistrats genevois et avec eux le Conseil fédéral cherchèrent à soustraire le canton à la juridiction de l'archevêque de Chambéry, pour le rattacher à un évêché suisse. Ils n'obtinrent gain de cause qu'en 1819, époque à laquelle le Pape consentit à trancher la question par un bref qui porte la date du 20 septembre et qui réunit les paroisses catholiques du canton au diocèse de Lausanne; à partir de ce moment, l'évêque de ce diocèse (lequel réside à Fribourg), prit le titre d'évêque de Lausanne et de Genève.

Dans ce bref, le Pape disait : " De notre propre mouvement, de notre science certaine et de notre mûre délibération, suppléant par la plénitude de notre pouvoir apostolique au défaut de consentement de l'archevêque de Chambéry, nous décrétons... „ Le Conseil fédéral accepta le bref purement et simplement et écrivit à Rome, que " la réunion accordée par le Pape n'apporterait en aucun temps de préjudice à l'exercice de la religion catholique et à l'administration spirituelle dans les communes réunies au diocèse de Fribourg (1). „ De son côté, le Conseil d'État de Genève prit une décision analogue formulée dans un arrêté dont le dispositif était ainsi conçu :

" Le Conseil d'Etat arrête d'accepter avec *reconnaissance* le susdit bref du Saint-Père, commençant par ces mots : *Inter multiplices*, de l'inscrire textuellement dans les registres de l'Etat, à la suite de celui qu'a adressé, au même effet, Sa Sainteté au Directoire fédéral, commençant par ces mots : *Litteras die vigesima Januarii*, et de le publier immédiatement afin qu'il puisse recevoir sans délai sa pleine et entière exécution.

„ Le présent extrait du registre sera transmis à S. Exc. le cardinal Consalvi, avec prière d'offrir à Sa Sainteté l'hommage de la vive et respectueuse gratitude de notre gouvernement. „

Ainsi, le bref portait le caractère d'une pure concession ; il était le fruit, selon ses propres termes, " de la plénitude du pouvoir apostolique „ du Pape ; il avait été reçu comme tel et accepté sans réserve.

De 1820 à 1870, les catholiques ne cessèrent pour ainsi dire jamais d'être l'objet du mauvais vouloir de l'intolérance calviniste qui chercha toutes les occasions de leur nuire. Les protestants ne voyaient pas sans défiance leur nombre croître constamment, et ils se demandaient si bientôt ils ne seraient pas réduits eux-mêmes à l'état de minorité. En 1820, les catholiques formaient le tiers de la population du canton.

En 1834, ils étaient 18,000 et les protestants 25,000
En 1850, „ 34,000 „ 39,000
En 1860, „ 42,000 „ 40,000
En 1870, „ 47,000 „ 43,000 (2).

(1) C'est " diocèse de Lausanne „ qu'il eût fallu dire ; comme on vient de le voir, le titulaire réside à Fribourg.
(2) Tous ces chiffres sont approximatifs.

Dans la ville même de Genève, à cette dernière date, les protestants dominaient encore; ils étaient 33,731 contre 26,374. Parmi les catholiques, il y avait, là, comme partout, des hommes qui se disaient incrédules, sans l'être en réalité; d'autres étaient animés d'une hostilité marquée contre l'Église : les uns et les autres votaient mal; il y avait aussi beaucoup d'étrangers (1); néanmoins, il était à prévoir que les fils d'étrangers devenant petit à petit citoyens genevois, la population catholique finirait par faire la loi. De là les alarmes des calvinistes et des radicaux libres-penseurs.

Pendant de longues années, les catholiques avaient eu à leur tête un pasteur admirable, M. Vuarin, dont les vertus apostoliques étaient pour eux un bouclier devant lequel s'inclinaient les protestants eux-mêmes. C'est pendant qu'il dirigeait la paroisse de Genève, en 1837, que les Frères de la Doctrine chrétienne commencèrent à enseigner dans le canton. M. Vuarin était mort en 1843, et son successeur, M. Marilley, n'avait pas tardé à être emprisonné et puis chassé du canton. Les choses auraient pu même se gâter tout à fait, nonobstant les prescriptions du protocole de Vienne et du traité de Turin, si depuis 1830 ne s'était pas formé un parti nouveau qui avait grandi progressivement, et qui s'était posé en antagoniste de l'oligarchie calviniste. Ce parti, c'était le parti radical; il avait pour chef M. James Fazy; il triompha en 1848 et proclama le suffrage universel. Soit par indifférence religieuse, soit pour tout autre motif, M. Fazy se montra beaucoup plus bienveillant à l'égard des catholiques que les conservateurs protestants; il les laissa bâtir une église superbe, Notre-Dame, fonder des écoles et régler comme ils l'entendaient le temporel de leur culte; aussi votèrent-ils pendant longtemps pour les radicaux.

(1) Parmi les 91,463 habitants que renfermait le canton en 1870, figuraient 26,000 étrangers catholiques et 9,000 étrangers protestants, de telle façon que le canton comprenait 21,000 catholiques citoyens contre 34,000 protestants citoyens, soit 7,000 électeurs catholiques contre 9,000 protestants. Qu'on distraye des 7,000 électeurs catholiques les radicaux et les libres-penseurs, et l'on comprendra comment, dans le scrutin que nous aurons bientôt à mentionner, les voix anticatholiques ont toujours étouffé les voix catholiques.

Mais, au bout de quelques années, des déchirements se produisirent parmi les vainqueurs. Ceux-ci s'étaient montrés favorables aux catholiques, tant qu'ils avaient eu besoin d'eux pour abattre leurs adversaires. Le succès obtenu, beaucoup trouvèrent que la politique de M. James Fazy était trop favorable au catholicisme : effrayés des développements que celui-ci prenait, ils s'unirent aux vieilles familles calvinistes, formèrent avec elles un parti nouveau, dit des *Indépendants*, et poussèrent au pouvoir ceux qu'ils avaient longtemps combattus. Des luttes très vives résultèrent de cette désorganisation des anciens partis, et l'on vit le scrutin donner raison, tantôt à M. Fazy, tantôt aux conservateurs protestants.

Les catholiques, toujours un peu anxieux à l'aspect des dispositions hostiles d'une fraction considérable de la population, ne cessaient pas cependant de donner des preuves d'une vitalité surprenante. Ils avaient pour curé, à Genève même, un homme qui unissait à un degré rare le zèle d'un apôtre, les dons de l'orateur et la séduction d'un homme du monde; j'ai nommé l'abbé Mermillod. Né à Carouge en 1824, prêtre à 23 ans, bientôt vicaire de Saint-Germain à Genève, il avait bâti l'église de Notre-Dame dont il était devenu recteur. Nommé un peu plus tard vicaire-général de Genève, il fut promu en 1864 à la dignité d'évêque d'Hébron, et de fait, à partir de ce moment, il exerça sur le territoire du canton toutes les fonctions épiscopales. Les protestants murmurèrent bien ; quelques-uns demandèrent qu'on sévît ; mais ils ne réussirent pas; M. Fazy jouissait encore d'une grande influence, et il était sympathique à la liberté religieuse. Des circulaires émanées de Mgr Marilley, évêque de Lausanne, portèrent même à la connaissance de tous, qu'il avait confié à l'évêque d'Hébron, « les pouvoirs dépendant de son autorité pour toutes les fonctions épiscopales et tous les détails d'administration ecclésiastique dans le canton de Genève. » Par là, les autorités avaient été averties de la situation nouvelle; elles ne manifestèrent aucune opposition, et Mgr Mermillod put ainsi exercer publiquement les fonctions d'évêque auxiliaire et de vicaire-général, consacrant les églises, visitant les paroisses et nommant les curés.

Toutefois, à mesure que l'organisation de l'Église catholique dans le canton prenait de l'accroissement, les radicaux qui s'étaient séparés de M. Fazy se montrèrent plus mécontents; ils grossirent petit à petit en nombre; dans les commencements, ils avaient soutenu les vieux protestants; maintenant, ils se crurent assez forts pour les entraîner à leur suite et diriger la coalition; ils parvinrent ainsi à porter au pouvoir M. Carteret, l'ennemi juré de la liberté des catholiques, et qui était décidé, pour les abattre, à mettre en œuvre toutes les subtilités du légiste et toutes les audaces du despote.

L'avènement de M. Carteret coïncida avec la proclamation du dogme de l'infaillibilité et l'ouverture de la crise religieuse en Allemagne.

Une première loi fut portée le 3 février 1872 contre les corporations religieuses desservant les hospices et enseignant dans les écoles libres. On espérait que cette loi ne serait pas appliquée avec rigueur. Il n'en fut rien; malgré les protestations des catholiques, M. Carteret décréta le 29 juin l'exécution de la loi dans un bref délai, et enjoignit aux Frères de la Doctrine chrétienne de quitter le territoire du canton le 15 août au plus tard. Le nonce, Mgr Agnozzi, fit des remontrances en s'appuyant sur les traités de Vienne et de Turin; il ne fut pas écouté; les catholiques durent se soumettre; les Frères partirent; ils furent remplacés pas des maîtres laïques: les écoles libres étaient ainsi momentanément sauvées.

L'âme du mouvement et des œuvres catholiques était Mgr Mermillod. M. Carteret ne l'ignorait pas; il fallait donc l'enlever aux catholiques, et, le 20 septembre, furent promulgués les deux ukases suivants :

PREMIER ARRÊTÉ.

" Le Conseil d'Etat :

„ Considérant que dans le cours de l'année 1864, M. Gaspard Mermillod a été agréé par le Conseil d'Etat en qualité de curé de Genève sur la présentation de l'évêque diocésain ;

„ Qu'il a, en cette qualité, prêté devant le Conseil d'État le serment d'obéir à l'ordre établi et de prêcher la soumission aux lois et l'obéissance aux magistrats;

„ Considérant que la même année il a obtenu du Saint-Siège, sans autorisation de l'Etat et en dehors même de toute initiative de l'évêque du diocèse, le titre et la dignité d'évêque d'Hébron, auxiliaire de Genève ;

„ Considérant que le Conseil d'Etat n'a jamais reçu communication du texte de la décision pontificale prise à cette occasion ;

„ Que, par cette circonstance et par le fait que M. Mermillod avait aussi le titre de vicaire-général, le Conseil d'Etat a été induit en erreur sur la nouvelle situation qui était faite à cet ecclésiastique ;

„ Qu'en effet, à ses yeux, M. Mermillod n'était que le mandataire de Mgr Marilley, seul chef du diocèse, lequel pouvait le déléguer pour un fait spécial et sous sa propre responsabilité, dans les mêmes circonstances où il peut déléguer tout autre évêque suisse ou étranger ;

„ Considérant qu'il résulte de pièces officielles et de faits parvenus à la connaissance du Conseil d'Etat, que les décisions prises par le Saint-Siège, sans que Mgr Marilley les ait ni désirées, ni favorisées, portent en réalité une grave atteinte aux dispositions qui régissent la situation officielle de l'Eglise catholique dans notre canton, entre autres au bref du 20 septembre 1819 et à l'arrêté du Conseil d'Etat du 1er novembre suivant ;

„ Qu'en effet, aux termes desdits bref et arrêté, les paroisses catholiques du canton de Genève sont à perpétuité réunies au diocèse de Lausanne et soumises à la juridiction de l'évêque de Lausanne ;

„ Qu'au mépris de ces dispositions, le Saint-Siège, opérant un véritable démembrement du diocèse, a soustrait les catholiques du canton à l'autorité de Mgr Marilley pour les soumettre à la juridiction de M. Mermillod, exerçant d'une manière permanente la plénitude de l'autorité épiscopale ;

„ Considérant que le Conseil d'Etat, ayant averti M. Mermillod qu'il ne lui reconnaissait pas la compétence épiscopale sur le territoire genevois, a reçu de lui la réponse qu'il tenait ses pouvoirs du Saint-Siège et que, malgré la défense du Conseil d'Etat, il continuerait à les exercer ;

„ Considérant qu'une telle attitude ne saurait être tolérée de la part d'un *fonctionnaire* qui n'exerce ses pouvoirs qu'*en vertu de l'agrément et de l'approbation* de l'Etat, et qui reçoit de lui *son salaire* ;

„ Arrête :

„ 1° M. Gaspard Mermillod cesse d'être reconnu comme curé de la paroisse catholique de Genève. En conséquence, à partir de ce jour, le traitement affecté à la cure de Genève est et demeure supprimé jusqu'au rétablissement, dans la paroisse, d'un état de choses régulier.

„ 2° L'autorité ecclésiastique diocésaine sera informée de cette décision et invitée à concourir, en ce qui la concerne et dans les limites de sa compétence, à ce que les fonctions de curé de Genève ne restent pas vacantes. „

DEUXIÈME ARRÊTÉ

Le Conseil d'Etat :

, Considérant que, par lettre en date du 23 décembre 1864, Mgr l'évêque du diocèse a informé le Conseil d'Etat qu'il avait accordé le titre et les pouvoirs de vicaire-général à M. l'abbé Mermillod, curé de Genève, qui venait d'être élevé à la dignité épiscopale sous le titre d'évêque d'Hébron, auxiliaire de Genève ;

, Considérant que le Conseil d'Etat n'a pas accepté la qualification d'évêque auxiliaire donnée à M. Mermillod et a informé Mgr Marilley qu'il ne prendrait en considération les actes que M. le curé de Genève accomplirait dans le domaine des attributions épiscopales qu'autant que ces actes seraient faits au nom de l'évêque diocésain et d'après ses directions personnelles et spéciales ;

, Considérant que, malgré cette déclaration, la nomination d'un évêque en qualité de vicaire-général de l'autorité diocésaine a eu pour conséquence de créer un état de choses qui tend à l'établissement d'un évêché de fait dans notre canton ;

, Considérant que le 7 octobre 1871 le Conseil d'Etat a notifié à Mgr Marilley que, puisqu'il ne voulait pas prendre sous sa responsabilité les actes d'administration ecclésiastiques accomplis par M. Mermillod, celui-ci cessait provisoirement d'être reconnu comme vicaire-général ;

, Considérant que le Conseil d'Etat a incontestablement le droit de ne pas reconnaître comme mandataire de l'autorité diocésaine un ecclésiastique dans la situation toute spéciale où se trouve M. Mermillod ;

, Considérant, au surplus, que M. Mermillod prétend agir en son propre nom ;

, Vu la lettre qui lui a été adressée par le Conseil d'Etat, le 30 août dernier ;

, Se référant d'ailleurs aux motifs énoncés tant dans cette lettre que dans l'arrêté de ce jour relatif à la cure de Genève ;

, Arrête :

, 1° Il est interdit à M. Mermillod de faire, soit directement, soit par procuration, aucun acte du ressort de l'Ordinaire ;

, Il lui est interdit également de faire aucun acte en qualité de vicaire-général, de fondé de pouvoirs de Mgr l'évêque du diocèse ou comme chargé à un titre quelconque de l'administration des paroisses catholiques du canton ;

, 2° Le présent arrêté sera communiqué à MM. les curés du canton, pour qu'ils aient à s'y conformer ;

, 3° Il sera en outre transmis au Conseil fédéral. ,

Au moment où ces arrêtés parurent, Mgr Mermillod assistait à la conférence des évêques suisses qui lui adressèrent immédiatement la lettre publique que voici :

« Votre cause est la nôtre : vous défendez les droits de l'Église, l'indépendance légitime de son autorité spirituelle et la liberté des consciences catholiques. Le gouvernement de Genève, après avoir violé la liberté des associations religieuses, après avoir fermé les écoles libres des Frères de la Doctrine chrétienne et des Sœurs de charité, par de nouvelles prétentions et par des mesures arbitraires, porte une grave atteinte à la constitution même de l'Église. L'épiscopat suisse ne peut se taire, il vous engage à rester ferme devant ces empiètements. Nous félicitons tous vos prêtres et les catholiques du canton de ce qu'ils se groupent autour de vous dans cette résistance légitime (1). »

Le terrain choisi ainsi par les évêques était excellent. Ils ne réclamaient rien que la liberté religieuse. Mais c'était précisément cette liberté qui offusquait M. Carteret. Dans un entretien qu'il avait eu avec Mgr Mermillod, au mois de mars précédent, il lui avait dit : « l'Église n'a pas d'autres droits que ceux que l'État lui reconnaît. » C'est là la formule de tous les despotismes ; en la ressuscitant, le radicalisme montrait que, devenu le maître, il ne le céderait en rien, dans l'emploi des moyens d'oppression, aux monarques les plus absolus.

Le 28 septembre, Mgr Mermillod protesta à son tour dans un admirable lettre au Conseil d'État, lettre qui, après avoir résumé l'historique du conflit, se terminait ainsi :

« Je ne puis accepter vos arrêtés, *inexacts* dans leurs considérants, *illégaux* dans leurs conclusions, et remplaçant l'équité, le droit, la loi par des mesures oppressives.

» Vous croyez fortifier cet acte en supprimant le traitement de la cure de Genève. Cette rigueur ne saurait faire fléchir une âme chrétienne ; je me tairais si elle n'atteignait que ma personne. Mais il y a un droit inscrit dans le protocole de Turin et l'acte privé ratifié par le canton de Genève, garanti par le bref de 1819, disant « qu'à l'avenir le minimum de ce traitement ne peut être réduit sous aucun prétexte ».

» De plus, cette suppression dépouille d'une bien modeste indemnité, quinze prêtres qui reçoivent à peine 700 francs, pour se loger, se nourrir, se vêtir et secourir les pauvres dans cet humble et laborieux apostolat de 26,000 catholiques, habitant la ville et les faubourgs de Genève.

(1) Lettre du 24 septembre 1872.

„ Catholique, prêtre, évêque, j'en appelle au Saint-Siège, gardien de nos droits, protecteur des opprimés.

„ Citoyen genevois, j'en appelle au bon sens et à l'impartialité de mes compatriotes.

„ Je ne terminerai pas sans affirmer mon sincère patriotisme.

„ Jamais je n'ai voilé mes croyances religieuses ni dissimulé leur ardeur; j'ai l'ambition de convertir à ma foi ceux qui ne la partagent pas; cet apostolat chrétien est-il donc un péril, là où tant d'ardentes activités cherchent à créer un centre du matérialisme européen?

„ N'ai-je pas concilié la fidélité à mes devoirs religieux avec l'attachement à mon pays?

„ Toujours j'ai voulu servir et honorer Genève, aider à sa prospérité par la création libre d'églises dans les quartiers populeux, par le développement des écoles gratuites et d'œuvres de bienfaisance pour les pauvres, pour les malades et pour les vieillards.

„ Jamais je n'ai méconnu l'autorité des lois et du pouvoir civil dans la sphère qui leur appartient. J'ai observé mon serment dans ce que je dois à l'Etat, et je ne le trahirai pas dans ce que je dois à l'Eglise et à son divin Fondateur.

„ Je ne puis donc déserter la garde du sanctuaire de Dieu, ni le service des âmes dont je suis le pasteur, ni abandonner la défense des droits de la conscience chrétienne.

„ Il y a dix-neuf siècles que l'Eglise rend à César ce qui est à César et à Dieu ce qui est à Dieu; c'est dans l'application de ce principe sacré que se trouve la paix publique.

„ Je prie le Seigneur de répandre sur notre cher pays et sur ses magistrats l'esprit de justice, qui seul élève les peuples! „

M. Carteret ne se laissa pas émouvoir par cette fière et noble protestation. Le 7 octobre, il proposa au Grand Conseil la suppression du budget des cultes et la consécration de l'omnipotence de la police en matière religieuse. Il échoua ; bientôt il devait réussir; mais les assemblées politiques ne désirent pas qu'on les fasse marcher trop vite, surtout lorsqu'il s'agit pour elles de s'engager dans la voie de la persécution religieuse; elles aiment que les transitions soient ménagées. A l'occasion de ce vote, de nouveaux changements d'attitude se produisirent au sein des partis en présence. Pendant plus de trente ans, c'est le parti radical sous la direction de M. James Fazy qui avait plus ou moins soutenu la liberté religieuse contre les conservateurs protestants. Au mois d'octobre 1872, ceux-ci votèrent en majorité avec M. Fazy, abandonné de ses amis politiques, contre M. Carteret et les radicaux; ils pensaient sans doute que les subsides de l'État étaient nécessaires à l'église protestante, et ils craignaient les effets d'une mesure dont celle-ci n'aurait pas tardé à être la victime.

Cependant M. Carteret ne se laissa pas rebuter par cet échec. Quelle suite allait-il donner aux arrêtés portés contre Mgr Mermillod? Il avait, pour défendre ces arrêtés, un argument qui n'était pas dépourvu de tout semblant de légalité, le bref de 1819, mais qu'il aurait dû s'interdire d'invoquer, s'il avait eu le moindre souci de la liberté religieuse. Cet argument ne tarda pas à lui échapper. Le 23 octobre, Mgr Marilley écrivit au Conseil d'État la lettre suivante :

« Nous avions cru devoir vous informer sous les dates du 24 avril, du 2 septembre et du 15 octobre de l'année courante, qu'en présence des graves difficultés qui ont surgi dans votre canton entre l'autorité ecclésiastique et le pouvoir civil, nous ne pouvions que transmettre à S. Exc. le chargé d'affaires du Saint-Siège les demandes que nous recevrions de votre part.

» Vos dernières lettres officielles nous ont prouvé que vous persistiez néanmoins à réclamer notre intervention personnelle et directe au lieu de vous adresser à S. G. Mgr Mermillod, qui nous a été adjoint sous le titre d'évêque auxiliaire chargé exclusivement depuis le 5 juillet 1865 de l'administration ecclésiastique de votre canton. De là, pour nous, une position équivoque très pénible dans laquelle nous ne pouvons nous résoudre à demeurer plus longtemps.

» En conséquence, messieurs, nous avons l'honneur de vous faire savoir que nous avons demandé au Saint-Siège d'être définitivement déchargé de l'administration spirituelle de vos ressortissants catholiques, administration à laquelle, dès ce jour, nous renonçons entièrement et définitivement, ainsi qu'au titre purement honorifique d'*évêque de Genève* donné à notre vénérable prédécesseur... »

M. Carteret s'attendait-il à cette déclaration, et s'était-il d'avance décidé, plutôt que d'abandonner la lutte, à la pousser jusqu'au bout, en multipliant les coups contre l'Église ? C'est à croire. Car la veille de la lettre de l'évêque de Lausanne, le Conseil d'État avait adressé à la population une proclamation qui marquait clairement le programme du parti du pouvoir, et qui formulait les conclusions suivantes :

« 1° Les curés seront nommés par les paroisses ;

„ 2° Aucun dignitaire ecclésiastique ne pourra remplir les fonctions de curé ;

„ 3° Le serment de soumission aux lois et aux magistrats prêté par les serviteurs spirituels des paroisses à leur entrée en charge, sera rédigé de manière à ne donner prise à aucune interprétation qui puisse en affaiblir le sens ;

„ 4° Vu la déclaration par laquelle les curés du canton déclinent la compétence de l'État, il sera procédé à de nouvelles nominations dans toutes les paroisses, qui pourront toutefois conserver par l'élection les titulaires actuels ;

„ 5° Les fabriques, selon le vœu de la constitution, seront organisées par la loi.

„ Sur ce grave sujet, l'application des formes populaires à l'Église catholique, réalisée déjà partiellement dans plusieurs cantons, le Conseil d'État examinera avec attention toutes les idées qu'on voudra bien lui soumettre ; il fait surtout appel au concours des nombreux citoyens catholiques qui estiment que les mêmes droits doivent appartenir à tous, qui pensent que le domaine civil est un bien commun à tous les enfants du pays, et qui n'admettent, à aucun titre, des aînés et des cadets dans la même patrie.

„ Chers concitoyens !

„ Resserrons toujours plus les liens qui nous unissent, par l'égalité dans la réalisation des désirs légitimes et dans l'exercice de la vraie liberté ! „

La vraie liberté ! Ces mots n'étaient qu'une dérision dans la bouche de M. Carteret. Ils signifiaient l'oppression des catholiques, car la proclamation laissait pressentir l'élaboration prochaine d'une sorte de constitution civile du clergé créant une église d'État, dirigée par la volonté souveraine du pouvoir civil. Les calvinistes rigides, un instant hésitants, devaient seconder cette politique autoritaire.

La lettre de Mgr Marilley ôtait en réalité à M. Carteret tout prétexte pour maintenir les arrêtés du 20 septembre. Mais ces arrêtés dissimulaient à peine la pensée de leur auteur : il s'agissait, n'importe de quelle manière, de se débarrasser de Mgr Mermillod. L'expédient qu'on avait invoqué venant à manquer, on en imagina un autre, non seulement pour prolonger, mais pour aggraver le conflit. En vertu, dit-on, du régime en vigueur en Suisse, un évêché ne peut être constitué ou démembré sans l'assentiment de l'État ; dès lors la démission de Mgr Marilley comme évêque de Genève, n'ayant d'autre objet que de faciliter la création d'un nouvel évêché au profit de Mgr Mermillod, cette démission était non avenue. Partant de ce point de vue, le gouvernement maintint les arrêtés du 20 septembre. Mais comment les exécuter? Le prélat frappé était toujours là; il affirmait son droit et attestait par sa conduite qu'il ne céderait qu'à la force. Il semble qu'un peu d'hésitation se soit un instant emparée des oppresseurs, et d'ailleurs ils discernaient parfaitement que si, en dépit de leurs efforts, le clergé demeurait fidèle à Mgr Mermillod, les mesures prises contre celui-ci resteraient sans effet décisif.

Ils résolurent donc de s'attaquer au clergé lui-même et de tâcher de susciter des prêtres schismatiques, en décrétant une constitution civile reposant sur l'élection des curés par le peuple. Un projet fut préparé dans ce sens et soumis au Grand Conseil. Il va de soi que l'autorité ecclésiastique ne fut pas consultée : on appelait ainsi à régler l'organisation de l'Église un corps législatif composé de cent-dix membres, parmi lesquels siégeaient à peine vingt catholiques, et en dernier ressort des comices électoraux composés pour les trois cinquièmes de protestants. L'iniquité d'une pareille loi saute aux yeux; cependant, elle eut l'audace de se produire sous le couvert des intérêts de la liberté religieuse! Ce n'est donc pas sans raison que l'ancien rédacteur radical de la *Gazette de Saint-Gall*, le Dr Curti, adressa ce reproche à M. Carteret et à ses acolytes : " Vous avez sans cesse dans la bouche les mots de souveraineté du peuple, de démocratie et de progrès, et vous êtes plus despotes que personne. „

Lors de la discussion au Grand Conseil, une proposition surgit en faveur de la séparation de l'Église et de l'État. Elle fut rejetée par quatre-vingt-cinq voix contre quinze, et le projet fut adopté dans ses bases principales à la date du 8 février. En voici le texte :

Art. Ier. Les curés et les vicaires sont nommés par les citoyens catholiques inscrits sur les rôles des électeurs cantonaux.

Ils sont salariés par l'État.

Ils sont révocables.

Art. 2. L'Évêque diocésain reconnu par l'État peut seul, dans les limites de la loi, faire acte de juridiction et d'administration épiscopales.

Art. 3. La loi détermine le nombre et la circonscription des paroisses, les formes et les conditions de l'élection des curés et des vicaires, le serment qu'ils prêtent en entrant en fonctions, les cas et le mode de leur révocation, l'organisation des conseils de fabrique chargés de l'administration temporelle du culte ainsi que les sanctions des dispositions législatives qui le concernent.

Art. 4. Sont abrogés les articles 130 et 133 de la Constitution de 1846 et généralement toutes les dispositions contraires à la présente loi.

Dispositions transitoires.

Les curés et les vicaires actuellement en fonctions et nommés suivant le mode précédemment en vigueur, ne sont pas soumis à l'élection. Toutes les autres prescriptions de la loi leur sont applicables.

Ainsi, les radicaux de Genève, sauf la ratification populaire, décrétaient l'élection par le peuple des curés et vicaires de paroisses ; ils décrétaient le droit pour l'État de les révoquer à volonté ; ils décrétaient l'obligation pour eux de prêter le serment qu'il conviendrait à l'État de leur imposer ; ils décrétaient la nullité de tout acte de juridiction ou d'administration accompli par un évêque que le gouvernement n'aurait pas reconnu ! On aperçoit le but : c'était d'arriver à créer un clergé d'État ; ils avaient peur des progrès du catholicisme ; ils voulaient les arrêter en jetant dans le schisme la population catholique, parce que l'histoire prouve que jamais les schismes n'ont apporté de digues sérieuses ni à l'hérésie ni au despotisme, d'où qu'il parte.

Pendant que les pouvoirs publics portaient sur l'Église une main liberticide, un grave événement précipitait les mesures que l'on méditait contre Mgr Mermillod et qu'on paraissait ne pas oser encore exécuter. Le prélat avait à la vérité été destitué ; mais il continuait à exercer ses fonctions ; sa cure avait été déclarée vacante et l'autorité diocésaine appelée à y pourvoir ; mais, loin d'obtempérer à cette décision, Mgr Marilley s'était désintéressé de l'administration spirituelle du canton de Genève. Par là, l'autorité civile était tenue en échec ; la constitution ne lui fournissant aucun moyen d'avoir raison de Mgr Mermillod, elle eut recours à un coup de force ; voici ce qui donna prétexte à sa perpétration.

De même que par le bref du 20 septembre 1819, le Pape avait réuni les populations genevoises à l'évêché de Lausanne, de même il les en sépara par bref du 26 janvier 1873. Il érigea le canton de Genève en vicariat apostolique et en nomma Mgr Mermillod titulaire. Les motifs de cette décision furent indiqués par le nouveau vicaire apostolique lui-même. Après avoir exposé dans sa lettre au Conseil fédéral, que les autorités du canton de Genève avaient formellement repoussé les tentatives d'accommodement faites par le nonce à Lucerne, il ajouta : " Devant cette dénégation de traiter avec le Saint-„ Siège, devant la situation des catholiques privés de chef „ spirituel, devant les tentatives de schisme légal entreprises „ et poursuivies avec une ardeur visible, devant des périls „ grandissant chaque jour et menaçant toujours plus la foi „ et les droits des catholiques, le Saint-Père ne pouvait aban-„ donner cette portion de l'Église universelle, et par là il pour-„ voit aux besoins urgents d'une population et d'un clergé qui „ réclament son appui. „ Du reste, le Pape avait usé de beaucoup de ménagements. Au lieu de nommer un évêque de Genève, il s'est borné, comme le fit encore remarquer Mgr Mermillod, à mettre à la tête du canton " un vicaire aposto-„ lique et à donner ainsi à Genève, république libre, cette „ forme d'administration spirituelle spéciale aux pays de „ mission où l'Église catholique n'a pas même le bénéfice du „ droit commun et qui existe dans les Indes, en Chine, au „ Japon, à Édimbourg et à Stockholm. „

Le nouveau vicaire apostolique donna connaissance au clergé du bref papal par une lettre pastorale, qu'il lui prescrivit de lire au prône le dimanche 2 février 1873. C'est ce qui fut fait. Le même jour, 2 février, le nonce du Saint-Siège se rendit auprès du Président du Conseil fédéral, M. Cérésole, et lui notifia la nomination de Mgr Mermillod aux fonctions de " *Vicaire apostolique pour le canton de Genève.* „

Une vive irritation se produisit immédiatement à Genève et à Berne dans les régions gouvernementales.

A Genève, le Conseil d'État suspendit pour trois mois le traitement des curés du canton, pour avoir lu en chaire, sans son autorisation, le bref papal et la lettre pastorale de l'évêque d'Hébron. D'autres projets étaient déjà agités, lorsque le Conseil fédéral évoqua l'affaire. En réponse à la note du

nonce, il déclara que « les autorités fédérales aussi bien pour
» le présent que pour l'avenir ne reconnaîtraient que l'évêché
» de Lausanne et de Genève tel qu'il existait depuis 1820,
» qu'il contestait tout caractère officiel aux évêques aposto-
» liques nommés par le bref du 16 janvier 1873, et qu'il
» s'opposerait au besoin à l'exercice des fonctions que le
» Saint-Siège, sans l'autorisation des autorités politiques,
» aurait dévolues illégalement. » Ceci se passait le 11 février.
En même temps, il somma Mgr Mermillod, par l'entremise
du gouvernement de Genève, de faire connaître le 15 au plus
tard, si, « contre le gré des autorités fédérales et cantonales,
» il était intentionné de continuer ses fonctions. »

Dans une lettre admirable de modération, de clarté, d'élévation de vues, de patriotisme et de sentiment épiscopal,
Mgr Mermillod répondit « qu'il ne pouvait, qu'il ne devait
pas cesser des fonctions purement spirituelles, trahir une
mission évangélique, déserter un apostolat sacré qui lui était
confié par le chef suprême de l'Église. »

Le Conseil fédéral se réunit aussitôt, et rendit, sous la
date du 17 février, un arrêté d'expulsion contre Mgr Mermillod. Cet arrêté était ainsi conçu :

Art. 1er. Aussi longtemps que M. Gaspard Mermillod de Carouge, au
canton de Genève, ne renoncera pas expressément à exercer en Suisse
des fonctions conférées par le Saint-Siège, contrairement aux décisions
des autorités fédérales et cantonales, le séjour sur le territoire de la
Confédération suisse lui est interdit.

Art. 2. Cette interdiction cessera à partir du jour où M. Mermillod
déclarera au Conseil fédéral ou au Conseil d'Etat du canton de Genève,
renoncer à toute fonction conférée par le Saint-Siège, contrairement
aux décisions des autorités fédérales et cantonales.

Le jour même, l'arrêté fut exécuté. Mgr Mermillod déclara
« ne vouloir céder qu'à la force. » Il fut mené à la frontière
française dans la direction de Ferney par les agents de
M. Carteret. Avant de monter en voiture, il rédigea une protestation que le clergé de Notre Dame signa avec lui ; on y
lisait :

J'obéis à Dieu plutôt qu'aux hommes, et par cet acte je défends la
liberté religieuse, l'indépendance spirituelle de la conscience violées en
ma personne, et je reste le vicaire apostolique, le chef spirituel du clergé

et des catholiques du canton de Genève ; je les bénis au nom de Jésus-Christ et de son vicaire Pie IX qui m'envoie. Je bénis aussi ceux qui me persécutent, qui me mettent hors de mon pays, à qui je n'ai voulu faire et à qui je n'ai fait que du bien. Je ne cède qu'à la force et appréhendé au corps. Je me laisse enlever, répétant à cette heure les paroles de mon maître, Notre Sauveur Jésus-Christ : Que la paix soit sur Genève, paix dans la vérité et dans la justice !

En droit strict, l'arrêté d'expulsion était illégal. L'art. 57 de la constitution fédérale ne donnait aux autorités de la Confédération que le droit d'expulser les étrangers. Mais, à un point de vue plus général, que dire d'un gouvernement qui se targuait de son libéralisme et de sa tolérance et qui expulsait un citoyen sans l'avoir entendu, sans aucun jugement, sans qu'il eût jamais violé les lois ni la constitution ! Qu'en dire lorsque le seul motif de cet acte arbitraire prenait sa source dans l'exercice par ce citoyen de fonctions purement spirituelles ! Qu'en dire enfin lorsque le même acte était perpétré sur le territoire d'une république qui, selon la remarque d'un journal suisse, était « l'antre de tous les décavés des clubs de Paris, le refuge des communards de tous les pays ! »

L'évêque, arrivé à la frontière, se tourna vers Genève et la bénit ; puis il se rendit chez le curé de Ferney.

Une immense émotion éclata partout. Des députations nombreuses se rendirent auprès de l'illustre exilé pour lui porter les témoignages de leur soumission ; le clergé tout entier déclara, dans une protestation au Grand Conseil, qu'il ne se séparerait jamais de son pasteur : « Cette nouvelle violation des droits de notre culte, dit-il, ne diminue en rien la légitimité de la charge confiée par le chef de l'Église à Mgr Mermillod, et elle accroîtra plutôt notre soumission à son autorité comme notre attachement à sa personne. »

L'étonnement que produisit la mesure tyrannique du Conseil fédéral franchit la frontière. En France le *Journal des Débats*, le *Temps*, le *Journal de Lyon*, etc., exprimèrent un blâme formel. En Suisse, la majorité de la presse libérale applaudit ; cependant plusieurs journaux de cette couleur protestèrent. Parmi eux, il convient de citer le *Nouvelliste Vaudois*, la *Suisse radicale* de M. Fazy, l'*Union libérale* de Neufchâtel, l'*Eidgenossenschaft*, etc.

c. 4

CHAPITRE III

(1872 à avril 1873.)

Les événements dans le diocèse de Bâle. — Injonctions schismatiques adressées à l'évêque. — Mesures de persécution. — Destitution et exil de Mgr Lachat.

Les événements qui se déroulaient à Genève eurent leur écho dans presque toute la Suisse; de divers côtés, les ennemis de l'Église crurent trouver dans le vieux-catholicisme un engin à l'aide duquel ils pourraient avec succès battre l'Église en brèche.

L'Association suisse des vieux-catholiques s'était constituée le 15 septembre 1871 par l'adoption de statuts provisoires. Pendant quelque temps elle languit. Mais, dans les derniers mois de 1872, elle reprit courage : c'est que, dans l'intervalle, la politique radicale s'était résolue à lui prêter main-forte. Le 1er décembre 1872, elle arrêta ses statuts définitifs : bientôt, elle devait entrer tout à fait en scène pour servir les desseins du pouvoir civil.

C'est dans le diocèse de Bâle, que les premiers coups furent préparés. Ce diocèse se compose de sept cantons, Bâle, Berne, Soleure, Thurgovie, Argovie, Zug et Soleure ; l'évêque réside à Soleure. Trois de ces cantons, Lucerne, Zug et Soleure, sont en grande majorité catholiques; mais dans le canton de Soleure, bien qu'il ne renferme qu'une petite minorité de protestants, — 10,000 sur 70,000 habitants, — le radicalisme exerçait ses ravages depuis de longues années; il régnait en maître dans quelques-unes de ses principales paroisses, à Olten notamment. Quant au canton de Berne, il renferme une région presqu'entièrement catholique, le Jura ; mais cette région ne pouvait contrebalancer l'influence de la population protestante du reste de canton.

L'orage s'annonça par des actes de mauvais gré émanés de l'autorité civile; ils frappèrent surtout le Jura ; c'est ainsi que, dans le cours de l'année 1872, les curés de Courgenay et de Rebeuvilier furent révoqués, parce que, dirent les arrêtés, « ils abusaient dans un but politique des fonctions dont ils étaient revêtus !. „

Le gouvernement de Soleure ne tarda pas à emboîter le même pas. Il y avait dans ce canton un curé, celui de Starrkirch, M. Gschwind, qui prêchait avec persistance contre l'infaillibilité. L'évêque, Mgr Lachat, après des avertissements nombreux et des ménagements infinis, se vit enfin forcé de l'excommunier : user d'une tolérance plus longue, c'eût été presque se rendre complice du schisme que le coupable fomentait. Un autre prêtre, également en révolte contre l'Eglise, M. Egli, ancien aumônier de la prison de Lucerne, subit le même sort.

Aussitôt le gouvernement du canton de Soleure prit un arrêté par lequel il maintint M. Gschwind dans ses fonctions sous le prétexte, erroné du reste en fait, qu'il avait été nommé par le Conseil d'État. D'autre part une assemblée de libres-penseurs et de vieux-catholiques se tint à Olten le 1er décembre 1872, et demanda que les paroisses pussent désormais élire tous les six ans leurs curés et leurs vicaires ; pour mieux réussir dans ses projets, elle avait mandé d'Allemagne un prêtre vieux-catholique, le docteur Reinkens, que la secte devait bientôt appeler dans son pays à des fonctions épiscopales et qui s'en alla répandre de divers côtés les déclamations de sa haineuse éloquence. Les vœux de l'assemblée d'Olten ne tardèrent pas à être exécutés dans le canton de Soleure ; le Grand-Conseil, à une forte majorité, décida que les ecclésiastiques seraient désormais soumis périodiquement à réélection, et le peuple ratifia cette réforme le 22 décembre.

Dans l'intervalle, des mesures d'un caractère plus général avaient été prises. Les sept cantons qui constituent l'évêché de Bâle s'étaient depuis de longues années arrogé le droit de traiter en « conférence diocésaine „ leurs affaires ecclésiastiques. Cette conférence, qui tenait ses pouvoirs d'une véritable usurpation, se réunit le 26 novembre, et par 10 voix contre 4 (celles de Lucerne et de Zug), résolut de ne pas reconnaître le décret du Concile du Vatican sur l'infaillibilité papale, d'interdire à Mgr Lachat de prononcer aucune censure contre les curés du diocèse hostiles à ce dogme ou de les destituer, et de lui enjoindre de lever l'excommunication prononcée contre MM. Gschwind et Egli. Ces résolutions furent communiquées à l'évêque; on se réservait d'aviser le cas échéant.

Mgr Lachat fit le 18 décembre à cet ultimatum une réponse admirable. Après avoir réfuté point par point les accusations formulées contre lui, il exposa les usurpations sacrilèges que l'autorité civile s'était déjà permises et déclara qu'un évêque ne pouvait jamais se soumettre à une défense quelconque d'enseigner les vérités de la foi; il protesta contre la destitution par l'État, sans le consentement du pouvoir spirituel, de plusieurs curés qui édifiaient l'Église par leur fidélité au devoir, et il termina en ces termes : " Dès mon enfance, on „ m'a appris à craindre Dieu plus que les hommes. Irai-je „ maintenant, pour éviter quelques désagréments passagers, „ m'établir en évêque traître et parjure ? Irai-je contrister „ ma mère la Sainte Église et mes fidèles diocésains, portant „ le scandale dans tout le diocèse de Bâle et dans toute la „ Suisse ? Oh! qu'on ne l'espère pas : non jamais ! Et j'aime „ cette mâle devise : plutôt mourir que d'être déshonoré ! „

Il semble qu'un tel langage aurait dû profondément émouvoir un pays qui s'enorgueillissait jusqu'à ces derniers temps de son hostilité séculaire au despotisme, quelle que soit son origine. Il n'en fut rien. C'est le triste privilège de la libre-pensée et du radicalisme de ne tenir pas plus compte des mœurs et de l'histoire des peuples que de leurs convictions religieuses. Ils inscrivent sur leur drapeau l'émancipation de la conscience, et dans la réalité des choses, ils s'acharnent à faire peser sur la conscience des catholiques la plus épouvantable des tyrannies. Ils méprisent la théologie et les croyances positives, et, lorsque les circonstances paraissent s'y prêter, ils n'ont pas d'autre souci que d'organiser une église de leur façon et d'y faire entrer de force les populations catholiques. En vérité de telles palinodies ne méritent que le mépris et l'indignation.

A peine la réponse de Mgr Lachat eut-elle été reçue, que
la conférence diocésaine se réunit de nouveau ; par une
amère dérision, le canton de Berne y envoya comme délégué
un libre-penseur, M. Jolissaint, et un protestant, M. Teuscher,
deux ennemis acharnés de l'Église ; Argovie, Thurgovie,
Bâle et Soleure firent des choix analogues qui présageaient
assez ce qui allait se passer. Du reste, les rôles avaient été
distribués d'avance ; la déposition de l'évêque avait été
décidée dans un conciliabule à Olten, et quand les délégués
de Berne proposèrent le décret qui consommait l'attentat,
deux cantons seulement, Lucerne et Zug, protestèrent.
Voici ce décret, daté du 29 janvier 1873 :

1º La reconnaissance faite dans le temps de la nomination de
M. Eugène Lachat, de Mervelier (Berne), comme évêque du diocèse de
Bâle, est révoquée, et par là la vacance du siège est prononcée ;

2º Dès lors, il est interdit à M. Eugène Lachat d'exercer toutes fonctions épiscopales dans les cantons diocésains, et ceux-ci sont invités à
ne plus fournir le traitement épiscopal et à mettre sous séquestre les
fondations qui servent à fournir le traitement, dans les cantons où ces
fonds sont séparés des biens d'État ;

3º Le gouvernement de Soleure est invité à dénoncer à M. Eugène
Lachat l'habitation dans le palais épiscopal, en lui accordant un terme
nécessaire, et à pourvoir à l'extradition de l'inventaire appartenant
à l'évêché ;

4º Le chapitre diocésain est invité, d'après la teneur de l'article 3 du
" Concordat fondamental „ conclu le 28 mars 1828 entre les États du
diocèse sur l'érection de l'évêché et du bref papal dit d'*Exhortation* du
15 septembre 1828, ainsi que du décret de la conférence du 21 octobre 1830, de nommer, dans le terme d'une quinzaine, à compter du jour
de la communication de cette décision, un administrateur *ad interim*
du diocèse de Bâle qui soit agréable aux gouvernements.

On devine quelle était la portée de cette dernière exigence:
aucun prêtre, soumis à Rome et à ses devoirs, ne pouvait
être un candidat agréable.

Le décret était précédé d'un exposé de griefs contre
Mgr Lachat. Il suffit de citer le premier qui les résume tous :
" L'évêque Eugène Lachat déclare que, *malgré les décrets des
États diocésains concernant le dogme de l'infaillibilité,* il est
obligé de proclamer et de maintenir ce dogme comme une
vérité de la foi. „ Ainsi, c'était aux délégués des autorités

civiles de quatre cantons protestants sur sept à prescrire à l'épiscopat les dogmes qu'il devait enseigner, et le refus de celui-ci d'obtempérer à une telle injonction donnait à ces délégués le droit de destituer les prélats dociles à la voix du devoir ! Il y a dans une telle prétention quelque chose de si exorbitant qu'on a peine à en croire ses yeux.

Le décret de révocation de l'évêque produisit une sensation douloureuse parmi les populations catholiques de la Suisse. Plusieurs journaux parurent encadrés de noir ; le comité de la presse de Fribourg adressa à Mgr Lachat les plus vifs témoignages de sympathie et de reconnaissance " pour sa fermeté épiscopale „ ; et, ce qui vaut mieux encore, les clergés de Lucerne et de Soleure l'assurèrent de leur fidélité inviolable.

On se demande comment, tout en commettant le scandaleux abus de pouvoir qui précède, la conférence diocésaine avait pu inviter le chapitre à nommer un administrateur provisoire du diocèse. Dès ce moment en effet, elle était décidée à pousser les choses à l'extrême et à susciter un schisme. Aussi ne peut-on voir dans le recours à cette formalité que le désir de ménager les transitions ; elle n'ignorait certes pas que le chapitre ne trahirait pas les devoirs de sa foi religieuse.

C'est en effet ce qui arriva. Le 4 février, le chapitre refusa de procéder à la nomination d'un administrateur provisoire, " le siège épiscopal n'étant vacant ni par cause de mort, ni par cause d'excommunication, ni par cause de démission du titulaire. „

La conférence diocésaine se réunit de nouveau le 14 février pour prendre connaissance de la réponse du chapitre. Dans cette séance, elle résolut de faire elle-même la nomination d'un évêque et chargea Soleure comme *Vorort* de rechercher la personnalité répondant aux exigences de la situation et de la lui présenter ; elle décida enfin qu'elle serait de nouveau convoquée dans ce but. En attendant, le gouvernement de Soleure, ayant reçu à cet effet pleins pouvoirs de la conférence, signifia à Mgr Lachat qu'il aurait à quitter à Pâques le palais épiscopal.

Ainsi, c'était le schisme que voulait la majorité des gouvernements composant le diocèse de Bâle ; et lorsqu'on songe que cette majorité qui se permettait de porter la main sur l'Église catholique, était formée presqu'en totalité de protestants auxquels venait se joindre un petit groupe de libres-penseurs et de radicaux, on doit reconnaître qu'il est dans l'histoire peu d'attentats qui crient plus vivement vengeance au ciel.

Seulement, pour faire un schisme, il fallait des prêtres et un troupeau. On pouvait bien recruter quelques incrédules s'affublant du nom de vieux-catholiques ; mais ce n'est pas avec des incrédules qu'on crée une Église. Où étaient les prêtres ? Il y avait, il est vrai, à la disposition de la conférence les deux curés excommuniés Gschwind et Egli, plus un allemand du nom de Herzog ; mais on ne forme pas un clergé respecté et respectable avec de pareils éléments.

Ces difficultés n'étaient pas les seules : les populations catholiques du diocèse commençaient à s'émouvoir et à s'indigner de la prétention des protestants et des libres-penseurs de leur imposer une croyance et des prêtres qu'elles repoussaient. Dans le canton de Thurgovie, le Synode catholique cantonal décida à l'unanimité moins deux voix, de ne donner aucune suite aux résolutions de la Conférence diocésaine et d'appeler les électeurs catholiques à sanctionner cette décision ; le gouvernement du canton s'empressa d'annuler les actes du Synode ; mais ils n'en subsistaient pas moins comme symptôme des dispositions publiques. Le Jura bernois donna rapidement plus de dix mille signatures en faveur de l'évêque : parmi ces signatures figuraient les noms des 97 prêtres de la région. Dans le canton de Bâle-Campagne, un comité d'agitation se constitua pour s'opposer aux mesures décrétées par la conférence, et la majorité de toutes les paroisses se prononça pour la bonne cause ; à Soleure aussi, les pétitions se multiplièrent et 70 curés, dans une adresse au gouvernement, déclarèrent qu'ils ne cesseraient pas de reconnaître Mgr Lachat comme leur évêque légitime.

Malgré ces démonstrations, les autorités civiles maintinrent leur attitude ; Mgr Lachat leur ayant envoyé comme d'habitude son mandement de carême, elles interdirent au clergé d'en donner lecture; le gouvernement de Soleure décida que les 70 curés qui s'étaient honorés par les témoignages publics de leur fidélité auraient à rendre compte comme employés de l'État de l'adresse qu'ils avaient signée, et la commune de Soleure décréta que le dogme de l'infaillibilité ne serait enseigné ni dans l'Église, ni dans l'école. De son côté, le gouvernement de Thurgovie frappa d'une amende disciplinaire le doyen de Frauenfeld pour ne pas avoir voulu rompre ses relations officielles avec Mgr Lachat, et dans le canton de Berne, le conseil exécutif suspendit les 97 ecclésiastiques du Jura qui s'étaient prononcés pour Mgr Lachat, et les déféra aux tribunaux, avec invitation à ceux-ci de les révoquer.

Il était manifeste, d'après ces mesures, que les gouvernements cantonaux entendaient pousser les choses à l'extrême. Pourtant, ils n'étaient encouragés que par fort peu de défections; la paroisse d'Olten, dans le canton de Soleure, profitant de la loi récente sur la nomination des ministres du culte, fut à peu près la seule qui destitua son curé ; elle appela M. Herzog pour le remplacer, et l'on vit ainsi une majorité formée de libres-penseurs et de radicaux imposer, dans un domaine purement religieux, ses volontés aux consciences catholiques!

Mgr Lachat avait adressé un recours au Conseil fédéral : ce recours ne fut pas accueilli.

Le 16 avril, vers 9 heures du matin, les délégués du gouvernement de Soleure, le conseiller d'état Heutschi et le chancelier Amiet, se rendirent à l'évêché et invitèrent le prélat à partir de plein gré, en lui déclarant que, dans le cas contraire, la police ferait son œuvre. Mgr Lachat répondit : « Si je suis libre, je ne quitterai pas cette maison; si vous voulez que je la quitte, je ne céderai qu'à la violence. » Alors intervint le directeur du département de police, le Dr Ackerman, qui lui signifia qu'il avait le mandat de l'expulser de l'évêché par la force. En présence de cette menace, l'évêque déclara qu'il cédait à la violence, tout en réservant ses droits comme légitime évêque du diocèse de Bâle.

Les derniers mots de cette protestation étaient à peine prononcés, que M. Ackerman obligea sa victime à sortir, sans même lui donner le temps de prendre son chapeau qu'un domestique dut aller chercher. Le prélat sortit donc, après avoir béni sa famille en larmes. Entouré des membres du chapitre qui avaient voulu lui donner cet éclatant témoignage de leur inviolable attachement, il entra un instant dans la cathédrale, et, prosterné devant les tombeaux des saints patrons de Soleure et du diocèse, il implora la force des martyrs et la grâce du pardon pour ses persécuteurs. De là il se rendit chez M. de Haller qui lui avait offert l'hospitalité, et dans l'après-midi, le chapitre escorté de plusieurs prêtres vint lui rendre une dernière fois ses hommages et recevoir de lui une suprême bénédiction.

Le 17 avril au matin, Mgr Lachat partit pour Altishofen, dans le canton de Lucerne, lequel avec le canton de Zug lui restait fidèle. Là, il fut reçu par le clergé et le peuple avec un empressement et un respect touchants ; de son côté, le gouvernement de Lucerne lui envoya une députation et lui souhaita la bienvenue, en même temps que le nonce venait le visiter. Seulement, quelques jours après, les autorités du canton, cédant, paraît-il, à la pression du pouvoir fédéral, adressèrent au prélat une dépêche, dans laquelle, tout en regrettant " les démarches et les mesures successivement aggravées des cinq autres États diocésains, et tout en l'assurant de leur protection pour l'exercice de son mandat épiscopal sur leur territoire et de leurs efforts pour le rétablissement dans le diocèse d'un état de choses normal, elles le conjuraient, afin d'éviter toute nouvelle complication, de s'abstenir, pendant la durée du conflit, de tout acte de juridiction direct sur le territoire de ces cinq États „.

Mgr Lachat accepta l'hospitalité du canton de Lucerne et y établit sa résidence. Partout où il se montra, à Fribourg lors de la Conférence des évêques en mai, comme à Zug, lors de la réunion du *Piusverein* en août, il reçut des populations catholiques les protestations du plus inébranlable dévouement.

Ces protestations ne lui manquèrent pas non plus de la

part du clergé et des laïques fidèles des cantons de Bâle, d'Argovie, de Thurgovie, de Berne et de Soleure. Plus de vingt mille électeurs catholiques de ces cantons demandèrent que sa destitution fût soumise à la ratification de la population catholique. Cette demande fut impitoyablement rejetée.

CHAPITRE IV.

(Avril 1873 à avril 1874.)

—

Création d'une église vieille-catholique. — Loi sur l'organisation " du culte catholique „ à Genève. — Arrivée de M. Loyson. — Installation du culte nouveau à Genève, à Carouge, à Chêne et à Lancy. — Résistance des catholiques. — Mesures d'oppression dans les cantons de Soleure et de Berne. — Loi sur l'organisation " du culte catholique „ à Berne. — Persécution dans le Jura. — Exil des curés. — Suspension du culte orthodoxe. — Mesures diverses prises à Bâle, Saint-Gall, Neufchâtel et Zurich. — Rupture des relations diplomatiques avec le Saint-Siège.

L'ostracisme lancé contre Mgr Mermillod et Mgr Lachat, révélait clairement les intentions des persécuteurs : ce n'était rien moins que la substitution d'une église soi-disant nationale à l'Église catholique. Seulement on n'improvise pas une église comme un ukase. Il fallut donc user d'un peu de patience. On a vu que l'association des vieux-catholiques avait arrêté ses statuts le 1ᵉʳ décembre 1872. Encouragée par les desseins du pouvoir civil, elle convoqua à Olten le 31 août 1873 une assemblée, à l'effet d'organiser " l'église catholique-libérale. „ L'ex-père Hyacinthe s'y rendit et l'on y vota des résolutions ainsi conçues :

" L'assemblée se prononce pour la constitution d'une église nationale et pour l'érection éventuelle d'un évêché vieux-catholique. Elle charge son comité de nommer une commission diocésaine provisoire, composée d'ecclésiastiques et de laïques, qui aura pour tâche d'élaborer, de concert avec les autorités de la Confédération et des cantons que cela peut concerner, les propositions touchant la fondation de l'église nationale, l'érection éventuelle et l'organisation de l'évêché et de ses organes, etc., qui seront soumises à une future assemblée de délégués.

„ La constitution de l'église statuera que la nomination de l'évêque appartient au synode diocésain composé des délégués ecclésiastiques et laïques des communes.

„ L'élu ne pourra prêter le serment relatif à ses fonctions que devant l'autorité qui l'aura élu. Celle-ci recevra le serment au nom des communes diocésaines et des gouvernements cantonaux que cela peut concerner. Tout engagement envers une autorité quelconque lui est interdit, *sous réserve, toutefois, de l'universalité de l'Eglise.* „

L'église " catholique libérale „ était donc créée en principe ; mais elle ne l'était pas encore en fait. Toutefois, dès avant les résolutions d'Olten, le Conseil d'État de Genève avait procédé à un essai d'organisation. Immédiatement après, son exemple fut suivi, dans le Jura, par les autorités bernoises.

I

A peine Mgr Mermillod eut-il été expulsé, que les radicaux cherchèrent à donner le change sur les sentiments de la population catholique. En conséquence, une adresse fut envoyée à l'ex-père Hyacinthe, prétendûment " au nom de 300 catholiques „, pour le prier de se rendre à Genève et d'y donner des conférences : il accepta. Mais aussitôt la *Suisse radicale*, organe de M. Fazy, révéla que les promoteurs de l'adresse étaient 180 libres-penseurs environ, parmi lesquels figuraient une cinquantaine de Français, la plupart réfugiés de la Commune ; que cette adresse avait été arrêtée dans une réunion présidée par M. Héridier, un incrédule bien connu, et que le seul discours qui avait été prononcé à cette occasion, avait réclamé, sans qu'aucune protestation se fût élevée, l'abolition de tous les cultes.

Il n'existait donc aucune base sérieuse pour la constitution de la nouvelle église rêvée par les radicaux. C'était aussi l'avis d'un protestant distingué et loyal : dans une lettre adressée à M. de Pressensé le 30 mars 1873, M. le pasteur Ernest Naville (de Genève) écrivit : " *Cette église nouvelle ne paraît pas avoir la moindre chance de vitalité ; on ne connaît, sauf de très rares exceptions, ni ses fidèles probables ni ses prêtres possibles.* „ M. Naville s'honora du reste en blâmant hautement dans la même lettre la conduite des autorités : " Ce qu'il y a de plus grave, déclara-t-il, c'est que son existence (de l'église nouvelle) créera pour le gouvernement la tentation redoutable de favoriser l'établissement nouveau en portant atteinte à la liberté des catholiques restés fidèles à Rome. „ Puis, en terminant, il remercia M. de Pressensé d'avoir élevé la voix " pour con-

„ damner un projet de loi funeste à mon sens pour mon
„ pays, et qui contredit ouvertement les principes dont le
„ maintien et le développement importent à la société mo-
„ derne tout entière. „

Les protestations de cette voix honnête restèrent sans effet.
La loi sur l'élection des curés, votée le 7 février, fut soumise,
immédiatement après, aux suffrages du peuple. Les catholiques
s'abstinrent de prendre part au scrutin : ils ne pouvaient se
reconnaître le droit de régler l'organisation de l'Église ; cette
résolution avait été prise à la suite d'une chaleureuse proclamation de 30 maires des communes du canton recom-
mandant " l'abstention unanime. „ La loi fut donc adoptée
par 9,081 voix contre 141 sur 16,099 inscrits.

La majorité s'était formée des protestants, à de rares
exceptions près, et des libres-penseurs nés catholiques. Et
c'est une pareille coalition qui s'attribuait le droit de bouleverser l'Église et d'imposer aux fidèles une législation religieuse que leur conscience repoussait ! Aussi, dans une
lettre de protestation adressée au Conseil d'État le 22 mars,
Mgr Mermillod put-il caractériser la loi nouvelle de la façon
suivante : " Vous ne serez pas étonnés, si, malgré l'arrêté
„ illégal et l'exil arbitraire qui pèsent sur moi, je viens pro-
„ tester, comme chef spirituel des catholiques du canton de
„ Genève, contre le projet de loi prétendant organiser le
„ culte catholique. Ce projet, élaboré par un Conseil d'État
„ dont 6 membres sont protestants sur 7 qui le composent,
„ discuté et voté par le Grand Conseil dont les quatre cin-
„ quièmes sont protestants, soumis à la votation d'un corps
„ électoral dont la majorité est opposée à nos croyances, est
„ une entreprise de schisme. „ Plus loin, l'évêque signala en
quelques mots saisissants le plan des persécuteurs : " On
„ veut, dit-il, opprimer l'Église catholique et lui substituer
„ dans la possession de ses droits une société religieuse
„ nouvelle, formée de libres-penseurs qui prennent auda-
„ cieusement un nom qui ne leur appartient pas, le nom de
„ catholiques. „ C'était bien cela : des hommes sans foi religieuse se paraient, pour mieux jouer leur rôle, d'un titre que
depuis longtemps ils avaient répudié par leur conduite.

Des recours furent dirigés auprès des chambres fédérales tant contre l'expulsion de Mgr Mermillod que contre la loi sur l'élection des curés. Mais ils furent repoussés par la même coalition qui avait assuré à Genève le succès de cette dernière loi.

Un tel résultat créait pour les catholiques du canton une situation fort grave. Elle révélait la ferme intention des dominateurs du jour de constituer une église vieille-catholique officielle, en dépit de l'opposition du clergé tout entier et des laïques croyants.

Un pas de plus dans cette voie ne devait pas tarder à être fait. La loi du 23 mars annonçait l'élaboration prochaine d'une législation complète sur l'organisation du culte " catholique „, et l'on pouvait dès ce moment prévoir que l'œuvre des constituants français de 1790 allait être dépassée par celle des libres-penseurs de Genève de 1873. C'est ce qui arriva en effet. Au mois d'août, cette nouvelle *constitution civile du clergé* fut votée et immédiatement mise en vigueur.

En vertu de ses dispositions, les curés et les vicaires étaient désormais nommés par les électeurs " catholiques „ ; si, dans une votation, le nombre des votants restait inférieur au quart des électeurs inscrits, la cure demeurait vacante jusqu'à ce que le Conseil d'État décrétât une nouvelle votation; les curés et les vicaires pouvaient être choisis parmi les ecclésiastiques " ordonnés prêtres dans l'Église catholique „; avant leur installation, ils devaient prêter le serment suivant : " Je jure devant Dieu de me conformer exactement aux décisions constitutionnelles et légales touchant l'organisation du culte catholique dans la république, et d'observer toutes les prescriptions de la constitution et des lois cantonales et fédérales. Je jure en outre de ne rien faire contre la sécurité et la tranquillité de l'État, et de prêcher aux membres de ma paroisse la soumission aux lois, l'obéissance envers les autorités et le bon accord avec tous leurs concitoyens „; ils pouvaient être suspendus dans certains cas et pour un terme de 4 ans au plus par l'autorité civile; les électeurs d'une paroisse avaient le droit de demander que leur curé et ses vicaires fussent soumis à une nouvelle élection, si leur nombre atteignait à Genève le quart des inscrits et dans les autres communes un tiers ; le curé devait être assisté d'une sorte de conseil de fabrique au sein duquel il n'avait que voix consultative; un conseil supérieur formé de 25 laïques et de 5 ecclésiastiques était appelé à exercer une surveillance générale sur les intérêts de l'église „; enfin les églises et les presbytères, qu'on réputa propriétés communales pour les besoins des circonstances, étaient affectés " au culte catholique salarié par l'État „. Telle était en résumé la loi élaborée par les libres-penseurs et les protestants, loi oppressive des consciences catholiques, s'il en fut jamais, car elle consacrait la dépendance de l'Église vis-à-vis tant de l'État que des laïques. Les catholiques croyants étaient mis au ban du pays ; ils ne recevaient plus de traitements pour leur clergé, et leurs temples leur étaient enlevés. A la vérité, le culte proscrit pouvait puiser dans la liberté générale le droit d'exister et de s'organiser d'une façon indépendante de l'État. Mais combien son avenir ne devenait-il pas incertain dans la situation nouvelle qui lui était faite !

Cependant M. Carteret et ses acolytes avaient compris depuis plusieurs mois, que la nouvelle église n'existerait que dans la loi, si elle n'avait ni prêtres ni fidèles. Ils avaient donc cherché à susciter un mouvement schismatique dans la population catholique, et à cet effet ils avaient appelé M. Hyacinthe Loyson qu'ils nommaient imperturbablement " *le Père Hyacinthe* „, alors qu'en général les libres-penseurs s'abstiennent de donner le titre de " père „ aux religieux fidèles. En recourant à un étranger pour atteindre leur but, ils avaient eux-mêmes attesté l'impopularité du vieux-catholicisme à Genève ; ils avaient eu beau promettre aux 43 prêtres du canton les faveurs et les encouragements de l'État : aucun n'avait répondu à leur appel.

Donc, vers le 15 mars, M. Loyson arriva à Genève escorté de Mme Merriman, et le 18, il donna une première conférence dans la salle de la Réformation. Le choix du lieu était significatif. Ce qui ne l'est pas moins, c'est que, tout en se déclarant catholique, le moine tombé ne cessa de témoigner les plus grands égards aux protestants et de lancer les invectives les plus virulentes contre l'Église, le Pape et le dernier concile. Dans sa première conférence, il répudia à la fois, pour combattre " la théocratie romaine „, la persécution, l'asservissement de l'Église à l'État et la séparation des deux pouvoirs ; pour lui, il n'y avait qu'une ligne de conduite possible, c'était la réforme de l'Église catholique, et cela par les catholiques eux-mêmes. Au seul énoncé de ce dessein, on voit ce qu'il avait de chimérique. Prétendre réformer l'Église en opposition avec le Pape, l'épiscopat tout entier, le clergé inférieur à l'exception de quelques rares prêtres libresfaiseurs, et tous les laïques croyants, c'était une vraie folie ! Néanmoins, M. Loyson, persistant dans cette folie, et revenant sur le même sujet dans ses conférences ultérieures, indiqua trois plans pour réformer l'Église, le plan déiste, le plan protestant et " le plan catholique. „ Il rejeta les deux premiers et recommanda le troisième, celui consistant à rester dans l'Église pour " la balayer et la restaurer „, — avec l'appui de l'État, cela va sans dire, et par le moyen des libres-penseurs.

On se demandera à l'aide de quelles réformes pratiques M. Loyson se proposait d'obtenir ce résultat. En cherchant bien, on en trouve deux. La première, c'était le mariage des prêtres, évolution aussi triste qu'étonnante de la part d'un moine qui, dans une circonstance solennelle (1), avait rappelé naguère, avec un chrétien orgueil, " les serments qu'il avait faits à son unique et virginale épouse, en ce jour où, les lèvres dans la poussière, les yeux dans les larmes, le cœur dans les sanglots, il lui promit de la bien aimer. „ La seconde réforme, c'était la célébration de la messe en langue vulgaire, et cela dans une ville où l'instruction est universellement répandue et où chacun, indépendamment de la connaisance que lui en fournit le catéchisme, peut suivre dans un livre de prières les cérémonies du Saint-Sacrifice !

Il n'est personne qui ne soit frappé de la disproportion entre le but et les moyens. Cependant M. Loyson reçut les éloges enthousiastes de la presse antireligieuse, et la *Patrie*

____

(1) 3ᵉ Congrès de Malines.

de Genève exalta en lui " le plus beau type de prêtre catholique dont on eût entendu parler. „ C'est que cette presse savait bien qu'au fond M. Loyson ne professait plus les dogmes de l'Église catholique, et que si parfois il soutenait le contraire, c'était par tactique. En réalité, il cherchait d'abord à constituer en Suisse une église nationale et à y attirer les catholiques ; ce premier point atteint, il se réservait de rejeter les dogmes et les pratiques qui lui déplaisaient. Écoutons l'aveu qu'il en fit dans une conférence à Carouge : " L'heure n'est pas venue encore de faire un triage dans le dogme ; plus tard, nous distinguerons les étoiles qui brillent au firmament de l'Église et les feux follets qui sortent des marais de Rome. „ Un triage dans le dogme, voilà le dernier mot ! Et dire que l'homme qui revendiquait ce droit pour lui s'était révolté contre Rome à raison de l'infaillibilité papale !

Deux autres apostats français vinrent se joindre à M. Loyson, MM. Chavard, de Marseille, et Hurtault, de Tours ; mais, pas plus que lui, ils ne devaient séduire les âmes chrétiennes, et l'on pouvait dès ce moment prédire à celui qui avait été le P. Hyacinthe, qu'il ne lui resterait de cette équipée que la honte de s'être fait l'instrument des tyrans protestants et libres-penseurs de Genève.

En attendant, l'État leur assurait un salaire. Voici en effet ce qui s'était passé. La loi organique du " culte catholique„ avait assigné à la paroisse de Genève trois curés et quatre vicaires. L'élection pour la nomination des trois curés eut lieu le 22 octobre 1873 ; celle des vicaires fut différée. Les trois élus patronnés par le *Journal de Genève* et la *Patrie* furent précisément MM. Hyacinthe Loyson, Chavard et Hurtault. On avait dressé, Dieu sait comment, les listes électorales. Sur 2,595 inscrits, il y eut 1,289 votants : les candidats réunirent 1,256 voix : c'était le contingent libre-penseur de la ville ; le reste, c'est-à-dire les catholiques, s'était abstenu, ne pouvant prendre aucune part à l'exécution d'une loi destructive de l'organisation de l'Église. Qu'on ne s'étonne pas du chiffre des votants : à Genève, comme dans toutes les villes importantes, la population mâle compte beaucoup d'incrédules ; d'autre part, les étrangers n'ont pas le droit de vote ; enfin le canton, indépendamment du chef-lieu, renferme une vingtaine de communes presqu'entièrement catholiques, et c'était là surtout que se manifestait d'une manière éclatante la fidélité à l'Église sous l'impulsion des municipalités elles-mêmes.

A peine nommés, les trois intrus s'empressèrent de s'installer dans la vieille église catholique de Saint-Germain. Au préalable, M. Coulin, commissaire de police, s'étant présenté à l'église, pour en prendre possession au nom du Conseil d'État, le clergé avait réclamé le droit d'enlever le Saint Sacrement ; M. Coulin s'y était refusé et en avait référé à ses supérieurs qui avaient accordé l'autorisation. Alors le recteur de l'Église, M. Fleury, s'était dirigé vers le chœur, avait pris le saint ciboire, fait éteindre la lampe du sanctuaire et transporté, suivi de fidèles portant des cierges, le Saint-Sacrement dans une salle voisine où étaient accourus une foule d'adorateurs ; pendant ce temps une bande de radicaux et de protestants avaient stationné devant l'église en proférant des ricanements.

Ce furent deux laïques, MM. Reverchon et Bard, président et vice-président du nouveau Conseil de paroisse, qui installèrent les trois curés schismatiques. L'un d'eux prononça un discours. Il était juste que ceux qui tenaient leur mandat, non de Dieu, mais de l'autorité civile, reçussent l'investiture de délégués laïques.

Dès le 13 octobre, Mgr Mermillod avait, dans une lettre pastorale émouvante, jeté l'interdit sur MM. Loyson, Hurtault et Chavard, et, s'adressant aux fidèles, il leur avait rappelé avec orgueil la conduite irréprochable de leur clergé : « Vos prêtres, avait-il dit, sont admirables dans leur foi, leur courage et leur unanimité. Ils n'ont pas accepté le rôle de courtisans de la foule. Pas un n'a fléchi devant les séductions de l'argent et les menaces de la pauvreté ; pas un n'a consenti à prêter, par l'appât d'un plus fort traitement, un serment que réprouvent Dieu et le devoir. »

Croirait-on que, déjà décidé à accepter les fonctions de curé schismatique de Genève, M. Loyson eût osé écrire à

Mgr Mermillod? En vérité cet homme ne connaissait plus de pudeur! Mais ce qui dépasse toute imagination, c'est qu'il lui avait écrit pour lui proposer un traité d'alliance à l'effet de " conserver aux catholiques suisses l'unité de leur foi et de leur église. „ C'était, par une injure suprême, lui demander de se rallier au schisme. Puis il ajoutait : " Et si, ce qu'à „ Dieu ne plaise, il était trop tard, ne pourrions-nous du „ moins, pour la paix du pays et pour la paix des âmes, éta- „ blir entre nous ces rapports de politesse, de bienveillance „ et de charité qui devraient régner toujours entre des chré- „ tiens appartenant à des confessions différentes? „ L'évêque eut la condescendance de lui répondre avec autant de fer- meté épiscopale que de douceur touchante : " Vous me „ demandez un entretien, lui dit-il; vous trouverez en moi „ l'évêque gardien des droits sacrés de l'Église, qui doit rap- „ peler les redoutables censures ecclésiastiques contre les „ transgresseurs de ses lois; mais vous trouverez aussi le „ cœur qui se souvient de nos rencontres d'autrefois et qui, „ aux premières heures de votre isolement, vous offrit l'hos- „ pitalité et vous envoya des conseils affectueux. „ M. Loyson répliqua par une lettre d'outrages.

Les apostats, investis des cures par la grâce de l'autorité civile, ne rencontrèrent aucune sympathie auprès de la popu- lation catholique vraiment pieuse. Un protestant de la vieille Genève, M. Roget, le reconnut dans une brochure intitulée : *La question catholique à Genève de 1815 à 1873*, et qui parut à cette époque; dans cet écrit, il gémit de voir la répulsion des catholiques pour les intrus et le dévouement à Mgr Mermillod des populations rurales qui, précédées de leurs maires, ne ces- saient d'aller lui rendre hommage. Par contre, les intrus pou- vaient compter sur l'appui énergique de l'autorité civile. Celle- ci ne tarda pas à interdire aux prêtres fidèles l'enseignement dans les écoles ; M. Carteret, en signifiant à l'abbé Fleury sa révocation de chapelain de l'école secondaire et supérieure des filles, lui manda ce qui suit : " Par votre hostilité hautement „ déclarée contre le gouvernement et surtout par le mépris „ que vous avez publiquement exprimé au sujet de disposi- „ tions constitutionnelles, vous ne pourriez convenablement

« enseigner chez nous le respect des lois et des magistrats. »
Bientôt après, M. l'abbé Blanc fut destitué de ses fonctions
d'aumônier des prisons qu'il exerçait depuis 17 ans.

Mais ce n'était pas assez d'assujettir la ville de Genève à la
nouvelle loi sur l'organisation des cultes : M. Carteret avait
déclaré que petit à petit tout le canton y serait soumis.

L'on commença par l'appliquer aux trois communes les
plus voisines de Genève, Carouge, Lancy et Chêne, où, à la
faveur de leurs rapports avec le chef-lieu, on était parvenu à
semer assez facilement la graine schismatique. Du reste,
d'après la nouvelle loi, il suffisait que, dans les communes
autres que Genève, le tiers des électeurs inscrits demandât
que le curé fût soumis à une nouvelle élection, pour que celle-
ci fût décrétée. Donc, des pétitions émanées de quelques
radicaux libres-penseurs de Carouge, Lancy et Chêne,
demandèrent que les curés de ces trois paroisses prêtassent
le serment constitutionnel. Le Conseil d'État s'empressa de
déférer à la demande, et comme les curés refusèrent naturellement d'obtempérer à l'injonction, on les déclara révoqués et on fixa l'élection au 28 décembre 1873. Les catholiques devant nécessairement s'abstenir, les schismatiques
étaient sûrs de l'emporter. Seulement, il leur fallait des apostats ; trois se présentèrent : ce ne fut d'ailleurs qu'après les
avoir trouvés, que la date de l'élection avait été fixée.

L'élection produisit les résultats suivants : A Carouge,
M. Marchal réunit 281 voix sur 511 inscrits ; personne ne se
présenta pour les deux places de vicaire ; à Chêne, M. Quily obtint 79 voix sur 155 inscrits ; à Lancy, M. Pascherot, 53 voix sur
131 inscrits. Et quels inscrits ! Les listes, comme à Genève,
étaient frelatées. Il est à remarquer du reste que la population
catholique, qui est à Carouge de plus de 6.000 âmes, comprend
beaucoup d'étrangers fidèles qui n'ont pas le droit de vote,
et qu'en outre presque toutes les femmes étaient fortement
attachées à l'Église. Mais qu'importait aux apostats ! Ils
avaient les cures et les traitements. Cela importait sans
doute davantage au gouvernement ; mais M. Carteret, quelque
envie qu'il s'en sentît, n'avait pas le don des miracles.

Tout ce mouvement était conduit par M. Loyson et

Mme Merriman. M. Loyson s'était intitulé " curé de l'église catholique de Genève „ ; il était, comme tous les prêtres tombés de haut, dévoré de la fièvre du mal ; son ambition était à ce moment de diriger les affaires religieuses dans toute la Suisse française, et déjà il était allé donner des conférences dans le canton de Neufchâtel en vue d'y entraîner dans le schisme la minorité catholique.

Pour répondre aux desseins de ses patrons, il s'était étudié, dès son installation, à réaliser des réformes importantes. Il supprima la confession auriculaire et le jeûne obligatoire, rejeta la transsubstantiation, recommanda la lecture de la Bible, autorisa le mariage des prêtres, donna la communion sous les deux espèces, tout en approuvant l'élection des curés par le peuple ; il se réserva de s'expliquer ultérieurement sur le culte des saints et le purgatoire ; mais déjà sa doctrine était entièrement protestante : dès les premiers jours de sa chute, on avait pu prédire qu'il en arriverait là.

Le gouvernement aurait bien voulu introduire sans plus de retard le culte officiel dans toutes les communes du canton ; mais les prêtres lui manquaient, et d'ailleurs, dans la plupart des communes, il n'aurait pas trouvé la minorité requise par la loi sur l'organisation des cultes pour rendre leur installation possible. Toutefois, M. Loyson ne négligeait aucun effort pour trouver des complices. Tel fut le but, assura-t-on, d'un voyage qu'il fit à cette époque en Italie, Il y a plus. Dans le courant du mois de janvier 1874, le *Journal de Genève* annonça tout à coup qu'un archevêque catholique, " un éminent prélat „ ; venait d'arriver à Genève, que son adhésion était acquise au vieux-catholicisme et qu'il ferait des ordinations : c'était, disait-il, Mgr. Panelli, archevêque de Lydda. Le *Journal* débitait en même temps mille fables sur " le diocèse du prélat „ et sur " les prêtres de ce diocèse „. Bientôt la lumière se fit, et l'on apprit que ce Panelli, d'abord schismatique, puis catholique, était redevenu schismatique et avait reçu dans l'Église grecque le caractère épiscopal. La manœuvre se trouvait ainsi éventée, et il restait une fois de plus établi que M. Loyson ne reculait devant aucune alliance pour combattre la foi à laquelle il avait juré fidélité. Quoi qu'il en soit, à peine Panelli fut-il débarqué à Genève, qu'on demanda au Conseil d'État l'autorisation pour lui de conférer les ordres ; le Conseil d'État — toujours le pouvoir civil ! — qui avait expulsé Mgr Mermillod, quoique citoyen du canton, n'hésita pas à accorder l'autorisation sollicitée en faveur de l'étranger, et celui-ci conféra le 18 janvier les ordres sacrés à M. Pierre Fischer, docteur en philosophie. Quelques jours après, on apprit qu'il avait quitté brusquement Genève. On avait reconnu, annonça un journal qui ne fut pas démenti, que c'était " *un vulgaire fripon !* „

Rien cependant n'arrêta le gouvernement ; il porta au budget un poste de traitements montant à 72,500 frs pour les prêtres intrus, déjà élus ou à élire. Sur cette somme, les ecclésiastiques nommés absorbaient, au moment où le budget avait été arrêté, 15,500 francs ; ils étaient 6 et tous les 6 français : Loyson, Hurtault, Chavard, Marchal, Quily, Pascherot. Un peu plus tard, le 29 mars, 4 vicaires apostats furent élus à Genève et 2 à Carouge, tous les 6 également français. Ceux de Genève réunirent 1,048 voix sur 2,600 inscrits, ceux de Carouge un peu plus de la moitié des inscrits. L'un des élus de Carouge était un nommé Risse. Mais au moment où celui-ci obtenait les suffrages des libres-penseurs de cette ville, il venait d'être arrêté : il était poursuivi en France pour vol, abus de confiance et attentats à la pudeur, et son extradition avait été demandée par le gouvernement français et accordée par le Conseil fédéral. Un autre des six vicaires était déjà père de quatre enfants. Tels étaient les gens que recrutait M. Loyson pour son œuvre impie !

Le jour de leur élection, les élus, sauf Risse, prêtèrent serment entre les mains de M. Carteret. Celui-ci leur adressa une allocution dans laquelle il s'écria : " Qu'êtes-vous venus „ chercher parmi nous, sinon la liberté d'enseigner ce que „ votre conscience vous dit être la vérité ? Cette liberté, vous „ l'aurez pleinement, *à la condition de vous conformer pleine-* „ *ment à nos lois.* „ Les schismatiques sont les mêmes partout : ils repoussent l'autorité du Pape pour accepter celle de l'État.

Le traitement alloué à MM. Chavard et Hurtault leur permit de songer aux douceurs de l'hyménée. Le premier épousa devant M. Loyson une demoiselle Pinel. Le second s'était fiancé à une demoiselle Charpenay ; mais voici le mécompte qu'il essuya : le père de la future avait une condamnation à purger en France ; les noces de sa fille ayant été annoncées dans les journaux, l'attention du gouvernement français se fixa sur lui, et son extradition fut réclamée ; à cette nouvelle, il se coupa la gorge avec un rasoir, et cet événement fit différer le mariage.

On conçoit qu'un tel clergé ne pouvait avoir que fort peu de sympathies pour la confession. Aussi, quelques jours avant Pâques, M. Loyson et ses acolytes annoncèrent-ils que le Samedi-Saint ils donneraient l'absolution générale et en masse à tous ceux qui voudraient communier le lendemain. Le jour de Pâques, il y eut 60 communions à l'église vieille-catholique, et 4,000 dans les chapelles catholiques de la ville, ouvertes çà et là.

L'échec pour le gouvernement était patent. Cependant, loin de retirer ses faveurs au schisme, il ne fit que les multiplier. M. Hurtault fut nommé aumônier de l'hôpital de Genève, et M. Chavard, aumônier du collège : c'est ainsi que le radicalisme genevois cherchait à imposer aux enfants et aux pauvres des doctrines que leur conscience réprouvait ! L'action du Conseil d'État se fit du reste sentir, non seulement à Genève, mais à Chêne et à Carouge. Là, il interdit les cérémonies catholiques dans les convois funèbres. Il est vrai que celles-ci contrastaient par trop avec les cortèges des néo-protestants : mais que dire d'une telle intolérance, refusant au deuil et aux larmes des familles les seules consolations capables de les adoucir ?

Au milieu de ces persécutions, tantôt mesquines, tantôt violentes, l'attitude des catholiques était admirable. Ils avaient constitué, sous le patronage des maires et des conseillers municipaux des communes rurales, une association, appelée *Union des campagnes*, qui réunit rapidement 3,000 adhérents. Son but était d'empêcher qu'on n'introduisît dans les communes le vieux-catholicisme ; elle avait

placé à sa tête un comité composé de 5 maires et de
4 adjoints et était subdivisée en petites sections ; au commencement de l'année 1874, elle tint sa première assemblée
générale ; les discours les plus énergiques y furent prononcés ; en même temps, les catholiques de Carouge ouvrirent
une souscription pour élever dans cette ville une nouvelle
église catholique.

On eût dit que les persécuteurs avaient honte eux-
mêmes de leur conduite. Désavoués par le pasteur Nas-
ville et M. Renan, ils cherchèrent un dérivatif qui pût jeter
l'odieux sur les catholiques. Tout à coup les journaux de
Genève annoncèrent avec fracas que les catholiques suisses
avaient adressé un " appel aux puissances signataires du
traité de Vienne „ ; qu'on avait saisi à la frontière une quan-
tité d'imprimés contenant cet appel et destinés à M. l'abbé
Collet, ancien secrétaire de Mgr Mermillod, qu'une instruction judiciaire avait été immédiatement ouverte sur ces faits,
et que l'abbé Collet avait été arrêté. Le but était double : le
premier, c'était de soulever le sentiment national contre nos
coreligionnaires, le second, de tâcher de compromettre
Mgr Mermillod dans cette affaire, afin de pouvoir ensuite
demander son expulsion au gouvernement français sous le
prétexte qu'il conspirait contre la patrie suisse. Les Chambres fédérales se saisirent de l'incident, et là, l'ancien président de la Confédération, M. Cérésole, et le président en
fonctions, M. Schenk, tonnèrent contre les ultramontains.

C'était se hâter beaucoup. Le document incriminé n'était
pas signé ; il avait été imprimé à Bar-le-Duc : il paraissait
donc d'origine française. Cette conjecture se trouva bientôt
confirmée par une lettre d'un curé des Ardennes, l'abbé
Defourny, où se lisait le passage suivant : " Je dois à la vérité
comme à moi-même de déclarer que je suis le seul auteur
de cet écrit, que seul j'en ai conçu le projet et qu'aucun
membre de l'épiscopat ni du clergé suisses n'y a pris part. „

Après cette déclaration dont l'instruction établit la pleine
exactitude, le gouvernement n'avait plus qu'à battre en
retraite. Cette conduite eût été aussi équitable que loyale ;
mais elle ne put convenir aux violents qui régnaient à Genève

et à Berne. Aussi, exercèrent-ils leur vengeance sur l'abbé Collet, et un arrêté du Conseil fédéral l'expulsa sous le prétexte qu'il avait reçu et expédié plusieurs exemplaires de l'Appel !

II

L'expulsion de Mgr Lachat produisit, dans une fraction considérable du diocèse de Bâle, les mêmes conséquences que l'ostracisme lancé à Genève contre Mgr Mermillod.

Le clergé soleurois ayant réclamé auprès du Conseil fédéral contre la loi qui, au mois de décembre 1872, avait soumis les curés à l'élection populaire, le Conseil rejeta son recours en se fondant, entr'autres motifs, sur ce que " si l'État a laissé anciennement l'Église empiéter sur son autorité, le nouveau droit d'État est placé par la Suisse au-dessus du droit canonique. „ Qui ne voit cependant qu'il ne s'agissait nullement ici de la prédominance du droit canonique, mais de l'indépendance de l'Église, c'est-à-dire de la liberté religieuse?

Bientôt après, le gouvernement de Soleure mit à l'amende 55 curés pour avoir résisté aux ordres du gouvernement, soit en lisant le mandement de carême de l'évêque, soit en signant des protestations, et il les menaça de destitution s'ils n'obéissaient pas à l'État. Passant de la menace à l'acte, il maintint dans ses fonctions M. Gschwind, curé de Starrkirch, protégea l'installation de M. Herzog que la commune radicalisée d'Olten avait substitué à son curé légitime, révoqua enfin M. Hausheer, curé de Trimbach, qu'il remplaça par un troisième apostat, M. Kirchman; et comme la victime de cette dernière iniquité continuait à baptiser, on la condamna à dix jours de prison et à quatre années de bannissement, en même temps qu'on frappa d'amendes ceux qui refusaient de laisser donner par l'intrus l'instruction religieuse à leurs enfants. A Olten, à Starrkirch et bientôt à Dulliken, où fut aussi installé un curé schismatique, les mêmes sévérités furent exercées (1). Ainsi, on ne se contentait pas de chasser les prêtres légitimes de leurs églises et de leurs presbytères, on leur défendait d'exercer leurs fonctions selon les désirs des croyants catholiques, fût-ce dans une maison particulière ou dans quelque autre lieu retiré!

Ces premiers excès faisaient craindre qu'une sorte de terrorisme radical ne s'exerçât dans tout le canton de Soleure. Heureusement, on n'y poussa pas les choses à l'extrême.

Il en fut autrement dans le canton de Berne. Le 18 mars 1873, le Conseil exécutif de Berne déféra aux tribunaux, avec invitation à ceux-ci de prononcer leur révocation, les 69 curés du Jura qui avaient pris publiquement le parti de leur évêque; et, en attendant la décision judiciaire, il les suspendit de leurs fonctions. En conséquence, le 22 avril, le même Conseil rendit une ordonnance, interdisant aux curés suspendus " toute espèce de fonctions ecclésiastiques dans les bâtiments destinés au service divin public (églises, chapelles, etc.), en outre toutes fonctions dans les écoles ou les établissements publics d'instruction ainsi que dans le sein des autorités scolaires, enfin toutes autres fonctions publiques, notamment la participation aux processions et aux funérailles en ornements sacerdotaux, la prédication et la catéchisation en tant qu'elles ont lieu publiquement „. Il était seulement permis aux curés frappés de dire des messes basses; et les conseils de fabrique étaient admis, avec l'autorisation de la direction des cultes, à charger provisoirement des fonctions ecclésiastiques dans les paroisses des prêtres catholiques, non atteints par l'arrêté du 18 mars, et qui n'auraient reçu, pour exercer ces fonctions, ni l'ordre, ni l'assentiment de l'évêque.

L'émotion que ressentirent les ferventes populations jurassiennes, lorsqu'elles connurent cet arrêté, fut fort vive. Leur fidélité à leurs pasteurs se manifesta par les démonstrations les plus émouvantes, et plusieurs communes, telles

(1) Le curé schismatique de Trimbach ne tarda pas à mourir; il fut remplacé par M. Vonthron, dont la position à Glovelier, dans le Jura, était devenue intenable.

que Porrentruy, Saulcy, Undervilier, etc., conférèrent à l'évêque le droit de bourgeoisie. Mais ces démonstrations n'arrêtèrent pas les autorités, qui, dès le mois de mai, condamnèrent à l'amende le doyen de Délémont pour avoir présidé à un enterrement suivant le rit catholique; d'autre part, elles chassèrent de sa cure le curé de Bienne, M. Jecker, après l'avoir mis en prison, parce qu'il s'était refusé à leur remettre les clefs de son église qu'elles fermèrent. En outre, des ordres sévères furent donnés pour surveiller les prêtres suspendus et les empêcher de contrevenir à l'arrêté qui précède; de nombreuses condamnations intervinrent.

Enfin, le 15 septembre, la Cour d'appel et de cassation de Berne, composée de 7 protestants et d'un catholique seulement, prononça la révocation des 69 ecclésiastiques du Jura. Désormais, les populations de cette contrée devaient être privées de leurs prêtres légitimes. Un délai de quinze jours fut à la vérité accordé à ceux-ci pour se soumettre; mais on savait bien que leur soumission était impossible; aussi le préfet Froté avait-il eu soin de leur signifier, qu'à l'expiration du délai, ils auraient à évacuer les presbytères.

Le but des autorités bernoises était d'imposer au Jura des prêtres schismatiques. A cet effet, le Grand-Conseil du canton vota le 30 octobre, à la majorité de 154 voix contre 29, une loi sur l'organisation des cultes, analogue à celles de Genève et de Soleure. Aux termes de cette loi, les curés devaient être désormais élus par le peuple à la suite d'un examen d'État, réélus tous les six ans et soumis dans l'exercice de leurs fonctions à la surveillance d'un Conseil composé de cinq laïques. Le rapport de la commission qui prépara la loi disait : " On est arrivé à un point où l'on peut dire ouvertement dans le canton de Berne : nous voulons nous séparer de Rome et nationaliser l'Église catholique. La rupture avec Rome est imminente. „

En même temps, on imagina de réduire à 28 le nombre des paroisses jurassiennes; on supprima 12 cures dans le district de Porrentruy, 14 dans celui de Délémont, etc. Il devait déjà être fort difficile de recruter 28 apostats; mais on avait reconnu l'impossibilité d'en enrôler davantage.

Il parut cependant dangereux au gouvernement de Berne de confier dans le Jura la nomination des curés aux paroisses. Sous le prétexte que la loi nouvelle n'était pas encore votée par le peuple, — elle ne le fut que le 18 février 1874 par 70,000 voix contre 17,000 — il se décida à faire cette nomination lui-même. Dès avant le 30 octobre du reste, il s'était mis en campagne pour recruter des apostats. Voici le programme à accepter, qu'il adressa aux prêtres, déjà tombés ou encore fidèles, tel qu'il est tracé dans une lettre écrite le 10 octobre à l'un d'eux par M. Teuscher, directeur des cultes :

« Pour vous mieux orienter, je me permets de vous indiquer brièvement les points principaux dont dépend l'installation de qui que ce soit dans le Jura catholique.

„ 1. Avant tout, nous demandons que l'ecclésiastique candidat se place en tout et pour tout sur le terrain du curé Herzog, d'Olten. Ainsi, il faut accepter sans détours le point de vue vieux-catholique, se délier de l'évêque Lachat et ne reconnaître surtout que l'autorité ecclésiastique acceptée par l'État.

„ Nous avons tout espoir que M. le curé Herzog acceptera une mission épiscopale pour le Jura catholique et nous la reconnaîtrons.

„ Ce point de vue exige que le candidat s'abstienne en attendant de toute réforme intérieure. Ces réformes ne plairaient pas encore à notre population jurassienne ; et ceci nous a séparés de Genève (d'Hyacinthe). Nous nous contentons de rejeter l'infaillibilité et tout ce qui en dépend. Nous voulons simplement une église dans laquelle les ecclésiastiques confessent hautement cette position et se soumettent ensuite à l'État et à ses lois.

„ 2. Nous demandons que le candidat accepte sa nomination de la main du gouvernement, et sans le consentement de la commune, et même, pour le moment, contre le gré de la majorité de la commune. Dans l'état actuel des choses, nous ne pouvons pas admettre le vote de la paroisse. Le candidat sera donc simplement installé par l'autorité civile ; un représentant de notre église y sera également présent.

„ Une acceptation dans de telles circonstances suppose chez le candidat du courage, de la persévérance et de l'enthousiasme. Il aura beaucoup à combattre dans les commencements : les anciens curés lui rendront la position pénible : mais, s'il agit avec tact et si sa conduite est irréprochable, il mettra bientôt la population de son côté. Il recevra entière protection de la part du gouvernement.

„ 3. Si ces deux premiers points sont acceptés carrément, on fera alors au candidat une position assurée. Pour chaque cercle pastoral, le traitement sera fixé à un minimum de 3.000 francs, avec le presbytère et le bois de chauffage.

„ Si vous m'envoyez un engagement écrit conforme aux explications ci-dessus, je puis déjà vous donner l'assurance certaine qu'un des cercles vous sera réservé.

„ Enfin, je vous ferai remarquer qu'un très grand nombre d'ecclésiastiques savants et sans reproche sont à notre disposition et qu'ils entreront en fonctions en même temps que vous. „

Il n'est pas un cœur honnête qui ne se soulève d'indignation au spectacle de cette propagande immorale, destinée à arracher les prêtres à leur devoir, puis à les imposer aux populations fidèles contre leur volonté. Et tout cela, remarquons-le, au nom du libéralisme et de la tolérance !

Après bien des démarches, le gouvernement de Berne parvint à recruter dans le courant d'octobre 11 apostats ; il nomma donc curés : MM. Pipy, dit Déramey, à Porrentruy, Choisel à Courgenay, Giaut à Charmoille, Léonard à Sainte-Ursane, Portaz-Grassis à Délémont, Migy à Laufon, Buhlman à Grillingen, Oser à Liesberg, Dembski à Courfaivre, Rupplin à Dittingen et Vonthron à Grovelier. Un grand nombre de cures restaient ainsi vacantes.

Qui étaient ces intrus ? Leurs noms n'étaient guère connus ; mais bientôt, les révélations arrivèrent de toutes parts, et il demeura établi qu'ils constituaient un ramassis de prêtres interdits, perdus de mœurs et révoltés contre l'autorité hiérarchique, recrutés dans la Suisse allemande, en France et en Allemagne. M. Léonard était garçon brasseur ; M. Giaut, commis épicier ; M. Oser, garçon de café ; M. Portaz vendait du vin à Cette, après avoir traîné une aventurière par toute la France : on assura même que M. Rupplin n'avait jamais reçu l'ordination sacerdotale. Le gouvernement de Berne, ne pouvant déraciner par la violence les convictions religieuses du Jura, avait pensé, dit un journal suisse, que le meilleur moyen était de le corrompre, en lui envoyant une tourbe d'êtres grangrenés, appelés à procéder à cette ignoble mission par l'exemple et la parole. Les intrus se rendaient d'ailleurs justice à eux-mêmes, car tandis que quelques-uns étaient soupçonnés de porter de faux noms, d'autres étaient convaincus d'avoir donné de fausses indications au sujet de leur lieu de naissance et des diocèses auxquels ils appartenaient; l'un d'eux, M. Giaut, effrayé des dénonciations qui pleuvaient contre lui, quitta le pays avant son installation à Charmoille pour reparaître ensuite ailleurs avec une variante dans son nom, comme nous le verrons plus loin; un autre, M. Vonthron en fit autant et ne se montra à Grovelier que de temps en temps; déjà auparavant, un autre ecclésiastique interdit, M. Mainvault, que le gouvernement avait pris sous son patronage, s'était enfui, abandonné de ses complices.

Quant aux apostats qui tinrent bon, ils se rendirent de Berne sous la protection de l'autorité civile dans leurs cures respectives, et ils y furent successivement installés. Voici ce qui se passa à cette occasion à Porrentruy. Le 7 novembre, le doyen célébra une messe d'adieu dans l'église de Saint-Pierre. A l'issue de la messe, il aurait voulu transporter le Saint-Sacrement à la chapelle des dames des Ursulines. Mais les gendarmes étaient là pour s'y opposer. Alors le doyen consomma les saintes espèces, éteignit la lampe du sanctuaire et prononça quelques paroles émues qui provoquèrent des sanglots; il recommanda le calme et la prière; après quoi, il quitta l'église escorté de ses vicaires et de toutes les notabilités de la ville. Le même jour, l'après-midi, le préfet Froté exigea la remise des clefs; le conseil de fabrique répondit qu'il ne céderait qu'à la violence, et comme on l'informa aussitôt que la violence serait employée, les clefs furent remises. Le dimanche 9, eut lieu l'installation de M. Pipy, dont la *Liberté* de Paris a dit qu'il avait assez excité l'attention de la police en France pour mettre la frontière entre son pays et lui. Il s'empressa de prêter serment dans l'église au gouvernement de Berne (toujours l'esclavage vis à vis de l'autorité civile!) en présence de 7 ou 8 apostats, de deux conseillers d'État, du préfet, de quelques protestants et de quelques juifs; l'intrus d'Olten, M. Herzog, prononça un discours. Pendant ce temps, les catholiques, c'est-à-dire toute la population, à de rares exceptions près, se réunissaient les uns dans une grange, les autres dans la chapelle des dames Ursulines, pour assister à la célébration du Saint Sacrifice par les ecclésiastiques révoqués.

Ce qui se passa à Porrentruy se reproduisit partout. Partout, les prêtres fidèles furent chassés des presbytères; partout, les églises furent ou fermées ou livrées aux intrus, de telle façon que le culte catholique ne se célébra plus nulle part dans les anciennes églises. Mais aussi nulle part, les apostats n'obtinrent le moindre succès; la foi des catholiques jurassiens s'affirma avec éclat: partout ils fuirent le culte schismatique ; nulle part, ils ne voulurent avoir rien de commun avec les usurpateurs.

On se demande comment " en plein xix⁰ siècle „, la pensée a pu venir à des protestants et à des libres-penseurs d'imposer à des populations catholiques un clergé et une église qu'ils repoussaient avec horreur. L'étonnement se dissipe quand on se pénètre bien du caractère du radicalisme : la haine de la vérité en est le trait distinctif; aussi, dans toute l'Europe, la presse libérale prodigua-t-elle ses félicitations aux tyrans de Berne. Cependant, les catholiques jurassiens, confiants dans la justice de leur cause, se résolurent à recourir au Conseil fédéral contre les décisions des autorités bernoises. Le Conseil fédéral, par 4 voix contre 3, prit le 15 novembre un arrêté donnant raison aux persécuteurs; toutefois, il engagea le gouvernement du canton à ne pas empêcher les catholiques de célébrer leur culte, en dehors bien entendu des églises paroissiales et sans aucune subvention de l'autorité civile.

Il n'aurait plus manqué que cela! A vrai dire, les autorités de Berne en étaient bien capables; la persécution qu'elles dirigeaient contre les curés fidèles et même contre la population laïque, autorisait à leur attribuer l'arrière-pensée d'anéantir complètement le catholicisme dans le Jura. A la suite de la décision du Conseil fédéral, le Conseil exécutif du canton envoya une circulaire aux préfets jurassiens pour leur enjoindre de veiller à ce que les conseillers municipaux ne missent pas " les maisons d'école ou d'autres bâtiments ayant une destination publique à la disposition des curés révoqués „. " En revanche, disait la circulaire, nous n'avons aucune objection à faire, si ces ecclésiastiques veulent célébrer un service divin dans une maison particulière proprement dite, pourvu que la tranquillité et l'ordre publics ne soient pas troublés. „ Ces derniers mots laissaient la porte ouverte à toutes les tyrannies. D'ailleurs le gouvernement protégeait ouvertement le schisme, soit par des mesures directes, soit en nommant des fonctionnaires qui y étaient favorables : le peuple du district de Délémont ayant proposé pour les fonctions de préfet à une majorité de treize cents voix deux catholiques fervents, le Grand-Conseil les rejeta et nomma préfet un personnage inconnu au district. Et puis, que de vexations dirigées contre les prêtres destitués! On les harcela de toutes façons; de temps en temps on les emprisonnait, soit pour manque de respect envers les intrus, soit pour avoir porté le titre de leurs paroisses, soit pour avoir exercé leurs fonctions trop ostensiblement ou administré les sacrements chez eux en habits sacerdotaux, soit pour avoir emporté certains objets de leurs églises; d'autres fois on les frappait d'amendes. Les laïques n'étaient pas épargnés : on alla à Sainte-Ursanne jusqu'à citer devant le magistrat des jeunes filles qui n'avaient pas salué l'apostat Léonard; les membres des conseils de fabrique surtout furent l'objet des tracasseries des autorités; ceux de Délémont entr'autres furent jetés en prison et l'on mit le séquestre sur leurs biens, sous l'inculpation d'avoir soustrait certains objets du culte; on ne les relâcha qu'au bout de trois semaines, et leurs biens restèrent confisqués jusqu'à nouvel ordre.

Il serait trop long de citer ici tous les faits. Mais rien ne doit étonner, lorsqu'on lit l'ukase émané le 6 décembre 1873 du gouvernement de Berne. Il interdit aux prêtres révoqués non seulement tout exercice de leurs fonctions dans des lieux publics, mais aussi les processions et les convois funèbres religieux; il leur permit à la vérité de célébrer le service divin dans des locaux ou endroits qui n'étaient pas " destinés à un but public „, mais seulement " dans les limites de la moralité et de l'ordre publics „ (dont les fonctionnaires libres-penseurs ou protestants étaient les seuls juges); en outre il punit les prêtres " qui faisaient abus de l'office divin ou privé, et saisissaient une occasion pour exciter le fanatisme et la haine confessionnels, ou persécuter d'autres opinions religieuses, ou exciter le peuple contre les prêtres institués par l'État et contre leurs ordonnances ou les décrets des autorités civiles. „ Les actes les plus légitimes pouvaient rentrer dans cette machiavélique énumération, qui attestait la volonté bien arrêtée de supprimer complètement l'exercice du culte catholique.

Grâce à Dieu cependant, la population resta admirablement fidèle ; les intrus n'attirèrent à eux que quelques radicaux et libres-penseurs : à Liesberg, par exemple, l'apostat Oser n'avait que deux paroissiens. Le culte catholique s'exerçait soit dans des cavernes, comme à Undervilier, soit dans des maisons particulières, soit dans les chapelles de quelques couvents de religieuses : mais celles-ci s'attendaient tous les jours à être expulsées ; déjà la suppression du couvent des Ursulines à Porrentruy était décrétée. Du reste, tout manquait au culte, même les vases sacrés et les ornements sacerdotaux ; les intrus, avec l'appui des autorités civiles, avaient fait main basse sur tout le mobilier des églises ; d'autre part, les prêtres étaient plongés dans le plus profond dénuement.

En dépit de la réprobation des populations, le gouvernement de Berne chercha à recruter de nouveaux prêtres interdits. Il avait réussi dans le courant d'octobre à en trouver 11 : 17 cures restaient vacantes, sans compter les 48 supprimées, et celle de Charmoille abandonnée par M. Giaut. Mais il devait arriver nécessairement, que les avantages faits aux apostats tentassent d'autres prêtres tombés qui croupissaient çà et là dans le mépris public. Aussi, en vit-on bientôt quelques-uns répondre à l'appel du gouvernement, et dans le courant de décembre, celui-ci put-il nommer MM. Naudot à Charmoille, Bissey à Saignelégier, Bëis à Chevenez, St Omer à Damphreux et Lièvre se disant Saint-Ange à Bienne (1). Dans cette dernière ville, la musique-fanfare

____

(1) M. Naudot était accompagné d'une femme et de deux enfants ; il ne savait pas dire la messe et faisait gras les jours défendus ; M. Bëis, après avoir été interdit par l'évêque d'Orléans, était devenu garçon de café à Paris.

C.6

et la société d'orchestre refusèrent de participer à l'installation de l'intrus; on eut recours pour chanter à des protestants. M. Pierrotin, nommé à Soubey, prit la fuite à peine installé et fut remplacé par M. Gossat. Enfin, M. Giaut, ayant reparu sous le nom de Guiot, fut envoyé à Bonfol (1).

Sur ces entrefaites, le 18 janvier, le peuple bernois adopta la nouvelle loi sur l'organisation des cultes. Les principales dispositions de cette loi étaient les suivantes : 1º Chaque paroisse élit son curé pour 6 ans, sous la ratification du gouvernement; 2º l'assemblée paroissiale " a le droit de prendre une décision sur les questions qui concernent les rapports de la paroisse avec une autorité ecclésiastique supérieure; „ 3º cette même assemblée " doit veiller à tout ce qui peut contribuer au bien-être de la paroisse, à son avancement dans la vie morale et religieuse, à la fixation du temps et de l'heure pour les offices; „ 4º "tous les mandements et ordonnances des autorités supérieures ecclésiastiques sont subordonnés au droit de l'État. „

On le voit : non seulement l'Église était placée dans la dépendance absolue de l'État et du peuple, mais le curé n'était plus même maître dans son église. Une dernière disposition de la loi prescrivait la création " d'une école supérieure de théologie catholique à annexer à l'Université cantonale. „ Cette école de théologie était le rêve de M. Pipy, l'intrus de Porrentruy; il désirait constituer dans l'établissement dont les religieuses Ursulines venaient d'être chassées, un " séminaire „ propre à former de jeunes prêtres apostats.

La loi avait été repoussée par la grande majorité des populations jurassiennes (8,708 voix contre 3,099). Mais comme le Jura fait partie du canton de Berne et que celui-ci est aux sept huitièmes protestant (2), elle avait réuni dans l'ensemble du canton une majorité imposante (69,000 voix contre 18,000). En d'autres termes, les protestants et les mauvais catholiques s'arrogeaient le droit de régler les

---

(1) M. l'abbé Sottas, nommé curé à Courrendlin, refusa ce poste et se soumit à Mgr Marilley.

(2) Les catholiques du Jura sont 60,000. La population du canton de Berne s'élève à 480,000 âmes.

affaires religieuses des catholiques : toujours, au nom de la liberté religieuse et du progrès ! Dans une telle mesure, l'hypocrisie le disputait à l'injustice.

Ce n'était cependant pas encore assez.

On a vu plus haut que le gouvernement de Berne, antérieurement au vote de la loi, avait réduit au chiffre de 28 les cures du Jura et qu'il avait réussi à installer dans ces dernières une douzaine de prêtres apostats. Toutefois, dans les premières semaines qui suivirent l'expulsion des prêtres fidèles de leurs cures et de leurs églises, on les avait laissés dans le pays ; de cette façon, ils pouvaient encore, soit dans des granges ou des cavernes, soit dans des habitations particulières, réunir les croyants pour célébrer la messe et administrer les sacrements. Cette liberté fut trouvée excessive, et le 31 janvier 1874, le Conseil d'État prit un arrêté par lequel il exila tous les prêtres révoqués. Il faut citer en son entier ce monument d'iniquité, signé de M. Teuscher, le recruteur des ecclésiastiques renégats :

« Le Conseil exécutif du canton de Berne, considérant :

„ 1° Qu'il appert des rapports officiels, notamment des préfets et du commissaire du gouvernement, que, dans le Jura, les ecclésiastiques révoqués de leurs fonctions de curés par la sentence judiciaire du 15 septembre 1873, ainsi que ceux qui ont apposé dans le temps leur signature à la protestation du mois de février 1873 et qui ne l'ont pas retirée, continuent à fomenter la haine et la persécution contre les opinions religieuses, à se livrer à des excitations contre les ecclésiastiques établis par l'État, ainsi que contre les arrêtés et ordonnances émanant des autorités publiques, et, en général, à troubler l'ordre public et la paix confessionnelle ;

„ 2° Que cette conduite a provoqué, dans différentes localités du Jura, de graves excès qui ont nécessité la mise sur pied de troupes ;

„ 3° Que le retour à l'ordre public ne peut avoir lieu que si un séjour ultérieur dans la nouvelle partie du canton est interdit, au moins temporairement, aux prêtres insoumis et rebelles...

„ ARRÊTE :

„ 1° Il est interdit, jusqu'à nouvel ordre, aux curés qui ont été révoqués de leurs fonctions par la sentence judiciaire du 15 septembre 1873, ainsi qu'aux ecclésiastiques catholiques qui ont signé avec eux la protestation du mois de février 1873, de séjourner dans les districts de Courtelary. Délémont, Franches-Montagnes, Laufon, Moutier, Porrentruy et Bienne.

, 2º Cette interdiction cessera de sortir son effet, du moment que ceux qu'elle atteint déclareront expressément qu'ils veulent respecter l'ordre public et se soumettre aux lois d'État, ainsi qu'aux décisions rendues par les autorités publiques.

„ 3º Les ecclésiastiques qui ne se soumettront pas à la condition posée à l'art. 2, devront quitter les districts indiqués ci-dessus dans le délai de deux jours, à-partir du jour où le présent arrêté leur aura été notifié officiellement. „

Cet arrêté n'a pas besoin de commentaires. Bornons-nous à consigner ici la surprise que manifesta une feuille libérale de France, le *Journal des Débats :* " On comprend, dit-elle, qu'un gouvernement interdise aux étrangers qu'il croit capables de troubler l'ordre public le séjour sur son territoire ; ce qui est moins admissible en principe, c'est que cette mesure puisse être prise par des autorités purement civiles contre les habitants d'un pays, jouissant de leur droit de citoyen et n'ayant été condamnés par aucun tribunal. „

Quarante-huit heures, on vient de le voir, étaient accordées aux curés chassés pour passer la frontière. L'arrêté fut exécuté avec la dernière rigueur. Les curés se réfugièrent dans l'Alsace française, le département du Doubs, et les deux cantons de Neufchâtel et de Bâle-Campagne ; par contre Soleure leur ferma l'accès de son territoire. Antérieurement à cette expulsion générale, on avait arrêté sans motifs le doyen de Porrentruy, M. Hornstein ; on le tint en prison pendant trois semaines ; après quoi, le 12 février, on lui signifia son exil : il dut partir, lui aussi, dans les deux jours. Quelques prêtres cependant purent rester dans le pays, n'ayant pas eu à signer la protestation des curés contre la destitution de Mgr Lachat. Mais on chercha des prétextes pour s'en débarrasser : tantôt on les expulsa sans raison, comme le vicaire de Laufon, tantôt on les incarcéra pour les chasser ensuite ; c'est ce qui arriva à l'abbé Docourt, le seul prêtre qui avait continué à séjourner à Délémont, ainsi qu'à trois autres jeunes ecclésiastiques récemment ordonnés, MM. Ribeaud, Neuchwander et Weleer.

Enfin, il restait, pour compléter l'œuvre, à renvoyer les Ursulines qui tenaient depuis deux siècles un établissement d'instruction florissant à Porrentruy ; on n'y manqua pas. Le 3 mars, le préfet Froté prit contre elles l'arrêté suivant :

" Attendu que l'ouverture de la chapelle du couvent des Ursulines et la célébration *d'un culte prétendu privé* dans la dite chapelle, qui se fait au son des cloches, sont formellement contraires à l'ordonnance du Conseil exécutif du 6 décembre 1873, et que l'attroupement qui en résulte occasionne journellement du trouble et des désordres sur la voie publique ;

„ Attendu que cet état de choses est de nature à entretenir l'agitation dans le public, qui a plus besoin de paix que de provocations soi-disant religieuses ;

„ Ordonnons la suppression immédiate du couvent des sœurs Ursulines à Porrentruy, la fermeture de cet établissement et de la chapelle qui en dépend, etc. „

C'était faire d'une pierre deux coups : d'une part, le préfet assouvissait sa haine contre les religieuses ; d'autre part il empêchait la célébration du culte catholique dans la seule chapelle qui existait encore à Porrentruy.

Ajoutons, qu'afin de mieux assurer l'exécution de toutes ces mesures, on décréta l'occupation militaire du pays, et, pendant deux mois, les pauvres villages du Jura eurent à subir les charges écrasantes du militarisme !

On peut le dire sans exagération : c'est la Terreur qu'on avait inaugurée dans cette infortunée contrée. L'exercice du culte catholique était complètement suspendu et l'administration des sacrements était entourée des mêmes difficultés qu'en 1793. Dans les premières semaines qui suivirent l'arrêté du 31 janvier, les villages limitrophes de la France traversaient le dimanche la frontière et allaient sur une terre plus hospitalière adorer le bon Dieu. Cette consolation leur fut bientôt enlevée : le 31 mars, le préfet de Porrentruy, Froté, prit l'odieux arrêté que voici :

„ Attendu qu'il résulte des rapports des agents de la police, que les pèlerinages des ultramontains à la frontière française donnent lieu fréquemment à des désordres ; que ces pèlerinages ne sont organisés qu'en vue de maintenir l'agitation dans le pays ; que les discours tenus par les curés révoqués sont de nature à exciter le fanatisme religieux des populations ;

„ Considérant que les libations (!) auxquelles se livrent les pèlerins ne disposent que trop ceux-ci à insulter les citoyens paisibles et à se livrer à des voies de fait ; qu'il est du devoir de l'autorité de prévenir ces abus qui menacent sérieusement de troubler l'ordre public ;

„ *Sur la proposition du Commissaire du gouvernement,*

„ ARRÊTONS :

„ Toute procession, tout cortège se dirigeant, soit à pied, soit en voiture, à la frontière, sont sévèrement interdits.

„ Les agents de police sont chargés de nous dénoncer les contrevenants qui seront poursuivis conformément à l'art. 4 de l'ordonnance du 6 décembre 1873.

„ Le présent arrêté, qui sera communiqué aux maires pour être publié en la forme accoutumée, ne concerne pas les visites individuelles que des personnes peuvent faire aux curés révoqués, pour autant que ces visites ne donnent lieu à aucun désordre. „

Déjà, avant que cet arrêté eût été pris, le plan suivant avait été tracé pour les catholiques habitant des localités éloignées de la frontière : ils devaient se réunir dans les granges ou des maisons particulières, et le président de la section locale du *Pius-Verein* diriger les exercices de piété propres à remplacer l'office divin ; des prêtres devaient s'efforcer de parcourir la contrée à des intervalles assez rapprochés pour pourvoir aux besoins religieux les plus pressants, les laïques administrer au besoin le baptême, et il était recommandé aux moribonds d'avoir la contrition parfaite. Mais ici encore l'intolérance libérale intervint, et à Saignelégier, Delémont, Laufon, etc., le culte privé fut interdit. Voici par exemple l'arrêté qui fut pris par le préfet de Saignelégier le 21 mars 1874 :

„ *M. le président du Conseil de Paroisse.*

„ Ensuite d'ordres reçus de M. le Commissaire du gouvernement, je viens vous informer que les réunions religieuses de dissidents ayant un caractère public, sont complètement interdites dans chaque localité.

„ Doit être considérée comme ayant ce caractère toute réunion se tenant dans un bâtiment ou local construit ou disposé de telle sorte que l'on ne s'en serve dans aucun autre but, ou s'il a lieu dans un édifice public, église, chapelle, cure, maison d'école ou de commune, etc., et si l'on appelle les gens au son des cloches.

„ Vous voudrez veiller à l'exécution de cet ordre. „

Au milieu de cette persécution atroce et brutale, le peuple continua à donner les plus admirables exemples de fidélité; le vide se maintint autour des intrus. A peine citait-on deux ou trois localités où ils avaient recruté quelques adhérents (1); dans la plupart, les églises qui leur avaient été livrées, demeuraient presque complètement vides : c'est ainsi qu'à Saignelégier, l'intrus n'avait que dix auditeurs et pas un enfant au catéchisme ; à Montfaucon, M. Bissey avait pour tout paroissien un enfant incapable de servir la messe. D'ailleurs, dans plusieurs localités, il n'y avait plus de prêtres du tout, ni orthodoxes, ni schismatiques, et les églises n'étaient plus même ouvertes. L'autorité civile réussit cependant à trouver de nouveaux intrus pour Courtemaiche, Fontenais et Glovelier ; mais elle viola elle-même la loi sur l'organisation des cultes en ne recourant pas au vote populaire pour les désigner. Mal lui en prit du reste ; car elle fut obligée d'arrêter huit jours après son installation, puis de reconduire à la frontière le nouveau curé de Glovelier, Jaubert, sous la prévention des faits les plus scandaleux.

Bientôt le Jura témoigna d'une manière éclatante le mécontentement qu'il éprouvait. Dans les élections au Grand Conseil les quatres districts, Porrentruy, Délémont, les Franches-Montagnes et Laufon, donnèrent aux catholiques une majorité écrasante : le préfet Froté lui-même fut battu honteusement. Mais le gouvernement de Berne n'en persista pas moins à résister aux vœux des populations.

III

Les radicaux de Soleure, de Berne et de Genève aspiraient à étendre à la Suisse tout entière le régime qu'ils avaient introduit dans ces trois cantons. Ils n'obtinrent pas cependant, à ce point de vue, tout le succès qu'ils espéraient.

(1) Les partisans du schisme prétendirent qu'à Porrentruy, sur 5,000 habitants, 180 suivaient l'office de M. Pipy. C'était probablement le contingent libre-penseur de la localité. Ce qui est certain, c'est que, depuis son installation, M. Pipy n'avait célébré aucun mariage ni administré l'extrême-onction.

Le contre-coup de leurs actes ne se fit sentir qu'à Bâle, à St-Gall, à Neufchâtel et à Zurich.

A Bâle, le Grand-Conseil soumit les ecclésiastiques à réélection tous les six ans.

A St-Gall, le gouvernement défendit d'enseigner dans les écoles et dans les églises le dogme de l'infaillibilité papale et interdit au clergé de participer aux exercices ecclésiastiques pratiqués à l'étranger; il décida en outre que la cathédrale du chef-lieu pourrait être affectée désormais à des réunions et assemblées bourgeoises ou politiques. Le pouvoir législatif vota une loi sur les abus de la chaire, et les vieux-catholiques, enhardis par ces concessions, réclamèrent la suppression du petit séminaire épiscopal.

A Neufchâtel, une loi fut portée, pour régler tant le culte protestant que le culte catholique. Cette loi, votée par le peuple à 44 voix de majorité, soumit les curés et les vicaires catholiques à la réélection périodique tous les six ans; cependant, elle reconnut le droit de présentation par l'évêque, et décida qu'aucun prêtre ne pourrait être nommé curé ou vicaire, s'il n'était auparavant agréé et présenté par l'ordinaire diocésain.

A Zurich, ce fut pis encore. Là, la majorité des électeurs soi-disant catholiques, s'étant prononcée contre l'infaillibilité, appela un apostat allemand, le Dr Michelis, pour y donner des conférences. Le gouvernement autorisa celui-ci à prononcer un sermon dans l'église catholique. A cette nouvelle, le curé, M. Reinhard, réclama, mais en vain, l'appui de la police contre l'intrus. Le 29 juin au matin, il célébra l'office, puis annonça à ses paroissiens en larmes, que c'était la dernière fois qu'il les réunissait en ce lieu, bénit la foule prosternée, sortit le St-Sacrement du tabernacle, et éteignit la lampe du sanctuaire. Peu d'instants après, M. Michelis monta en chaire et prononça un sermon dans lequel, tout en s'inclinant devant la suprématie papale, il déclara que le Pape et les évêques étaient tombés dans l'hérésie au dernier concile. Bientôt, il fut chargé provisoirement par le Conseil d'État (toujours le pouvoir civil !) de l'administration spirituelle de " la paroisse catholique „; un peu plus tard, il fut remplacé par M. Lochbrunne. Les catholiques, dépossédés de leur église, furent réduits à célébrer l'office divin dans une brasserie.

Pendant que ces tristes événements se passaient, l'autorité fédérale prit elle-même position, en déclarant le 12 décembre 1873, au nom du Saint-Siège, à Mgr Agnozzi, " qu'à dater de ce jour la Confédération suisse ne pouvait plus reconnaître le chargé d'affaires du Pape comme représentant diplomatique accrédité auprès d'elle. „ La nonciature suisse était cependant des plus anciennes. Le premier nonce dont l'histoire fasse mention est l'évêque Othon qui vivait dans la première moitié du XIIIe siècle et qui résidait à Bâle. Le prétexte invoqué par le Conseil fédéral fut l'encyclique papale, protestant contre l'expulsion de Mgr Mermillod et les mesures d'oppression décrétées par divers cantons. Ainsi les cantons suisses prétendaient à l'infaillibilité ! leurs actes étaient indiscutables ! Non seulement il fallait les subir, mais on n'avait pas le droit de s'en plaindre ! Tant il est vrai que, sur le chemin de la tyrannie, il est difficile de s'arrêter !

Malgré tous ces coups de force, les persécuteurs de l'Église n'étaient pas satisfaits; ils comptaient triompher des résistances de la population catholique, et ils n'y parvenaient pas ; d'autre part, un grand nombre de cantons paraissaient hésiter à s'engager dans une lutte religieuse. C'est pourquoi les initiateurs du mouvement anti-catholique tâchèrent de s'assurer de nouvelles armes, en faisant adopter une révision de la Constitution.

CHAPITRE V.

(Avril 1874.)

—

Nouveau projet de révision fédérale. — Sa gravité. — Vote du projet.

J'ai caractérisé, dans le chapitre 1er, la portée de la révision fédérale qui avait échoué le 12 mai 1872.

L'un des buts de cette révision avait été, en augmentant les pouvoirs de l'autorité centrale, de lui permettre de réaliser dans tous les cantons ce que les ennemis du catholicisme se proposaient de faire, sans l'intervention des pouvoirs fédéraux, dans ceux où ils dominaient, et il est possible que si les révisionnistes s'étaient bornés à proposer des mesures contraires à la liberté de l'Église, ils eussent dès ce moment obtenu la majorité.

Heureusement, à côté de ce premier but, ils en avaient poursuivi un second qui, à certains égards, se confondait avec le premier; ils avaient voulu substituer la centralisation au fédéralisme, et sur ce terrain, ils s'étaient heurtés aux appréhensions de la minorité française et au vieil esprit local, encore vivace au sein même de certaines populations protestantes allemandes, spécialement dans les Grisons.

Un an ne s'était pas écoulé depuis le rejet de la révision, que les libéraux manifestèrent l'intention de la proposer de nouveau avec quelques modifications destinées à rallier les protestants de langue française. Une association fut formée à cet effet à Berne dès le mois de mars 1873 sous le nom de *Volksverein*, et celle-ci se hâta de faire un appel à tous les révisionnistes de la Suisse.

— Trois mois après, le 15 juin, une grande assemblée se tint à Soleure en vue d'arrêter un plan de conduite. Elle comptait, d'après les assertions de ses partisans, 30,000 adhérents. M. Zuricher y développa un programme réclamant, indépendamment d'un grand nombre de mesures de centralisation, " l'école primaire obligatoire, gratuite et laïque; la suprématie et la haute surveillance de la Confédération sur les cultes établis et sur toutes les institutions religieuses qui n'ont pas une base républicaine et nationale; le renvoi du nonce; la suppression des évêchés n'ayant pas une organisation nationale et républicaine. „ Les orateurs qui prirent la parole pour appuyer le programme, déclarèrent qu'il devait recevoir l'appui de tous les libéraux, et que ceux qui le repousseraient seraient " des conservateurs et des réactionnaires. „ Le programme fut adopté avec enthousiasme, et l'on adressa une pétition au pouvoir exécutif pour que l'assemblée fédérale reprît sans tarder, sur les bases qui venaient d'être adoptées, l'œuvre de la révision.

Grand état fut fait de l'importance de l'assemblée de Soleure. Cependant, un journal libéral, la *Nouvelle Gazette de Zurich*, reconnut " qu'il n'était pas dit que les 30,000 électeurs sur 500,000 qui avaient approuvé le projet, eussent gagné la majorité; il en coûtera encore un grand et laborieux travail, ajouta-t-il, jusqu'à ce que la révision ait été amenée sous le toit. „ Ce qui enhardissait les novateurs, c'est que la révision n'avait été repoussée la première fois qu'à une majorité de 5 à 6,000 voix; ils espéraient que l'excitation des passions religieuses avait fait passer depuis lors quelques milliers de voix dans le camp de la révision.

Néanmoins, les fédéralistes ne perdirent pas courage, et, cette fois encore, ils admirent l'opportunité de certaines réformes à introduire dans la constitution. Quelques-uns d'entre eux formulèrent même un projet de révision. C'était là de leur part une manœuvre habile, destinée à ramener au fédéralisme ceux qui, sans approuver complètement la révision des radicaux, paraissaient disposés à s'y rallier dans la conviction où ils étaient, que les fédéralistes se montreraient hostiles à toute amélioration.

Pendant que ces mouvements en sens contraires se produisaient dans la population, le Conseil fédéral avait élaboré un projet de révision. Celui-ci était la reproduction de l'œuvre rejetée le 12 mai 1872, à deux différences près : il était à certains égards moins centralisateur et il fortifiait les entraves qui rattachaient l'Église à l'État; on comptait ainsi rallier Vaud, Neufchâtel et Genève. Le projet fut présenté à l'Assemblée fédérale et renvoyé à une commission qui aggrava encore celles de ses dispositions qui étaient dirigées contre les intérêts catholiques. A la vérité, un de ses articles statuait que la liberté de conscience et de croyances était inviolable. Mais, à côté de cette déclaration de principe, que de restrictions! Non seulement il ne pourrait être érigé d'évêchés sans l'approbation de la Confédération, mais l'ordre des jésuites et les sociétés " qui lui sont affiliées „ suivant l'expression adoptée en Allemagne, ne seraient reçus dans aucune partie de la Suisse, et toute action dans l'Église et dans l'école serait interdite à leurs membres; le droit de disposer des lieux de sépulture appartiendrait exclusivement aux autorités civiles; quiconque, sans l'assentiment de la Confédération, exercerait sur le territoire suisse des fonctions officielles au nom d'un État étranger ou d'une autorité étrangère, pourrait être expulsé par le Conseil fédéral (menace dirigée contre l'exercice de l'autorité pontificale); il ne serait plus admis de représentant du St-Siège auprès de la Confédération; il faudrait un certificat d'études pour exercer les fonctions ecclésiastiques (réforme empruntée à la Prusse); nul ne serait admis pour cause d'opinions religieuses à s'affranchir de l'accomplissement d'un devoir civique (obligation pour les clercs de servir dans l'armée); en outre, " les cantons et la Confédération seraient libres de prendre les mesures nécessaires pour le maintien de l'ordre public et de la paix entre les membres des diverses confessions, ainsi que contre les empiètements réciproques du domaine civil et du domaine religieux „; enfin, " un recours serait ouvert auprès de la Confédération contre les décisions rendues par les cantons sur les contestations de droit public ou de droit privé auxquelles donnerait lieu la création de communautés religieuses nouvelles ou une scission de communautés religieuses existantes. „ L'adoption définitive de ces dernières propositions aurait conduit à un arbitraire effrayant. Il suffit, pour le démontrer, de reproduire l'appréciation qu'en fit, dès qu'elles furent connues, M. le député Wuilleret: " Il s'agit, dit-il, de légitimer l'intervention des pouvoirs fédéraux dans les cantons catholiques, en vue de favoriser le développement du schisme, de lui confier la propriété des églises, des fondations et des prébendes. Quand un évêque schismatique suisse viendra étendre son autorité sur les cantons catholiques, c'est encore le bras de la Confédération qui l'appuiera. Il suffira à quelques libres-penseurs ou gens hostiles aux idées religieuses de se constituer en communauté vieille-catholique à Lucerne, à Fribourg, en Valais ou ailleurs, il leur suffira de faire surgir un conflit, de réclamer la cession d'une église ou de quelque fondation ; la Confédération aura le droit d'intervenir, et nous savons d'avance dans quel sens elle interviendra. „

C'était bien là ce qu'on voulait. *La Gazette de Lausanne* l'avoua en disant : " Si vous laissez l'ultramontanisme régner dans certains cantons, c'est-à-dire si vous respectez la liberté de conscience et le principe fédératif, l'ultramontanisme reste un danger pour les cantons catholiques émancipés aussi bien que pour les cantons protestants. „ On cherchait donc à étouffer le principe fédéraliste, pour aller, de par la volonté de l'autorité centrale, combattre l'ultramontanisme dans les cantons catholiques.

Le projet fut successivement discuté par le Conseil national et le Conseil des États. Tels qu'ils étaient composés, rien de bon ne pouvait sortir de leurs délibérations; toutefois, quelques-unes des dispositions proposées y furent amendées.

En ce qui concerne les questions scolaires, il fut décidé que l'enseignement supérieur rentrerait dans les attributions de l'autorité centrale qui aurait le droit de créer une Université fédérale. L'instruction primaire, au contraire, resta dans le domaine cantonal, mais elle devait être partout obligatoire et gratuite. Diverses propositions ayant pour objet de proscrire l'enseignement religieux et d'interdire l'école aux congrégations enseignantes furent repoussées. Mais, par contre, le droit fut reconnu à la Confédération d'édicter des prescriptions relativement à l'enseignement à donner dans les écoles, et aux conditions à remplir pour donner cet enseignement. Ainsi, en vertu de cette disposition, une simple loi fédérale devait pouvoir désormais fixer un minimum d'enseignement et même un programme obligatoire pour tous les cantons, puis en outre exclure de l'école tous les ecclésiastiques et n'y admettre que des instituteurs laïques munis d'un brevet de capacité fédérale ou ayant subi des examens d'après un programme fédéral!

Les articles confessionnels, de leur côté, donnèrent lieu à des débats approfondis au Conseil national. Les catholiques, par l'organe de MM. Weck-Reynold, Wuilleret, Arnold, etc., défendirent, comme toujours, la liberté de conscience. Ils firent ressortir combien les catholiques suisses étaient plus tolérants que leurs adversaires, et ils montrèrent que, dans le canton de Fribourg par exemple, les habitants du district de Morat avaient, quoique protestants, toujours été traités par la majorité sur un pied d'égalité parfaite. Au pôle opposé se placèrent les tyranneaux de Genève et de Soleure, MM. Carteret et Kaiser, suivis du gros de l'armée révisionniste. Entre les uns et les autres s'interposa M. Cérésole, alors président de la Confédération, qui, avec une modération affectée, consentit à faire quelques concessions de détail. Mais, en somme, à peu d'exceptions près, les propositions les plus extrêmes furent votées.

On admit d'abord la liberté de conscience et de croyance. Mais, aussitôt après, on adopta les dispositions suivantes : 1° Nul ne sera passible de peines, *de quelque nature qu'elles soient*, pour cause d'opinion religieuse (défense de fulminer l'excommunication ou l'interdit); 2° Nul ne pourra, pour cause d'opinion religieuse, s'affranchir de l'accomplissement d'un devoir civique (obligation pour les clercs de fournir le service militaire); 3° Le libre exercice des cultes n'est garanti que dans les limites compatibles avec l'ordre public et les bonnes mœurs; les cantons et la Confédération pourront prendre les mesures nécessaires pour le maintien de l'ordre public et de la paix entre les membres des diverses communautés religieuses; la Confédération prononcera sur les recours concernant les empiètements dans le domaine civil et le domaine religieux (soumission des églises à l'arbitraire de l'autorité civile); 4° Les contestations de droit public ou de droit privé auxquelles donnera lieu la création de communautés religieuses nouvelles ou une scission de communautés religieuses existantes pourront être portées devant les autorités fédérales (droit de spolier les catholiques au profit des vieux-catholiques); 5° Il ne pourra être érigé d'évêchés sur le territoire suisse sans l'approbation de la Confédération; 6° La juridiction ecclésiastique sera abolie ; 7° L'entrée de la Suisse restera interdite aux jésuites; cette interdiction pourra s'étendre aussi, par voie d'arrêté fédéral, à d'autres ordres religieux dont l'action pourrait compromettre la sûreté de l'État ou troubler la paix entre les confessions (droit accordé aux protestants du Conseil fédéral de supprimer les couvents existants); 8° Il sera défendu de fonder de nouveaux couvents ou de rétablir ceux qui ont été supprimés; 9° Le droit de disposer des lieux de sépulture appartiendra exclusivement à l'autorité civile.

Les seules concessions qui furent faites aux catholiques sont les suivantes : 1° On écarta l'obligation pour les ecclésiastiques de produire un certificat d'études ; 2° On retrancha la disposition supprimant la nonciature ; mais, comme il a déjà été dit, l'autorité fédérale s'était attribué le droit de rompre toute relation diplomatique avec le Saint-Siège ; 3° On ne plaça pas *à priori* sur la même ligne que les jésuites " les sociétés qui leur sont affiliées „ ; 4° On ne maintint pas l'interdiction de recevoir des novices dans les couvents existants et dont les principaux étaient les couvents de Saint-Bernard et d'Einsiedln.

Le Conseil d'État de Fribourg résuma de la manière suivante, dans une proclamation adressée au peuple fribourgeois, les principales dispositions du projet de révision, que les catholiques fédéralistes ne pouvaient accepter :

" Nous voyons dans le nouveau projet des dispositions que nous vous signalerons à grands traits et qui ne nous permettent pas de vous en conseiller l'acceptation.

„ Nous ne pouvons vous engager à accepter volontairement le droit d'ingérence donné à la Confédération en matière d'instruction publique. L'instruction publique n'est jusqu'ici pas restée en arrière dans le canton de Fribourg et nous ne pouvons envisager le contrôle de la Confédération que comme une restriction non justifiée de la souveraineté et de l'indépendance des cantons.

„ Les nouvelles dispositions sur le droit de l'établissement accordent au Suisse établi, après trois mois de séjour seulement, la jouissance de tous les droits des bourgeois, à l'exception de la participation aux biens bourgeoisiaux et du droit de vote dans les affaires bourgeoisiales; elles modifient profondément la commune telle qu'elle existe chez nous, telle que nous la croyons nécessaire dans une république pour contrebalancer la puissance du pouvoir central. Elles dérogent trop à notre législation et à nos usages pour ne pas les envisager comme un motif de rejet.

„ La suppression de l'ohmgeld est pour nous une mesure financière regrettable, elle nous fera perdre trois cent mille francs de recettes qu'il faudra remplacer par des impôts certainement plus lourds et plus incommodes.

„ Le projet attribue à la Confédération la législation, la capacité civile, sur toutes les matières de droit se rapportant au commerce et aux transactions mobilières, à la poursuite pour dettes et aux faillites. Ces dispositions enlèvent aux cantons le principal attribut de leur souveraineté, le droit de se donner des lois et centralisent près de la moitié du droit civil. Cette centralisation partielle conduira inévitablement à une centralisation complète et imposera aux cantons une législation, sous maints rapports, en opposition à leurs lois et à leurs usages traditionnels.

„ En matière religieuse, plusieurs des dispositions de la Constitution qui vous est soumise sont inacceptables pour des chrétiens, catholiques ou réformés, attachés à leur foi et pour tout citoyen qui veut sincèrement la liberté religieuse pour tous. Le projet consacre, il est vrai, le principe de la liberté de croyance et de conscience, mais il ne le fait que pour l'individu, et cela encore avec des conditions et des restrictions telles qu'il sera toujours facile d'éluder en fait, ce qui paraît concédé en droit.

„ Les sociétés religieuses elles-mêmes, soit les églises, ne reçoivent aucune garantie et sous ce rapport, l'église évangélique réformée, pas plus que l'église catholique, n'a la certitude de jouir de la pleine liberté à laquelle toutes deux ont droit.

„ En cherchant à prémunir l'État contre des craintes imaginaires, la nouvelle constitution supprime, en fait, les garanties du droit d'association et permet l'abolition de la liberté des cultes telle qu'elle a toujours été comprise jusqu'à ce jour dans les États qui ont les institutions les plus libérales.

„ Mais si la constitution n'offre point de garanties aux croyants du culte réformé, elle blesse particulièrement les convictions et les droits des catholiques.

„ La disposition qui soustrait, dès l'âge de 16 ans révolus, l'enfant à l'autorité de son père, se présente comme un empiètement sur la puissance paternelle, aussi vexatoire pour le père que contraire aux intérêts de l'enfant.

„ L'abolition pure et simple de la juridiction ecclésiastique et la défense de fonder de nouveaux ordres religieux ou de rétablir ceux qui ont été supprimés, portent une trop grave atteinte aux institutions de l'Église catholique et à la liberté d'association pour recevoir notre assentiment. „

En s'exprimant ainsi, le Conseil d'État de Fribourg traduisait exactement les appréhensions et les répugnances des catholiques; mais on n'y eut aucun égard.

Une dernière délibération eut lieu le 21 janvier 1874 au Conseil national. Les catholiques engagèrent une lutte suprême; mais ils vinrent se heurter au parti pris des radicaux et des libéraux, protestants ou libres-penseurs. Pour soutenir les dispositions proposées, M. Carteret affirma que les „ empiètements de l'État étaient des chimères et les empiètements de l'Église de grosses réalités. „ Qu'on mette cette assertion en regard des réformes renfermées dans la révision, et l'on verra si ce n'était pas là une sanglante ironie. Soutenir, s'écria justement M. Segesser, que ces réformes ne blessaient pas les catholiques, c'était „ un argument que pourrait aussi invoquer celui qui donnerait un soufflet à son voisin. „

Le Conseil d'État n'apporta que des modifications insignifiantes aux propositions du Conseil national; le projet de révision, ayant passé ainsi par toutes les épreuves préparatoires, fut soumis au vote du pays le 19 avril.

Pour qu'une révision de cette nature soit adoptée, il faut à la fois, ainsi que nous l'avons déjà fait remarquer, la majorité du peuple et la majorité des États; en mai 1872, le projet élaboré par les Chambres avait été repoussé par les deux majorités.

Ce résultat si heureux avait été le fruit de l'alliance des catholiques allemands et des protestants français, auxquels s'étaient joints un petit groupe de protestants allemands fédéralistes ayant à leur tête M. Dubs. Afin de ne plus rencontrer la même coalition et de gagner les protestants français, les meneurs révisionistes avaient d'une part fait certaines concessions sur les questions de l'ordre purement civil, et d'autre part accentué les dispositions contraires à la liberté des catholiques. Par là ils avaient espéré rallier les trois cantons de Genève, de Vaud et de Neufchâtel qui avaient fait échouer la révision en 1872. Cette tactique devait réussir. Dès le début, l'on s'aperçut que chez les protestants de la Suisse occidentale la haine du catholicisme l'emporterait sur les intérêts du fédéralisme : dans les chambres fédérales, tous les députés de Genève et de Vaud avaient voté pour la révision, et il devint dès lors éminemment probable que les populations des cantons qu'ils représentaient les suivraient dans cette volte-face.

Aussi, en présence de la quasi-unanimité de la Suisse protestante, les catholiques comprirent que leur cause était perdue. Du moment où la révision, selon une expression très juste, n'était plus " qu'un véhicule destiné à colporter dans toute la Suisse les matériaux de guerre contre le catholicisme „, elle devait triompher. Et cependant, ainsi que le démontra *la Suisse fédérale*, le projet était resté dans ses lignes saillantes ce qu'il avait été la première fois, un pas marqué vers le gouvernement unitaire.

Les journaux radicaux et protestants battirent le rappel en faveur de la révision, mais sans chercher à démontrer que l'intérêt de la Suisse la réclamât ou que l'expérience eût démontré la nécessité des changements proposés. Ils ne développèrent qu'un argument, savoir qu'il fallait écraser les " ultramontains „. " Un échec pour les révisionistes, s'écria la *Patrie* de Genève, ne serait un triomphe que pour le parti ultramontain le plus foncé, parti antinational par excellence. „ Tel fut le mot d'ordre répété à satiété.

A son tour, le Conseil fédéral recommanda la révision par une proclamation où on lisait ce qui suit : " Dans les États rationnellement organisés, *toute communauté religieuse jouit d'une liberté absolue*, en tant qu'elle reconnaît et respecte les droits égaux de toute autre communauté religieuse *et se soumet à l'autorité de l'État qui comprend tout en soi, pénétrant et pratiquant toutes les relations de la vie sociale.* „ En d'autres termes, la liberté consiste dans l'obligation de se soumettre au bon plaisir de l'État! C'était ainsi du reste qu'elle était comprise dans le Jura : le culte catholique y était supprimé et les recours adressés au Conseil fédéral contre cette suppression avaient été rejetés : on se demande si c'est dans ces mesures que le Conseil fédéral voyait la réalisation de la *liberté absolue* qu'il attribuait aux communautés religieuses.

Le vote eut lieu le 19 avril : 340,186 voix acceptèrent la révision ; 198,182 la rejetèrent. Treize cantons et demi, Zurich, Schaffouse, Thurgovie, Argovie, les Grisons, Soleure, Berne, Bâle, St-Gall, Glaris, Vaud, Genève, Neufchâtel et Appenzell (Rhodes extérieures) se prononcèrent en majorité en sa faveur ; huit cantons et demi, Fribourg, Lucerne, le Valais, le Tessin, Zug, Uri, Schwytz, Unterwalden et Appenzell (Rhodes intérieures) restèrent fidèles au fédéralisme et à la liberté religieuse. Ce résultat était dû à la coalition de la très grande majorité des protestants français et allemands avec les radicaux libres-penseurs : Genève, Vaud, Neufchâtel et les Grisons avaient abandonné le drapeau de 1872 : parmi les opposants, on comptait à peine 30,000 protestants.

La révision fédérale ne pouvait qu'augmenter les alarmes des catholiques : ils savaient qu'elle était dirigée contre eux. La votation de dimanche dernier, écrivit le *Bund*, n'a été une défaite que pour un parti, celui des ultramontains. L'ultramontanisme a été frappé à la tête. Le parti patriotique libéral s'est montré assez fort pour en imposer aux intrigues romano-cléricales. „ Néanmoins, il semble que certains révisionistes la trouvaient insuffisante. Dans une discussion qui avait eu lieu au Grand Conseil de Genève le 16 mars, M. Grosselin avait exprimé le regret de ce que la révision ne débarrasserait pas complètement la Suisse „ de ces fourmilières d'animaux nuisibles „ qu'on appelle les couvents !

CHAPITRE VI.

(Mai 1874 à Octobre 1875.)

—

Organisation de l'église " catholique chrétienne „ de la Suisse. — Continuation de la persécution dans le Jura. — L'église catholique de Berne enlevée aux fidèles. — Mesures vexatoires dans le canton de Genève. — Scission dans l'église schismatique. — Actes divers d'oppression dans les cantons d'Argovie, de St-Gall, de Neufchâtel, de Soleure et du Tessin. — Commencement de réaction.

La révision fédérale étant votée, il restait à constituer définitivement l'église schismatique et à la faire agréer par les autorités cantonales comme seule église catholique.

L'association, fondée antérieurement, se réunit le 14 juin 1874 en assemblée générale à Berne, sous la présidence de M. Brosi, de Soleure, député au Conseil national. On lui soumit un projet de " constitution de l'église catholique chrétienne de la Suisse „, lequel débutait ainsi :

" Les catholiques de la Suisse, — en présence des décrets du Concile du Vatican, du 18 juillet 1870, et dans le but de combattre en commun avec les catholiques des autres pays, qui veulent rester fidèles à leur vieille foi, les fausses doctrines et les abus introduits dans l'Église par le romanisme, et de rétablir l'Église catholique chrétienne en Suisse dans la pureté primitive et sur des bases nationales, — se donnent ci-après leur constitution religieuse. „

Les bases de la nouvelle église étaient les suivantes : " L'église chrétienne catholique de la Suisse se compose de paroisses et de sociétés locales qui ont pour centre commun le Synode national dont font partie de droit l'évêque, le clergé et un délégué sur 200 habitants. Le Synode national légifère et tranche, en dernier ressort, les questions qui surgissent au sein de la communauté. Il lui est adjoint un Conseil synodal, tiré de son sein et composé de neuf membres, dont cinq laïques et quatre ecclésiastiques, y compris l'évêque. Le Conseil synodal constitue le pouvoir exécutif. „

Cette organisation assurait la prépondérance aux laïques. Dans le sein du Conseil synodal lui-même, les ecclésiastiques devaient être en minorité, et le pouvoir de l'évêque et des prêtres, subordonné à la volonté de leurs " ouailles. „ C'est toujours à ces résultats que conduisent les hérésies.

Le projet fut adopté moyennant quelques modifications de détail. M. Jolissaint manifesta ses préférences pour une constitution purement synodale. L'assemblée cependant finit, à l'unanimité moins deux voix, par admettre l'évêque ; M. Loyson insista dans ce sens et s'écria : " Les innovations vont si loin qu'elles nous mènent au protestantisme, et à celui-ci je préfère encore l'ultramontanisme (1). „ Seulement, on limita le plus qu'on put les pouvoirs de l'évêque. On chargea le Synode de procéder à son élection : l'évêque devait jurer devant lui et devant les délégués des États confédérés, " de se conformer en toute loyauté et fidélité aux lois de la Confédération et des cantons „ ; on le plaça sous l'autorité du Conseil synodal et du Synode national, chargés de modifier ou d'abroger ses ordonnances en matière de culte et de discipline, et de connaître des appels dirigés contre ses décisions ; pour mieux assurer sa dépendance, on prit la précaution de lui refuser un chapitre.

Ainsi, le pauvre prêtre sur lequel allaient se porter bientôt les suffrages de la nouvelle secte, devait consentir, pour ne pas reconnaître l'infaillibilité du Pape, à se soumettre à celle des libres-penseurs du Conseil synodal. Une fois de plus, la révolte contre Rome aboutissait aux plus pitoyables contradictions.

La constitution de l'église nouvelle avait été rédigée en allemand ; néanmoins elle reçut l'adhésion des Jurassiens et des Genevois présents qui, bien que connaissant seulement la langue française, votèrent les articles proposés, déclara l'organe du schisme, *la Démocratie catholique*, " avec la confiante simplicité des premiers chrétiens. „ Le même journal

____

(1) Nous avons vu antérieurement, que les concessions faites par M. Loyson à Genève étaient elles-mêmes empreintes de l'esprit protestant.

avoua du reste que les matières ecclésiastiques faisant l'objet des résolutions adoptées étaient un peu nouvelles pour la plupart des assistants et pour le bureau lui-même !

En vertu des dispositions transitoires, le comité central de l'association reçut pour mission :

a) De soumettre le projet de constitution religieuse qui précède au gouvernement fédéral et aux gouvernements cantonaux intéressés, et de les prier de lui communiquer leurs observations éventuelles à l'égard de ce projet ;

b) De négocier avec ces gouvernements, relativement à leur coopération à l'élection épiscopale, à l'élection et à la dotation du premier évêque plus particulièrement ;

c) De les engager à faire des démarches nécessaires, en vue de l'institution en commun d'une commission d'examen des candidats catholiques suisse de théologie ayant des idées opposées à celles du Vatican. „

Par suite, des négociations s'ouvrirent entre les États formant le diocèse de Bâle, sauf Lucerne et Zug, d'une part, et les cantons de Zurich, de Schaffouse, de Genève, etc. d'autre part. Le but était d'amener les cantons à ne reconnaître comme église catholique que celle relevant de l'évêque à élire, et à obtenir d'eux qu'ils chassassent les prêtres fidèles et livrassent les églises au schisme.

Plus d'un an devait s'écouler avant l'élection de l'évêque ; les négociations du reste n'étaient pas destinées à avoir tout l'effet espéré. En attendant, la persécution continua à sévir avec violence dans le Jura et à Genève : nous en reprenons le récit.

I

Les excès commis dans le Jura par le gouvernement de Berne soulevèrent le blâme de quelques organes protestants eux-mêmes. L'*Union libérale de Neufchâtel* s'écria : "Maintenant que la révision est votée et que les passions confessionnelles excitées dans ce but par une certaine presse sont en voie d'apaisement, l'attention se porte sur la situation du Jura bernois catholique, et l'on se demande un peu partout s'il n'est pas temps que le gouvernement de Berne revienne aux traditions d'un État libre et civilisé. „ *La Nouvelle Gazette de Zurich* s'exprima dans le même sens, et elle émit l'avis que l'honneur et le droit, de même que l'intérêt d'un pays libre, commandaient de mettre promptement fin à une pareille situation.

Malheureusement ces conseils ne furent pas écoutés par les autorités de Berne qui continuèrent leur œuvre avec une persévérance obstinée.

Un seul acte de tolérance fut posé par elles : contrairement aux ordres de l'autorité locale, elles permirent l'exercice du culte privé à Délémont (sans prêtre, bien entendu). En dehors de là, elles ne négligèrent rien, mais grâce à Dieu en vain, pour décatholiciser le pays.

Malgré les expéditions de M. Bodenheimer en France ainsi qu'en Belgique et de M. Thurman en Italie, malgré les réclames publiées par M. Teuscher dans les journaux suisses et étrangers, elles ne parvinrent pas à recruter des intrus pour la totalité des 28 paroisses qu'elles avaient maintenues. A peine, en trouvèrent-elles quatorze : les cures de St-Imier, Montfaucon, Brislach, Fontenais, Courtemaîche, Courroux, Moutier, Pleigne, Courrendlin, Undervilier, Buix et Roggenbourg restèrent vacantes. Ce résultat combla de joie les catholiques : n'avoir trouvé dans l'Europe entière que quatorze individus tarés, prêtres ou se disant prêtres, c'était vraiment mortifiant pour la Direction des cultes de Berne ! On essaya d'un autre moyen : les cures vacantes furent mises au concours; mais personne ne se présenta plus. Le gouvernement eut à ce moment un autre mécompte encore : l'ex-abbé Opsomer fut arrêté à Paris, lorsqu'il se rendait à Berne pour se mettre à la disposition de la secte ; peu de semaines après, il fut condamné à Charleroi à cinq ans de prison.

Les intrus qu'on avait installés étaient presque tous français; criblés de dettes, ils recevaient constamment des commandements d'huissiers. Plusieurs d'entr'eux du reste donnèrent au gouvernement de graves soucis, et les éclats ne furent pas rares. On sait déjà que Rüpplin, à peine nommé, dut fuir devant des accusations infamantes. Un autre,

Naudot, curé de Charmoille, fut arrêté dans des circonstances qui méritent d'être rapportées. Vers la fin de juillet 1874, il quitta secrètement Charmoille avec une jeune fille dont les parents avaient passé au schisme; avant de partir, il avait pris la précaution d'emprunter une certaine somme au maire de l'endroit. Celui-ci, ayant eu vent de sa fuite, le poursuivit dans la direction de Porrentruy, et arriva assez à temps dans cette ville pour saisir ses malles qu'on ouvrit et où on trouva pêle-mêle ses habits et ceux de la jeune fille; quant aux fuyards, ils avaient déjà passé la frontière; mais les gendarmes français les arrêtèrent, et Naudot fut incarcéré. Le dimanche suivant, M. Pipy alla dire la messe à Charmoille: il avait pour toute assistance son servant! Naudot fut bientôt condamné à six mois de prison. Il présenta lui-même sa défense et s'écria: « Suis-je donc plus coupable qu'un Giaut, curé de Bonfol, qui s'appela Guiot, qu'un Choisel, curé de Courgenay, dont le véritable nom est Chastel, qu'un Déramey, qui s'appelle Pipy? » Constatons cependant à sa louange, qu'il déclara en terminant qu'il abjurait ses erreurs et rentrait dans le sein de l'Église.

Du reste partout, les intrus fonctionnaient dans le vide. Les populations s'éloignaient d'eux avec dégoût, et les pèlerinages à la frontière française ne cessaient pas: on allait y entendre ce qu'on appelait des *messes suisses*. Pour donner un exemple de la fidélité des Jurassiens, qu'il nous suffise de dire qu'en mai 1874, 138 enfants de Porrentruy et de Boncourt allèrent à Delle, en France, faire leur première communion. Quant aux villages éloignés de la frontière française, ils étaient contraints de se réunir dans les granges ou sous des hangards pour prier le bon Dieu en commun: c'est à peine si de temps en temps des prêtres français réussissaient à porter les consolations de la religion aux mourants; les parents devaient se cacher pour faire baptiser leurs enfants: c'était le régime de la Terreur, moins la guillotine.

Pendant ce temps, M. Pipy, l'intrus de Porrentury, ne négligeait aucun effort pour organiser une église schismatique. C'est lui qui apprenait à dire la messe aux recrues que le gouvernement faisait de temps à autre en pays étrangers;

et, pour attirer à lui la foule, il cherchait à déployer dans les solennités religieuses le plus de pompe possible. Il réussit vers cette époque à célébrer pour la première fois deux mariages de francs-maçons, et à cette occasion, il fit sonner les cloches et brillamment illuminer l'autel.

Il fit plus. Il s'occupa, de concert avec le gouvernement cantonal, de l'organisation à Berne d'une " faculté de théologie catholique. „ Cette faculté, destinée, d'après une feuille de Bâle, " à régénérer le catholicisme en Suisse „, fut votée par le Grand Conseil, qui décida qu'elle s'ouvrirait l'automne suivant et qu'elle serait largement stipendiée par l'État. Ainsi, une majorité, composée presqu'en totalité de députés protestants auxquels se mêlaient quelques libres-penseurs nés catholiques, décidait la fondation d'une faculté de théologie schismatique à l'usage d'une population catholique qui n'en voulait à aucun prix ! On a peine à le croire ; mais les libéraux seront toujours les libéraux : il n'y a pas de pires despotes qu'eux. Seulement il ne suffisait pas de créer un telle faculté ; il fallait lui procurer des élèves ; et comment en trouver parmi les familles catholiques qui témoignaient d'un attachement persévérant à la vieille foi ?

Si le gouvernement de Berne avait conçu quelques illusions au sujet des dispositions de la population, celle-ci saisit toutes les occasions de les dissiper.

Dans le courant du mois de juillet 1874, elle infligea une sévère leçon au gouvernement persécuteur. Elle procéda aux élections des préfets, présidents de tribunaux et assesseurs, et partout les protestants, les libres-penseurs et les vieux-catholiques furent battus. Dans le district de Porrentruy, le fameux préfet Froté, bien qu'honoré trois fois dans le passé des suffrages des populations, n'atteignit pas le tiers des voix ; il en fut de même de sa liste ; dans le district des Franches-Montagnes, le préfet Froidevaux et ses amis ne réunirent qu'un sixième des suffrages ; dans le district de Délémont, les trois quarts des votants se prononcèrent pour les candidats catholiques ; enfin, dans le district allemand de Laufon et le district mixte de Moutier, les catholiques obtinrent également presque tous les suffrages. Malheureu-

sement, d'après la constitution bernoise, le Conseil d'État
avait de son côté des présentations à faire pour ces diverses
places, et le choix final appartenait au Grand Conseil. Le Conseil d'État présenta naturellement les fonctionnaires sortants,
et le Grand Conseil s'empressa de les confirmer dans leur
mandat. Il prit ainsi une mesure qui, d'après la *Gazette de
Lausanne*, " ne soutenait pas l'examen, si on la considérait au
point de vue de la souveraineté du peuple et de la liberté. „
Dans tout le reste du canton, cela va sans dire, le Grand
Conseil ratifia les choix des populations.

On arriva ainsi au mois d'octobre 1874. Le gouvernement
de Berne ouvrit sous le nom de " faculté de théologie catholique „ l'institution qu'il avait créée au mois de juillet précédent, et il fit appel, pour en occuper les chaires, principalement à des étrangers. Il nomma doyen de la faculté un
allemand, le malheureux Dr Friedrich, de Munich qui, un
des premiers, avait suivi Doellinger dans sa triste évolution,
et il lui donna pour acolytes M. Herzog, le curé schismatique d'Olten, M. Hirschwalder qui s'était fait connaître par la
publication du *Mercure allemand*, M. Gareis, qui était professeur à Prague, etc. Huit étudiants, presque tous du canton
de Soleure, se firent inscrire: ce n'était certes pas avec un
pareil contingent qu'on pouvait réaliser le rêve d'une église
nationale. Mais le gouvernement de Berne se flattait qu'à la
longue les étudiants deviendraient plus nombreux et qu'il
aurait ainsi sous la main des agents soumis, prêts à le seconder dans l'œuvre détestable de la perversion du Jura.

En attendant, cette contrée infortunée ne cessait de faire
preuve d'un héroïsme religieux admirable en face de l'ennemi puissant et perfide qui cherchait à la terrasser.

On sait que les paroisses du Jura avaient été refondues
arbitrairement par le gouvernement de Berne et réduites au
chiffre de 28; quelque temps après, il en fixa définitivement
le nombre à 42. Il poursuivit ses efforts pour mettre à la tête
de chacune d'elles un prêtre apostat. Mais, malgré ses démarches, il ne parvint qu'à élever à dix-sept le chiffre de ceux
qui avaient primitivement répondu à son appel. Et encore,
que de tracas lui apportèrent les recrues qu'il avait ramas-

sées sur tous, les chemins de l'Europe! Quelques-uns donnèrent bientôt leur démission : ce fut le cas notamment de
Giaut, curé de Bonfol, qui, dans une lettre publique, déclara
abandonner la mission qu'il avait assumée, " parce qu'il ne
pouvait croire à la réalisation prochaine dans le Jura de ses
aspirations et de ses idées „ . Malgré ces défections, le travail
du recrutement ne fut pas interrompu.

A Bienne, l'intrus St-Ange Lièvre jeta le masque et épousa
une protestante ; l'union fut bénie par M. Saintes, pasteur
protestant, à la suite d'une allocution de M. Hurtault, venu de
Genève, qui félicita son collègue " d'avoir eu le courage de
rompre avec l'esclavage imposé par la Papauté romaine. „
Pour le coup, c'était trop fort. Il était loisible aux intrus de
commettre tous les écarts du monde ; on était disposé à
fermer les yeux ; mais ils avaient tort de se marier, car c'était
dévoiler trop tôt le programme des libres-penseurs de Berne,
qui, pour gagner les populations du Jura, affirmaient qu'ils
ne voulaient toucher ni aux dogmes ni à la discipline de
l'Église. Aussi, " la commission synodale catholique provisoire „ , dans une lettre adressée à MM. les curés du Jura „ ,
blâma-t-elle " énergiquement l'exemple déplorable „ donné
par M. St-Ange Lièvre, et promit-elle de demander à l'autorité " une répression qui ne saurait lui être refusée, *si un
autre membre du clergé tentait de violer à son tour les
règles vénérables de l'Église.* „ Oh ! la ridicule impuissance ! on
devait chercher, disait-on, à prévenir dans l'avenir le renouvellement de ces équipées amoureuses, mais on respectait le
fait accompli : M. Lièvre ainsi que son épouse protestante
restaient à la tête de la paroisse de Bienne !

Au moins, quelques intrus obtenaient-ils du succès dans
leur propagande ? Point ! A Alle, M. Salis sonnait des messes
qu'il ne disait pas. A Bienne, vingt à trente personnes seulement assistaient au service de M. St-Ange-Lièvre. A Délémont, chef-lieu de district, possédant un prêtre radical, un
président de tribunal radical, des fonctionnaires radicaux,
le vide était tellement grand dans l'église usurpée par
M. Portaz-Grassis, que le conseil de paroisse jeta le 7 janvier 1875 le cri de détresse que voici, dans un circulaire
" aux catholiques-libéraux „ :

« La question religieuse dans le Jura étant intimement liée avec la question politique, il importe, maintenant que notre église nationale est constituée sur des bases solides et légales, que tous les libéraux appuient cette église et soutiènnnent la majorité du peuple bernois dans les mesures qu'il a prises (1).

„ Et cependant notre culte est peu fréquenté et nos ennemis s'en vont partout répétant que notre église est déserte.

„ En présence de ce laisser-aller, nous dirons même de cette indifférence coupable, nous venons faire un dernier appel aux sentiments patriotiques des catholiques-libéraux de Délémont, les prier d'assister plus régulièrement à la messe du dimanche et d'engager les femmes et les enfants surtout d'y aller.

„ Si les catholiques (!) ne veulent pas montrer plus de zèle à appuyer le curé libéral et le conseil de paroisse, celui-ci déposera *in globo* le mandat que l'assemblée lui a confié. „

Rien pourtant ne découragea le gouvernement de Berne, et, conformément à la loi des cultes récemment votée, il fit procéder par les nouvelles paroisses du Jura à la formation des conseils paroissiaux et à la nomination ou plutôt à la confirmation des curés intrus. Mais, ici encore, quelle déception ! Sur 12,000 électeurs, le dixième seulement alla voter. Dans 28 communes, aucun électeur ne se présenta au scrutin dans les autres, le nombre fut partout dérisoire : à St-Imier, par exemple, sur 1,933 électeurs, 8 répondirent à l'appel ; à Moustier sur 1,429, 24 seulement! D'autres chiffres, non moins significatifs, sont ceux qu'obtinrent les curés élus :

Fontenais : M. d'Abbadie (français) eut 77 voix sur 1,651 élect.
Courtemaiche : M. Coffignal (français), 15 „ 1,683 „
Undervelier : M. Salis (italien), 13 voix sur 1,046 électeurs.
Courroux : M. Maestrelli (italien), 60 „ 1,557 „
Roggenburg : M. Oser (allemand), 40 „ 465 „
Bislach : M. Schoenberger (allem.), 33 „ 669 „
Dittingen : M. Fuchs (autrichien), 33 „ 667 „
Bienne : M. St-Ange-Lièvre (franç.), 50 „ 1,040 „

Et dire que le gouvernement bernois s'empressa de confirmer des nominations faites dans de pareilles conditions !

(1) On sait que la grande majorité du peuple bernois est protestante.

Quant aux catholiques, ils continuaient à se réunir dans des granges ou des hangards, à y lever avec foi les mains vers le ciel et à demeurer inébranlables dans leur fidélité. Cette attitude ne fit qu'accroître la fureur des persécuteurs. Nous avons mentionné précédemment la suppression des Ursulines de Porrentruy. La dernière congrégation religieuse de cette ville ne devait pas tarder à subir le même sort: il s'agit des Sœurs de charité de Sainte-Ursanne qui desservaient depuis vingt ans l'hospice du chef-lieu du Jura bernois. On commença par s'emparer de leur chapelle pour la livrer au schisme; puis on jeta sans motif la supérieure et deux religieuses en prison où elles restèrent quatre jours; enfin, un beau matin, on leur signifia qu'elles devaient partir dans un délai de quatre heures, passé lequel il serait procédé à leur expulsion " par la force. „ L'exécution suivit bientôt la menace, et les religieuses, qui ne signalaient leur présence que par de bonnes œuvres, durent prendre à leur tour le chemin de l'exil!

Malgré l'implacable intolérance de leurs ennemis, les Jurassiens ne cessèrent de pétitionner auprès des autorités fédérales, et, au nombre de plus de neuf mille, ils leur demandèrent la restitution de leurs églises et des biens ecclésiastiques, le rétablissement du culte catholique et le rappel des quatre-vingt-dix-sept prêtres injustement expulsés. La restitution des églises et le rétablissement du culte catholique comme culte public furent nettement refusés, par le motif qu'il ne pouvait exister dans le canton d'autre culte public " catholique „, que celui établi par la loi du 18 janvier 1874! Mais le Conseil fédéral recula devant une approbation pure et simple de l'ostracisme lancé contre les prêtres fidèles, et il invita le gouvernement de Berne à lui exposer les motifs qui, d'après lui, justifieraient le maintien de cette mesure de rigueur; se réservant de statuer ultérieurement sur le recours dont il était saisi.

Sur ces entrefaites, la tempête s'étendait du Jura à la paroisse catholique de la ville de Berne.

Cette paroisse possédait une église bâtie par feu Mgr Baud, prédécesseur du curé qui était en fonctions en 1874, M. Perroulaz, et cela avec les deniers des catholiques de tous les pays. Les schismatiques jetèrent les yeux sur elle, mais leurs desseins furent pendant quelque temps entravés par la crainte de déplaire aux ambassadeurs. Cette crainte était vaine, car, depuis les bouleversements engendrés par la détestable politique de Napoléon III, l'influence, jadis tutélaire, des grandes puissances, ne se faisait plus guère sentir.

Voici donc comment on s'y prit pour aboutir :

On convoqua d'abord l'assemblée de paroisse à l'effet d'élire un conseil paroissial. Mais comme cette assemblée n'existait qu'en vertu de la dernière loi sur les cultes et que dès lors les catholiques fidèles ne pouvaient y prendre part, le conseil fut nommé par une centaine d'électeurs sur trois cent soixante inscrits. A peine installé, il reçut une requête des professeurs de la faculté vieille-catholique de Berne, tendant à obtenir l'autorisation de disposer de l'église pour leur culte, messes et prédications. Il s'empressa de déférer à cette requête, et il invita M. Perroulaz à ouvrir les portes du temple aux prêtres schismatiques de l'Université. Le curé s'y refusa ; on le somma de livrer les clefs ; il n'en fit rien ; on alla s'en emparer chez lui, et, le dimanche 28 février, le Dr Friedrich et ses complices prirent possession du sanctuaire. M. Perroulaz, prévenu du scandale qui devait se produire, s'abstint de se rendre à son église et convoqua ses paroissiens, pour célébrer leur culte, dans la grande salle du Musée. Ceux-ci s'y réunirent en foule ; au premier rang des assistants figurèrent les ambassadeurs de France, d'Autriche, d'Italie, d'Espagne, de Portugal, du Brésil, etc. Il y a trente ans, cette démonstration des ministres étrangers ne fut pas restée sans conséquences. Mais en 1874, la force primait le droit, et les persécuteurs de l'Église assouvissaient impunément la haine qu'ils lui avaient vouée.

Ce n'est pas tout. On jugea qu'il ne suffisait pas de prendre aux catholiques leur église ; on voulut encore forcer M. Perroulaz d'y célébrer la messe de concert avec les apostats. Le Conseil d'État imagina donc de le mettre en demeure de reprendre ses fonctions ; et sur le refus qu'il en reçut, il décida qu'on le poursuivrait en révocation et qu'en attendant l'issue du procès, on le suspendrait. Puis on le chassa du presbytère et on y installa à sa place un apostat bernois! Ainsi, après avoir enlevé aux fidèles le sanctuaire bâti de leurs mains et de leurs deniers, on leur enjoignait de s'allier avec des renégats et on faisait à leur pasteur un crime de les réunir dans un autre lieu, pour adorer Dieu suivant leur conscience!

Ce nouvel excès commis par le gouvernement de Berne, ne présageait pas qu'il dût répondre d'une manière satisfaisante à la communication que lui avait envoyée le Conseil fédéral. Cependant l'art. 44 de la constitution portait " que aucun canton ne pouvait renvoyer de son territoire un de ses ressortissants, ni le priver du droit d'origine ou de cité. „ Le gouvernement de Berne tenta de tourner la difficulté en s'appuyant sur l'art. 50 de la même constitution, reconnaissant aux cantons le droit " de prendre les mesures nécessaires pour le maintien de l'ordre public et la paix entre les membres des diverses communautés religieuses. „ Mais le Conseil fédéral fit observer que ces mesures ne pouvaient porter atteinte aux principes posés et aux droits garantis par la constitution. Berne déclara alors qu'elle autoriserait successivement la rentrée des prêtres du Jura, en commençant par les moins compromis, mais seulement après que le peuple du canton aurait adopté un projet de loi sur le culte privé qui devait lui être prochainement soumis. C'était renvoyer la révocation de la mesure d'expulsion à une époque indéterminée. Aussi, à l'unanimité moins une voix, le Conseil fédéral invita-t-il, le 31 mai, les autorités bernoises à retirer dans les deux mois son décret d'expulsion.

Cette décision reçut l'approbation de plusieurs journaux protestants, et entr'autres du *Journal de Genève* qui la qualifia d'acte de justice et d'acte politique, et qui fit remarquer " qu'elle tranchait catégoriquement dans le sens négatif la „ question du renouvellement à l'avenir de mesures sem- „ blables à celles qu'avait cru pouvoir prendre le gouverne- „ ment de Berne. „ Mais, dans la capitale fédérale, l'émoi fut vif, et un appel aux Chambres fut immédiatement interjeté.

On comprit néanmoins bientôt qu'on n'obtiendrait pas

d'elle le désaveu du Conseil fédéral, et, à part M. Jolissaint et quelques-uns de ses amis qui persistèrent à demander que la décision du pouvoir exécutif fût cassée, on se borna à solliciter de la majorité des Chambres une interprétation un peu plus large de l'art. 50 de la Constitution fédérale, et en outre une prolongation du délai accordé au gouvernement de Berne pour le retrait de l'arrêté d'expulsion, de façon à ce que ce délai ne prît fin qu'avec le vote de la loi sur le culte privé. Les catholiques de l'assemblée fédérale contestèrent aussitôt la nécessité d'une loi sur le culte privé, en se fondant sur ce que la constitution proclamait la liberté des cultes, donnait à ceux-ci le droit de s'exercer publiquement, et assurait aux citoyens suisses la faculté de se réunir en communautés religieuses. Mais la majorité ne fit pas droit à ces raisons, et par 96 voix contre 29, prolongea jusqu'au 15 novembre 1875 le délai de deux mois accordé précédemment au gouvernement de Berne. L'un des considérants de sa décision contenait en outre une interprétation de l'art. 50 de la constitution, qui laissait pour l'avenir la porte ouverte à l'arbitraire. " Il faut maintenir, disait-il, le principe, que
" l'art. 50 de la constitution fédérale ne crée point un droit
" exceptionnel pour les cas qu'il prévoit; qu'au contraire, les
" mesures nécessaires que cet article réserve aux cantons et
" à la Confédération le droit de prendre, doivent se mouvoir
" dans les limites tracées par la constitution fédérale; que ce
" principe n'est soumis qu'à une seule réserve, savoir *le cas*
" *anormal, et, en raison de sa nature même, non prévu par la*
" *constitution fédérale, où l'État se trouve en péril;* que ce
" cas peut se présenter non seulement dans les circonstances
" prévues à l'art. 50 de la constitution fédérale, mais aussi
" pour d'autres motifs; que dans les cas de ce genre, l'État
" peut se voir forcé de recourir à des mesures extraordinaires;
" et que même alors, si ce sont les cantons qui recourent à
" de semblables mesures, les autorités fédérales ont le droit
" d'examiner et de trancher définitivement la question de
" savoir si ces mesures sont admissibles. " On supposa que, par ce considérant, le Conseil national avait voulu se réserver le droit de repousser l'application à Mgr Mermillod de la décision prise en faveur des curés du Jura.

Quoi qu'il en soit, ceux-ci étaient autorisés à rentrer le 15 novembre dans leurs paroisses. Mais avant cette date, une loi draconienne sur le culte privé fut votée, qui devait semer sous les pieds des prêtres fidèles des pièges de tout genre et livrer à l'arbitraire des autorités civiles l'exercice du culte catholique. Cette loi, qui fut adoptée par le Grand Conseil à la majorité de 103 voix contre 26, était ainsi conçue :

« Art. 1er. Quiconque excite, d'une manière à mettre en danger la paix publique, des adhérents d'une confession ou d'une communauté religieuse à des hostilités contre des adhérents d'une autre confession on communauté religieuse, sera puni d'une amende pouvant s'élever jusqu'à mille francs ou d'un emprisonnement d'une année.

„ *Art. 2. Tout ecclésiastique ou autre ministre d'une religion qui, dans l'exercice ou à l'occasion de l'exercice d'actes se rattachant au service divin ou à toute autre de ses fonctions, fait des institutions publiques ou d'ordonnances et arrêtés rendus par des autorités de l'État l'objet d'une publication ou d'une critique qui mette en danger la paix publique, ou qui abuse d'une autre manière de sa position officielle* DANS UN BUT POLITIQUE, est passible d'une amende pouvant s'élever jusqu'à mille francs ou d'un emprisonnement jusqu'à une année.

„ Art. 3. Il est interdit à tout ecclésiastique ou autre ministre d'une religion, qui n'est pas installé dans une paroisse reconnue par l'État (art. 6 de la loi sur les cultes), d'exercer des fonctions ecclésiastiques auprès d'une communauté religieuse ou dans une école, soit publique, soit privée :

„ 1° Lorsqu'il fait partie d'un ordre religieux interdit par l'État :

„ 2° *Lorsqu'il est notoire qu'il oppose résistance aux institutions de l'État et aux ordres émanant des autorités publiques,* pour aussi longtemps que dure cette résistance.

„ Quiconque exerce des fonctions ecclésiastiques contrairement à ces prescriptions est passible d'une amende pouvant s'élever jusqu'à mille francs ou d'un emprisonnement pouvant aller jusqu'à une année.

„ Art. 4. *L'autorisation du conseil exécutif est requise pour l'exercice de fonctions pontificales (actes de juridiction épiscopale) sur le territoire du canton,* de la part de supérieurs ecclésiastiques étrangers non reconnus par l'Etat.

„ Cette autorisation ne sera accordée que temporairement et seulement pour des actes déterminés et spécialement désignés (par exemple pour des confirmations) ; elle ne pourra être déléguée à aucun chargé de pouvoirs sur le territoire du canton de Berne.

„ Quiconque exerce des fonctions pontificales dans le canton sans être pourvu d'une autorisation de cette espèce, ou dépasse les limites qui y sont posées, est passible d'une amende pouvant s'élever jusqu'à deux mille francs ou d'un emprisonnement de deux ans au plus.

„ Art. 5. Aucune procession religieuse ou autre cérémonie religieuse quelconque ne peut avoir lieu en dehors des églises, chapelles, oratoires, bâtiments privés, maisons mortuaires ou autres locaux fermés.

„ Font exception à cette mesure :

„ 1º Le service divin pour les troupes en campagne, conformément aux prescriptions ultérieures des lois militaires et aux dispositions prises par les chefs militaires ;

„ 2º La cérémonie religieuse des inhumations, d'après les dispositions spéciales à établir à ce sujet ;

„ 3º Les discours, prières et chants religieux qui n'ont pas pour effet de troubler l'ordre public.

„ Les contraventions à cet article seront punies d'une amende pouvant s'élever jusqu'à deux cents francs ou d'un emprisonnement jusqu'à soixante jours.

„ Art. 6. — Les assemblées ou réunions des corporations religieuses, à l'occasion desquelles l'ordre public serait troublé, soit par les participants, soit par des tiers, ou dans lesquelles il serait contrevenu aux bonnes mœurs, pourront être dissoutes par la police. Les délinquants seront punis d'une amende pouvant s'élever jusqu'à deux cents francs ou d'un emprisonnement de soixante jours au plus, pour autant qu'il n'existe pas d'autre délit ou crime déterminé.

Il convenait de citer le texte même de cette loi, pour montrer dans tout son cynisme l'esprit d'intolérance du libéralisme bernois. Ses dispositions étaient assez élastiques pour permettre au bon plaisir des autorités de se donner libre carrière, et l'on pouvait se demander comment les prêtres jurassiens, après leur retour, réussiraient à placer l'exercice de leurs fonctions sacerdotales à l'abri de poursuites répressives. On ne chercha pas du reste dans la discussion à dissimuler le caractère de la loi, et M. Teuscher déclara „ qu'il fallait donner une arme au gouvernement „ pour parer au danger du retour des curés révoqués, qui „ reviendront au 15 novembre plus haineux que jamais et „ encouragés *par l'enthousiasme des populations* (1). „

En attendant que cette dernière date arrivât, le peuple infortuné du Jura en était toujours réduit *au culte de la*

---

(1) „ *L'enthousiasme des populations* „ : l'aveu n'échappera pas au lecteur.

grange. Les dimanches on célébrait des *messes blanches ;* les prières liturgiques étaient dites par les fidèles, et, après l'évangile, on lisait un sermon envoyé par le curé exilé.

Le schisme, bien loin de faire des progrès, se voyait de plus en plus abandonné par ses premiers adhérents. C'est ainsi qu'à Le Bourg, l'intrus avait eu au début 7 paroissiens : il les perdit successivement ; à Bienne, les vieux-catholiques, ne sachant que faire de l'église dont ils avaient dépouillé les catholiques, la vendirent aux protestants pour 15,000 francs : elle avait été bâtie au moyen de quêtes faites dans toute l'Europe et valait 120,000 francs (1) ! à Liesberg, à Duggingen, à Neuzlingen, etc., le culte officiel ne se célébrait plus. Aussi l'irritation des fonctionnaires était-elle très grande ; c'est à elle qu'il faut attribuer l'incroyable arrêté pris le 17 avril 1875 par le préfet Froté et interdisant " tous les attroupe-
„ ments de plus de trois personnes, stationnant dans les
„ rues et passages publics aboutissant au lieu où se célèbre
„ le culte privé de la ville de Porrentruy, pendant la matinée
„ du dimanche „ !

Depuis le mois de novembre 1873, il s'était établi 35 prêtres schismatiques dans le Jura. Sur ce nombre, 9 avaient quitté volontairement le pays ou avaient été chassés par la police. Parmi les 26 restants, il y avait 4 Italiens, 2 Polonais, 2 Allemands, 3 Suisses, 15 Français : de ces derniers, 11 étaient connus, sous leur nom vrai ou supposé, et l'on avait pu découvrir les diocèses d'où ils venaient ; les 4 autres qui se faisaient appeler Martin Goursat, Mirlin, Eug. Lagneau et Geoffroy étaient d'origine inconnue (2).

C'était à l'aide de ces recrues, recueillies un peu partout, que le gouvernement de Berne avait la prétention de former, en opposition à l'Église catholique romaine, une église catholique-nationale. Quelle dérision !

(1) " Comme il faut en finir à Berne avec l'ultramontanisme, déclara à cette occasion un conseiller municipal, il est de toute nécessité, que, pour lui couper les vivres, la municipalité protestante achète son église. „

(2) L'exemple de M. Lièvre, intrus de Bienne, porta ses fruits. M. Mirlin, intrus de Saint-Imier, se maria en 1875 avec une fille Roux, qui s'était installée dans la commune en même temps que lui.

Cette église, il ne la soutenait pas seulement de ses sympathies, mais de son argent. Des révélations, tirées de documents officiels, mirent à cette époque en pleine lumière les subventions vraiment scandaleuses accordées par l'État de Berne aux vieux-catholiques, à leurs curés et à leurs journaux.

Une première série de postes se rapportait au recrutement des prêtres rebelles. En voici quelques-uns : 1er août 1873 ; à M. Bodenheimer, conseiller d'État, pour voyages à La Haye, Bruxelles et Paris pour affaires religieuses (du 12 au 23 mai) : 680 francs ; 15 août 1873 : Bureau d'annonces pour publications dans les journaux français relatives à la demande d'ecclésiastiques : 300 francs ; 2 février 1874 : au professeur Thurman, pour recherche de curés : 300 francs ; 13 mars 1874 : frais d'insertion dans les journaux étrangers pour demande d'ecclésiastiques : 1,834 francs ; 9 juillet 1874 : pour annonces dans divers journaux, 3,413 francs, 87 c., etc.

Une seconde série de postes concernait des libéralités faites aux apostats, en dehors de leurs traitements réguliers. Déjà en 1873, le gouvernement de Berne avait envoyé des sommes importantes à des prêtres qu'il avait l'intention de placer dans le Jura, tels que M. Oser, alors garçon de café à Zurich, puis curé officiel à Roggenbourg, et à M. Pipy, qui végétait dans une mansarde à Paris avant de devenir curé d'État à Porrentruy. A la date du 27 novembre 1873, figurait un poste de 794 fr. 43 c. pour installation du même Pipy et frais de transport d'autres curés. En 1874, des allocations nombreuses avaient été accordées aux intrus pour voyages et frais d'établissement. M. Koenel, aubergiste à Porrentruy, avait reçu 90 fr. pour vin fourni à la cure de cette ville ; l'apostat Marchal, 300 fr. pour une conférence dans le Jura ; M. Migy, curé à Laufon, 45 fr. pour voyages ; le curé Ramella, 200 fr. pour frais d'établissement, etc.

Ce n'est pas tout. La presse vieille-catholique était elle-même largement salariée. M. Jean Wallon avait reçu plus de 12,000 fr. dans l'espace d'un an " pour travaux littéraires et rédaction de la *Démocratie catholique* „, organe des intrus à Porrentruy ; l'imprimeur du même journal avait obtenu pour l'impression de celle-ci et d'autres travaux, du mois d'août à fin décembre 1874, 3,656 fr. Lorsque ces faits furent connus, la *Nouvelle Gazette de Zurich* écrivit : " Il faut donc bien à la fin se résigner à croire et à constater le fait, que le gouvernement de l'État de Berne, entraîné par une monomanie de quelques-uns de ses membres, non content de tout ce qui s'est déjà passé, est maintenant entré dans la voie funeste de sacrifier à son Moloch le plus élémentaire de tous les principes démocratiques, en subventionnant une certaine presse à l'aide des deniers publics, et quelle presse! un des organes de ce ramassis de prêtres étrangers qui viennent exploiter notre pays! „ Ce cri d'indignation n'émut pas l'État de Berne. Mais il était désormais certain pour tout le monde, que le vieux-catholicisme n'avait pas de racines dans le Jura, et qu'il n'y était qu'une plante parasite, introduite au mépris de la volonté nationale et qui aurait péri dès les premiers jours sans les soins coûteux dont un gouvernement tyrannique l'entourait.

Soins coûteux, ce n'est pas trop dire :

Il résulte de chiffres officiels que, du mois de juillet 1873 au mois de décembre 1874, la caisse des finances de Berne avait payé fr. 181,905-43 pour appeler, installer, meubler et nourrir trente-sept prêtres. L'un d'eux, M. Pipy, avait émargé au budget fr. 9,595-65, indépendamment du vin et d'autres libéralités que lui avait octroyés la munificence de l'État; M. Portaz avait reçu 5,580 fr., plus 2,000 fr. de mobilier et du vin; M. Saint-Ange-Lièvre, en dehors d'un traitement de 3,400 fr., avait été gratifié de 600 fr. pour le couvrir des frais de son repas de noces, etc.

Lorsque tout ce gaspillage fut mis au jour, M. Teuscher prit la parole au Grand Conseil et s'exprima ainsi : " Les dépenses „ qu'on nous reproche ont été indispensables pour l'exécu„ tion de la *politique du gouvernement en matière ecclésiastique* „ et des lois; comme cette politique a été jusqu'ici approu„ vée, soit par le peuple bernois, soit par le Grand Conseil, „ dans toutes les occasions où ils ont pu manifester leur „ opinion, nous devons admettre qu'ils ne trouveront pas „ blâmables ces dépenses logiquement nécessaires. Le

« peuple et le Grand Conseil les blâmeront d'autant moins,
« que la politique dont il s'agit a déjà eu et aura plus encore
« à l'avenir pour résultat de briser d'une manière durable
« l'arrogance ultramontaine dans notre pays, de maintenir
« l'autorité de l'État, en même temps que de sauvegarder le
« développement du vrai christianisme et de la vraie reli-
« gion. »

La majorité applaudit. Autrefois les libéraux faisaient la
guerre au catholicisme au nom de la liberté religieuse et de
la séparation de l'Église et de l'État. N'ayant pas réussi, ils
changèrent leurs batteries, et ils adoptèrent dans maints
pays " une politique ecclésiastique " au profit de ce qu'il
leur plaisait d'appeler " le vrai christianisme et la vraie religion. " En réalité, pour eux, " le vrai christianisme " et " la
vraie religion " résidaient tout simplement dans les églises
subordonnées à leur bon plaisir.

II

A Genève, la situation ne s'améliorait pas plus que dans
le Jura.

M. Carteret, après avoir fondé une église vieille-catholique,
s'efforça de désorganiser le protestantisme de Calvin,
et il fit voter par le Grand Conseil une loi constituant à
Genève une seule paroisse protestante (la majorité étant
assurée ainsi aux protestants rationalistes), décrétant la
liberté complète de la prédication, supprimant les liturgies,
abolissant la consécration au sacerdoce et chargeant les
professeurs de théologie nommés par l'État de la désignation
des candidats aux fonctions ecclésiastiques. Le but de cette
loi fut, lors de la discussion, marqué par M. Pictet dans les
termes suivants : " L'Église sera l'école libre des convictions
« libres, où les différentes croyances se montreront en face
« les unes des autres, de manière à permettre aux citoyens
« de se former leurs croyances individuelles. " Les " protestants orthodoxes " du *Journal de Genève*, furent effrayés
et ils mirent tout en œuvre pour empêcher le succès de la

législation nouvelle ; mais celle-ci, après avoir passé au
Grand Conseil, fut votée par le peuple à une majorité de
817 voix, les catholiques s'étant abstenus. La *Patrie*, organe
de M. Carteret, poussa un cri de joie : " Pour nous, dit-elle,
„ qui rêvons une Genève transformée, idéale, pour qui
„ l'orthodoxie religieuse est une plaie qui ronge tant d'in-
„ telligences élevées et de nobles cœurs, nous voyons sa
„ défaite avec un bonheur immense. L'abrutissement des
„ consciences fera place à la libre croyance et à la morale
„ libre aussi des liens dogmatiques et formalistes qui la
„ tuent chez la plupart. „ En vain le *Journal de Genève*
s'indigna-t-il et se lamenta-t-il ; l'*Alliance libérale* lui répondit : " On oublie que lorsqu'on a approuvé la loi catholique,
„ on a perdu le droit de blâmer la loi protestante. L'une
„ appelle l'autre. Attaquer l'une, c'est attaquer l'autre. On
„ ne peut, sans inconséquence, accepter l'une et rejeter
„ l'autre. „ Cependant, M. Carteret n'avait nulle intention
de pousser plus loin les hostilités contre le vieux protestantisme, et, à part les mesures d'organisation qui précèdent,
celui-ci n'eut pas à se plaindre de lui.

Au lendemain du vote de la nouvelle loi sur le culte protestant eurent lieu dans tout le canton de Genève les élections municipales. A Genève même, par un revirement assez
inattendu, le parti de M. Carteret fut battu ; la liste patronée
par le *Journal de Genève* passa ; les indépendants obtinrent
25 sièges et les radicaux seulement 16. Dans toutes les communes rurales, sauf à Carouge, à Chêne et à Lancy où les
magistrats sortants furent maintenus, les municipalités
catholiques furent réélues et même renforcées, et le *Courrier
de Genève* put dire : " En somme, nous ne pouvons que nous
applaudir de la noble attitude prise par les communes
rurales dans l'élection du 3 mai. „

Malgré cette manifestation, les chefs du mouvement hostile
aux catholiques poursuivirent leurs desseins, et ils s'efforcèrent de provoquer de la part des autorités de nombreux
actes contraires aux intérêts de l'Église.

On se rappelle que la loi sur l'organisation du culte dit
" catholique „ avait prescrit la création d'un " Conseil supé-

rieur catholique. „ Les élections à ce Conseil eurent lieu au commencement de mai 1874. Sur 6,139 électeurs inscrits tant en ville qu'à la campagne, 2,039 seulement prirent part au scrutin. Ces chiffres étaient significatifs et montraient que les vrais catholiques étaient en grande majorité dans ce corps électoral spécial. Furent élus 25 laïques et 5 prêtres intrus ; la grande majorité des laïques appartenait à la libre-pensée ; les prêtres étaient MM. Loyson, curé de Genève, Marchal, curé de Carouge, Quily, curé de Chêne, Pascherot, curé de Lancy et Pélicier, vicaire de Genève. M. Loyson fut nommé président, et deux laïques, MM. Reverchon et Gavard, vice-présidents.

Immédiatement après l'installation du bureau, M. Héridier proposa au Conseil de pétitionner auprès du Conseil d'État, afin que, 1º on procédât à l'assermentation de tous les curés catholiques du canton, au nombre de 19 (ceux des communes rurales), qui n'avaient pas encore été appelés à prêter serment ; 2º on fît élire par les " citoyens catholiques „ de la ville de Genève une commission de 5 membres à l'effet d'administrer la fondation de l'église Notre-Dame. Ces deux propositions avaient pour objet, d'une part d'arriver à imposer au canton tout entier des prêtres intrus, et d'autre part d'enlever aux fidèles l'une des églises du chef-lieu bâtie par Mgr Mermillod avec les deniers du monde catholique.

Elles furent votées l'une et l'autre à une grande majorité. Mais le Conseil d'État résolut pour le moment de ne pas y accéder. Le *Journal de Genève*, fort radouci depuis qu'on avait touché à l'orthodoxie protestante, déclara lui-même que le Conseil d'État devait inviter le Conseil supérieur, qui, dit-il, „ n'est pas composé exclusivement de citoyens suisses, „ à s'occuper un peu plus du temporel de l'Église et à ne „ point s'ériger en donneur d'avis en ce qui concerne la poli-„ tique générale. „ Il est de fait que le gouvernement eût été bien embarrassé, au moins en ce moment, de trouver 19 apostats pour remplacer les curés fidèles, sans compter qu'il ne serait pas parvenu à recruter dans les communes rurales la minorité nécessaire à la validité des élections ; d'un autre côté, au sein du Conseil supérieur, M. Loyson lui-même s'était opposé à ce qu'on enlevât Notre-Dame aux catholiques, en se retranchant derrière l'opinion publique qui en Europe, déclara-t-il, blâmerait hautement une telle spoliation.

Mais revenons à la question proprement dite. Au cours de la discussion au Conseil supérieur des propositions qui précédent, deux aveux importants furent faits. M. Loyson reconnut que " les *catholiques-libéraux* étaient en minorité à la campagne „, et M. Marchal fit remarquer que l'église constituée par la loi n'avait pour elle jusqu'à présent que les libéraux, et qu'il ne croyait pas " qu'une seule famille ultra-montaine se fût encore détachée des prêtres en rébellion vis-à-vis de l'État. „ Ces aveux étaient bien consolants ; ils devaient être suivis des dissensions les plus vives au sein de la nouvelle église, dissensions attestant surabondamment qu'elle était dépourvue de toute vitalité.

M. Loyson, après s'être prononcé contre la pétition destinée à demander au Conseil d'État d'enlever l'église Notre-Dame aux catholiques, avait prononcé quelques paroles qui devaient soulever contre lui un orage : " Le premier acte „ d'une assemblée religieuse, s'était-il écrié, ne doit être un „ appel *ni au bras séculier* ni au budget des cultes. „

Ces paroles furent relevées par la *Patrie*, l'organe de M. Carteret, l'un des soutiens les plus ardents du vieux-catholicisme, et qui, après avoir attaqué " l'imposition des mains et la transmission des pouvoirs ecclésiastiques par l'ordination d'évêques réguliers „, déclara que " l'État devait „ conserver la suprême autorité dans les affaires ecclésiasti-„ ques. „ M. Loyson riposta " qu'une pareille assertion, si „ elle pouvait se réaliser, serait le fer rouge imprimé au front „ de l'église qui oserait encore après cela se prétendre „ catholique et même libérale. „ Mais, à son tour, la *Patrie* répliqua : " Malgré toute l'admiration que nous éprouvons „ pour le talent oratoire de M. Loyson..., nous sommes forcés „ de lui rappeler qu'il n'est que simple curé de Genève. Dans „ les démocraties, les personnalités les plus marquantes ne „ sont que de simples individus forcés de s'incliner devant „ les décisions de la majorité. Lorsqu'on a accepté les condi-

„ tions d'existence d'une société religieuse ou autre, on est
„ forcé de s'y soumettre ou d'en sortir. „

Piqué au vif, M. Loyson voulut répondre par une profession de foi, et à cette fin, il donna le 7 juin à Genève une conférence sur " *la vraie et la fausse réforme catholique.* „ D'après lui, il convenait d'éviter l'esprit de schisme et de maintenir l'intégrité du dogme traditionnel, en ne procédant aux changements disciplinaires qu'avec sagesse et prudence : " Si j'avais à choisir, dit-il, entre la théorie de „ l'État maître absolu de l'Église ou de l'Église prétendant „ régenter la société civile, je n'hésiterais pas à me ranger à „ cette dernière. „ " Toutefois, ajouta-t-il, pour me réconci- „ lier avec le Vatican, il faudrait deux choses, que le Pape „ reniât son infaillibilité et qu'il bénît le berceau de mon „ enfant. „

La *Patrie,* qui l'avait jusque-là soutenu chaleureusement, déclara que " son discours avait été le chant du cygne de sa „ réforme, et qu'il était un tissu d'absurdités et de fausse- „ tés. „ " Décidément, dit-elle, il n'y a chez lui d'étoffe que „ pour un orateur, en d'autres termes, pour un diseur de „ lieux communs enjolivés d'une foule de petits riens qu'on „ débite agréablement et que les sots applaudissent. „ Puis, elle lui lança cette virulente apostrophe : " Qui donc l'a forcé à „ prêter un serment qu'aujourd'hui il désapprouve ? Qui „ donc l'a forcé à fonder une église s'appuyant sur le secours „ de l'État ? Personne. Mais, malheureux, la croix de bois, le „ vase de bois, l'autel de pierre, ce sont de belles paroles. „ Pensez aux 20 prêtres qui vous ont suivi et qui eux n'ont „ pas d'amis puissants dont la bourse est toujours ouverte ! „ Et la *Patrie* concluait ainsi : " Puisque M. Loyson aime mieux „ l'ultramontanisme que le véritable libéralisme, en religion „ la libre-pensée..., nous ne pouvons être ses amis.... Nous „ croirions faire injure à notre passé et tacher notre avenir, „ que de vouloir soutenir davantage un ennemi des doctrines „ que nous avons soutenues et que nous soutiendrons tou- „ jours. „

M. Quily vint à la rescousse de la *Patrie,* et dans une réponse à M. Loyson, il lui dit : " D'après votre discours,

„ schisme, dogme, discipline se résument en ceci: vous, et
„ si ce n'est pas vous, rien. „ Et il ajouta cette parole sanglante : " Auriez-vous l'esprit du schisme sans avoir le
„ courage d'un schismatique : toujours prêt à rompre et ne
„ rompant jamais ? „ Puis, ne reculant pas devant les dernières sévérités, il l'appela " un grand comédien, traître au
„ libéralisme et à la démocratie, qui ne voit et ne veut pas
„ qu'on puisse voir autre chose dans la réforme religieuse
„ qu'une Américaine et leur produit naturel. „

Le Conseil supérieur s'émut de ces dissensions, et il cen-
sura M. Quily, voulant affirmer par là, dit la *Patrie*, le droit
des laïques, dirigeant l'église, de critiquer les actes des
ministres du nouveau culte. Mais M. Quily regimba, et dans
un second écrit, répondit que " la secte de M. Loyson ne
„ pouvait avoir d'avenir. „ En même temps l'ex-chanoine
Mouls lui écrivait dans une lettre rendue publique : " Au
„ train où vont les choses dans votre belle république, le
„ catholicisme réformé a la mort dans le ventre. „

A la suite de cette riposte, M. Quily fut suspendu pour
quatre ans par le Conseil supérieur. Rien n'était plus instructif que de voir M. Quily excommunié par les gros bonnets de
la secte ! On ne voulait pas du Pape infaillible, et l'on s'attribuait à soi-même les bénéfices de l'infaillibilité ! Attaquer
un évêque ou un prêtre catholique, c'était faire acte de bon
citoyen; toucher à la personne des chefs de la secte, c'était
commettre un crime de lèse-nation : voilà bien la tolérance
de ceux qui reprochent à l'Église son intolérance !

On peut se demander comment les libres-penseurs qui
formaient la majorité du Conseil supérieur avaient pu se
décider, par la résolution qui précède, à préférer M. Loyson
à M. Quily et à la *Patrie*. On trouve l'explication de ce
fait dans une correspondance écrite de Genève à l'*Indépendance*, dans laquelle se lisait ce qui suit : " Si l'église de
„ Genève était abandonnée aux Quily et autres orateurs de
„ carrefour, le public serait bien vite lassé de ce veuillotisme
„ rouge, et la réforme catholique tomberait au bout de trois
„ mois. Ce qui la rend sérieuse, intéressante, ce qui attire
„ sur elle l'attention de l'Europe et le respect de ceux-là

„ mêmes qui n'y adhèrent pas, c'est le P. Hyacinthe. *Lui*
„ *seul*, dans tout le parti qu'il commande et dans le groupe
„ qui lui résiste, a l'autorité d'un esprit supérieur, d'un talent
„ merveilleux, d'une réputation européenne... *Supprimez le*
„ *P. Hyacinthe et le catholicisme-libéral à Genève ne sera plus*
„ *qu'un avortement. Les radicaux le savent bien* (1). „ Ainsi,
ce n'est pas parce qu'on se ralliait aux idées de M. Loyson
qu'on le soutenait contre M. Quily, c'est parce qu'on sentait
que, sans lui, c'en serait fait de la secte.

Aussi les radicaux et les libres-penseurs du Conseil supérieur, tout en censurant M. Quily, cherchèrent-ils à faire
comprendre à M. Loyson qu'il n'était que toléré, et encore à
la condition de se résigner à être un instrument dans leurs
mains.

En conséquence, ils décidèrent de demander à leurs collègues de la minorité et en particulier à " une influente personnalité „ des explications sur leur absence systématique
des délibérations de ce corps.

A la suite de cette sommation, M. Loyson, qui, par un
reste de pudeur sacerdotale, avait, en s'abstenant d'assister
plus longtemps aux séances du Conseil supérieur, voulu
marquer qu'il n'avait pas d'ordres à recevoir des laïques en
matière religieuse, se résolut à donner sa démission. Sa
lettre au Conseil d'État mérite d'être conservée. Elle était
ainsi conçue :

Genève, 4 avril 1874.

Monsieur le Président et Messieurs,

Attaché du fond de mon cœur à l'Église catholique dans laquelle j'ai
été baptisé, dont je désire la réforme, mais non la chute ; convaincu de
plus par une expérience maintenant suffisamment prolongée que
l'esprit qui prévaut dans le mouvement catholique-libéral de Genève
n'est ni libéral en politique, ni catholique en religion, j'ai l'honneur de
vous offrir ma démission des fonctions de curé de la paroisse de
Genève.

Agréez, etc.

HYACINTHE LOYSON, *prêtre*.

(1) Correspondance du 29 juin 1874.

On retrouve dans ces quelques lignes les inconcevables contradictions que présentait depuis cinq ans la vie de M. Loyson. A l'entendre, il était toujours catholique. Comment ne s'était-il pas aperçu de son erreur, en voyant que le drapeau levé par lui n'avait pour adhérents que des laïques libres-penseurs et une poignée de prêtres débauchés et impies ? Le malheureux! sans Mme Merriman et son enfant, il se serait probablement jeté aux pieds du Pape : mais il était rivé à une femme, et, placé ainsi entre ses remords et l'affection à laquelle il était lié, il devait souffrir les plus affreuses tortures morales.

Quoi qu'il en soit, la démission de M. Loyson, aussitôt acceptée par le Conseil d'État, ne pouvait que réaliser l'éventualité prévue par l'*Indépendance*. Le *Journal de Genève* se hâta de constater qu'elle était " déplorable pour l'avenir du „ catholicisme-libéral dans le canton de Genève „. " Nous „ craignons en effet, ajouta-t-il, que la retraite de cette illus- „ tre personnalité ne produise un ébranlement fatal dans cet „ édifice, bien jeune encore, qui s'appelle l'église catholique- „ libérale ; nous craignons que le parti avancé n'y trouve un „ encouragement à poursuivre jusqu'au bout sa folle cam- „ pagne. „ Et le correspondant de l'*Indépendance*, dans une nouvelle lettre, écrivit : " Sans le P. Hyacinthe, *l'église qu'il avait fondée ne peut tenir et désormais n'intéressera plus personne.* „ Comment en eût-il été autrement, alors que seul, dans la nouvelle secte, M. Loyson avait conservé certains sentiments religieux ?

Pendant que tout ceci se passait, un des prêtres apostats, M. Pourret, vicaire de Carouge, se mariait, à l'exemple des Loyson, des Hurtault et des Chavard, avec une fille mineure venue de Marseille où il exerçait le saint ministère avant de se rendre à Genève. Erasme disait en parlant des réformateurs du xvie siècle : " Je croyais que c'était une tragédie, et je m'aperçois que tout se termine comme dans les comédies par des mariages. „ Ce mot est encore vrai aujourd'hui : il imprime à la secte un stigmate ineffaçable.

Qu'allait devenir M. Loyson? " Je n'engagerai point, dit-il, „ de discussions inutiles avec des hommes qui confondent

„ le libéralisme avec le radicalisme, le catholicisme avec la
„ *Profession de foi* du Vicaire savoyard. „ Mais il ne quitta
pas Genève; j'y demeurerai, déclara-t-il, " en attendant
„ l'élection de l'évêque qui avec son synode est la seule auto-
„ rité, que je puisse reconnaître dans l'ordre religieux. „ A
la suite de cette scission, il fonda un culte libre, qui fut
suivi par un petit nombre de sectaires.

Quant à l'église officielle, ses mésaventures ne se comptaient plus. Après la retraite de M. Loyson, le second des
trois curés de Genève, M. Hurtault, partit à son tour pour
aller occuper une des chaires de la faculté vieille-catholique
de Berne. Ce fut sans doute pour consoler la nouvelle église,
qu'un des vicaires, le sieur Vergoin, imitant ses complices,
prit femme dans la personne d'une fille fribourgeoise.

Cependant la loi sur l'organisation des cultes prescrivait
à tous les curés et vicaires du canton le serment de fidélité
aux lois. Le Conseil d'État, qui avait reculé pendant quelques
mois devant l'application de cette disposition aux communes
rurales, finit par céder aux impatients du " Conseil supérieur
catholique „, et il arrêta que le serment serait prêté le 4 septembre 1874 par les dix-sept curés et les deux vicaires en
fonctions dans les campagnes.

Le jour fixé, une foule considérable stationnait aux abords
de l'Hôtel-de-ville. Mais aucun des prêtres appelés ne se présenta. Eux aussi, ils étaient fiers de porter la devise de
Mgr Lachat : " *Potius mori quam fœdari,* plutôt la mort que
la honte! „

Immédiatement après, le Conseil d'État déclara les dites
cures vacantes et supprima le traitement de leurs desser-
vants à partir du 31 octobre. Cette mesure fut communiquée
au " Conseil supérieur catholique „ à l'effet de pourvoir aux
vacances.

Grand fut l'embarras de celui-ci. Il demanda, pour commencer, au Conseil d'État la faculté de disposer des églises
des campagnes à partir du 31 octobre. On lui répondit qu'il
n'avait qu'à s'adresser aux autorités municipales. Il imagina alors de publier dans les journaux, aux annonces, un
avis disant que " l'inscription était ouverte au bureau du

Conseil supérieur pour les fonctions de curé et de vicaire dans vingt-deux paroisses du canton, ces paroisses étant devenues vacantes par suite de décès, de démissions et de révocations „; et, après qu'il eut mis la main sur un candidat, il résolut de le présenter à la paroisse de Grand-Saconnex, l'une des plus voisines de Genève, et qui, à ce titre, lui paraissait mûre pour le schisme. Mais trente-trois électeurs seulement sur cent soixante-six répondirent à l'appel : c'était moins que le quart, et dès lors l'élection ne put aboutir.

Un tel échec fit réfléchir. On ne donna pas suite à la mesure décrétée le 4 septembre, si ce n'est que le traitement des curés fidèles resta supprimé : mais on se vengea en tracassant les catholiques de toutes façons.

Citons deux faits :

Un enterrement vieux-catholique ayant eu lieu à Hermance, la population, après diverses provocations, jeta quelques pierres sur le cercueil du défunt. Aussitôt on s'en prit au curé, et on l'expulsa du canton, sous le prétexte qu'il troublait, disait l'arrêté, la paix publique par ses prédications et excitait à la haine des citoyens les uns contre les autres. Rien de plus grave que ce reproche ; car enfin, si le curé était coupable, c'était devant les tribunaux qu'il aurait fallu l'attraire. Mais on voulait punir ses paroissiens de ce que, quelques jours avant, ils avaient fait un très mauvais accueil à deux intrus qui avaient cherché à pervertir le village.

Le second fait est plus triste encore à relater. Un beau jour, un citoyen vieux-catholique de Genève, nommé Maurice, demeurant dans cette cité près de l'église vieille-catholique, se mit dans la tête de faire baptiser son nouveau-né par l'intrus Marchal dans l'église catholique de Compesières, servant à deux communes, Bardonnex et Plan-les-Ouates. A l'arrivée du cortège, les maires de ces communes, ceints de leurs écharpes et entourés de leurs administrés, s'opposèrent à son entrée dans l'église et le firent battre en retraite. A cette nouvelle grand émoi à Genève.

La fantaisie du sieur Maurice était non seulement contraire à la liberté des cultes ; elle était une vraie vexation, puisqu'il appartenait à la commune de Genève et qu'il pouvait y faire baptiser son enfant dans l'église Saint-Germain dont le schisme s'était emparé. N'importe : le Conseil d'État se saisit de l'incident et enjoignit aux maires de Compesières de tenir ouverte l'église paroissiale pour le baptême du jeune Maurice ; en même temps il expédia sur les lieux des escouades de gendarmes et de carabiniers, et grâce à ce déploiement de force publique, un serrurier put forcer les portes du temple : elles avaient été scellées du sceau des municipalités, et un grand écriteau portant ces mots : " La propriété est inviolable „, y avait été attaché. Avant la profanation, un délégué des autorités communales de Bardonnex et de Plan-les-Ouates avait signifié aux envahisseurs une dernière protestation.

Tout commentaire serait superflu. Bornons-nous à reproduire ces paroles du *Journal de Genève :* " Ce qui s'est passé „ à Compesières n'a donné que trop tôt raison aux funestes „ pressentiments que nous inspirait la *politique violente* qui „ tend de plus en plus à prévaloir dans nos régions officielles. „ Nous persistons à demander qu'on cesse enfin de semer „ le vent au risque de récolter la tempête. „ Mais le but était atteint : on avait froissé les catholiques et l'on s'était donné un prétexte pour destituer M. de Montfalcon, maire de Plan-les-Ouates et président de l'*Union des Campagnes.*

Il semble pourtant que ce ne fût pas encore assez. Au sein du " Conseil supérieur catholique „, M. Héridier s'écria : " Nous devons adopter la marche du gouvernement bernois. „ Tant de haine ne peut s'expliquer que par les résultats négatifs de la campagne entreprise. La fermeté des catholiques croissait en effet au lieu de s'affaiblir, et ils étaient unanimes à partager les sentiments de cet orateur de l'*Union des campagnes* qui s'était écrié : " Quoi qu'il advienne, nous ne faillirons pas. Si l'on nous ravit nos églises, l'on ne prendra „ que des murs, mais on ne prendra pas nos âmes ; nous „ suivrons nos autels proscrits et dépouillés jusque dans la „ pauvreté d'une grange ou l'obscurité d'une cave. Si l'on „ chasse nos prêtres de leurs presbytères, nous leur offrirons „ rons un asile sous nos toits modestes et amis. Si on les

„ prive de leur traitement, nous partagerons avec eux le
„ salaire de notre travail et le pain de nos tables. „

A peine chassés de St-Germain, les catholiques étaient parvenus, grâce à Mgr Mermillod, à réunir les fonds nécessaires
à l'acquisition d'un bâtiment appelé le *Temple unique*, jadis
occupé par la franc-maçonnerie : ils l'avaient dédié au
Sacré-Cœur. Les radicaux en conçurent une vive irritation.
Aussi, M. Carteret s'occupa-t-il, sans plus tarder, de porter
un nouveau coup aux catholiques en leur enlevant l'église
Notre-Dame.

Cette magnifique église avait été bâtie en 1857 à l'aide des
souscriptions recueillies dans toute la chrétienté catholique
par Mgr Mermillod et M. Dunoyer, curé révoqué de Genève.
Les souscriptions avaient été données en vue d'assurer dans
la nouvelle église le service du culte catholique-romain, et
pendant dix-sept ans, c'était ce culte qui y avait été célébré
sans intermittence.

Depuis longtemps, M. Carteret et les libres-penseurs radicaux avaient jeté les yeux sur cette proie. Ils avaient été arrêtés dans leurs desseins par des résistances énergiques, et
entr'autres par celle de l'ex-père Hyacinthe. Mais ils finirent
par perdre patience, et, à leur instigation, sous la pression
d'une populace exaltée par les plus mauvaises passions, le
Grand Conseil, au commencement de janvier 1875, adopta
un ordre du jour réclamant la prompte exécution de la loi du
2 novembre 1850.

Cette loi, qui avait donné gratuitement aux catholiques le
terrain sur lequel s'élève l'édifice, portait que l'administration de celui-ci serait confiée à une commission de cinq
membres, élus par les catholiques de la paroisse de Genève.
En demandant l'exécution de cette disposition, on espérait
former une commission de vieux-catholiques qui livrerait
l'église aux radicaux affublés d'un masque schismatique.

Il est inutile de discuter ici la question de droit, bien qu'il
paraisse clair que l'on ne pouvait retourner contre les catholiques une stipulation portée en leur faveur. L'équité devait
suffire pour empêcher qu'on ne l'appliquât à leur détriment.
C'est ce que firent ressortir deux protestants distingués qui

n'avaient pas brisé avec les sentiments de justice, M. Naville et M. de la Rive. Ce dernier, dans un écrit remarquable, s'écria: " En se plaçant, pour juger cette affaire, au point de „ vue de la simple équité, tout esprit impartial donnera, je „ crois, gain de cause à celle des deux Églises qui a supporté „ la totalité de la dépense considérable par laquelle la valeur „ du don octroyé a été plus que décuplée. L'emplacement „ sur lequel s'élève aujourd'hui un des plus beaux monu- „ ments de notre ville serait encore un terrain vague sans „ les sommes recueillies et fournies par ceux-là précisément „ à qui la possession en est maintenant contestée. Notre- „ Dame est tout entière l'œuvre des prêtres et des fidèles de „ l'Église catholique. C'est là un fait notoire, incontesté. „

Il n'y avait rien à répondre à ce langage si vrai et si saisissant. Du reste, l'un de ceux qui avaient recueilli les dons, M. Dunoyer, dans une lettre publique, constata que " la plus grande partie des sommes employées dans cet „ édifice avait été souscrite par des catholiques-romains „ du monde entier, et qu'il pouvait affirmer et prouver que „ ceux qui sont séparés de l'Église catholique avaient été „ étrangers à cette construction. „

Mais ces protestations restèrent sans effet. Au moins, les sectaires pouvaient-ils prétendre qu'ils formaient la majo- rité de Genève et qu'ils avaient besoin de Notre-Dame? Point; et la *Chronique radicale* le fit remarquer en leur demandant : " Que ferez-vous de l'église Notre-Dame? „ Pouvez-vous la remplir? „ Certes, ils n'étaient pas en mesure de le faire; mais il s'agissait de l'enlever aux fidèles qui s'y pressaient en foule, qui y avaient fourni, en 1874, 260 baptêmes, 170 sépultures, 60 mariages, 174 premières communions et 30,000 communions d'adultes, et pour qui 5 messes étaient célébrées tous les dimanches. Ici, encore une fois, la fin justifiait les moyens.

Donc, le Conseil d'État, mis en demeure de faire exécuter la loi de 1850, convoqua le corps électoral, en décidant au préalable que les citoyens genevois seuls prendraient part à l'élection. Pour comprendre la valeur de cette réserve, il suffit de remarquer qu'il y a dans le canton de Genève

25,000 catholiques étrangers, et qu'en les écartant du scrutin, on affaiblissait notablement les forces catholiques.

Malgré ce subterfuge, tout promettait la victoire aux catholiques fidèles, lorsqu'à la veille des élections, le 6 février, dans l'après-midi, le nombre des électeurs qui le matin n'était sur les tableaux électoraux que de 1,500, fut porté à 1,924. On devine où ces recrues de la dernière heure avaient été cherchées; et le *Courrier de Genève* constata qu'on vit arriver au scrutin " une masse d'individus de figure inconnue et qui paraissaient embrigadés. „ Grâce à ce renfort, la liste libre-penseuse passa à 187 voix de majorité.

La commission nommée se constitua aussitôt, et sans enlever immédiatement l'église aux catholiques romains, elle s'empressa de décider que " les habitants de la rive „ droite du Rhône et du Lac qui appartenaient au culte „ reconnu par l'État, pourraient faire dans le temple les „ cérémonies de baptême, de mariage et d'ensevelissement „, et qu'elle se réservait de prendre les dispositions qu'elle jugerait convenables contre les ecclésiastiques qui donneraient lieu à des plaintes fondées, notamment en ce qui concerne la paix publique, l'obéissance aux lois et le respect dû aux magistrats.

Ces résolutions allaient être exécutées, lorsque Mgr Mermillod, M. Dunoyer, comme représentant des donateurs, et M. Lany, recteur de Notre-Dame, réclamèrent devant les tribunaux la propriété de l'édifice.

Malgré ce procès, le 6 avril, à 5 heures du matin, la commission récemment élue, fit crocheter les portes de l'église par un serrurier dont une escouade de gendarmes et d'agents de police protégeait le travail; après quoi, les scellés furent apposés, et tout exercice du culte fut interdit!

Il semble au moins que le débat étant soumis à la justice, les vieux-catholiques auraient dû en rester là. Mais ils se défiaient de la justice; ils résolurent donc de lui signifier qu'ils étaient décidés à ne se soumettre à ses arrêts que s'ils leur étaient favorables. Ils réclamèrent à cet effet l'intervention du pouvoir législatif, et, à leur instigation, le Grand Conseil prit une résolution ainsi conçue :

« Le Grand Conseil arrête :

„ Dans sa délibération du 15 février 1875 et dans les
„ actes qui l'ont suivie, la commission de Notre-Dame n'est
„ pas sortie des attributions conférées par la loi du 2 novem-
„ bre 1850 et a fait au contraire un usage restreint *des droits
„ de propriété, de possession et de puissance que seule elle a
„ le droit d'exercer.* „

Par cette déclaration, le pouvoir législatif se substituait au
pouvoir judiciaire. On ne cacha pas du reste le but que l'on
poursuivait, et M. Héridier s'écria, faisant allusion au débat
judiciaire : « Nous ne voulons pas que la question traîne
„ ainsi en longueur, et nous avons le peuple de Genève
„ derrière nous. „ Qu'importait donc le droit! Le *peuple* de
Genève faisait ce qu'il voulait!

A la suite de cette décision de l'autorité législative, la commission de Notre-Dame fit lever les scellés et livra l'église
aux vieux-catholiques, le matin même du jour où la cause
devait être appelée devant les tribunaux! « Il nous semble
„ douteux, dit à ce propos le *Journal de Genève,* que l'opi-
„ nion publique éclairée consente à approuver des mesures
„ semblables, en faveur desquelles on ne peut pas même
„ invoquer l'excuse de la nécessité. „ Cette protestation de
l'organe le plus important de la presse genevoise ne fut pas
écoutée, et le 13 juin 1875, l'apostat marié Chavard célébra
la messe dans le temple profané.

Ainsi furent enlevées aux catholiques de Genève leurs
deux églises! Ils se réfugièrent dans un sous-sol d'une
des rues de la ville, et là, le jour de la Fête-Dieu, furent
reçus à la première communion 380 enfants fidèles. Un
nombre égal d'enfants qui avaient communié l'année précédente s'étaient joints à eux pour renouveler leurs promesses
de baptême. Quant aux parents, ils avaient dû rester debout,
entassés le long des murs; les autres fidèles s'étaient groupés
au dehors, devant les fenêtres. Pendant ce temps, à quoi
servait l'église Notre-Dame? Le *Journal des Débats* avait
répondu anticipativement en disant : « L'église Notre-Dame
„ était pleine autrefois : elle sera vide désormais ! „

Ce n'est pas seulement à Genève, mais dans les com-

munes rurales du canton que la violence fît rage. Nous avons
rapporté précédemment, qu'une loi avait investi les citoyens
catholiques ou soi-disant-tels de la nomination des curés et
des conseils de paroisses, en subordonnant seulement la
validité de l'élection à la présence du quart des inscrits, et
qu'on avait réussi à l'aide de cette loi à implanter le schisme
à Carouge, à Chêne et à Lancy. Mais on s'aperçut bientôt
qu'il serait impossible d'atteindre le quart requis dans les
autres communes rurales; en conséquence, une loi nouvelle
rendit l'élection valable, quel que fût le nombre des votants.

Cela fait, on se mit en quête d'apostats. On en trouva un
du nom de Marchand, et on le présenta le 2 mai 1875 à la
paroisse de Meyrin. Au préalable, les listes électorales
avaient été soigneusement remaniées : d'abord, on avait
ajouté à la paroisse la commune de Satigny, en grande
majorité protestante; puis, tandis que, quinze jours avant, le
tableau électoral ne portait que 106 électeurs, on avait réussi
dans l'intervalle à élever ce chiffre à 135, en ramassant de
divers côtés des électeurs d'occasion. Malgré tout ce tripo-
tage, 35 inscrits seulement prirent part au vote. Le conseil
communal porta immédiatement un arrêté par lequel l'église
devait rester à la disposition du culte catholique. On passa
outre, et " le culte libéral (1) „ fut installé dans l'église, après
que les portes en eussent été crochetées. L'un des premiers
actes de l'intrus fut de faire afficher les publications de son
mariage avec la fille Gérard qui l'avait suivi de Paris à
Genève.

Deux mois après, on mit la main sur un nouvel apostat, le
nommé Langlois, et on résolut de l'imposer à la commune de
Grand-Saconnex qui compte 1,700 âmes. On inscrivit sur la
liste électorale 164 noms : 42 prirent part au vote; mais de
ces 42, 18 seulement étaient de la commune, et encore 5
d'entr'eux étaient-ils domiciliés à Genève; le reste était
formé de protestants d'une commune voisine. Ce qui s'était
passé à Meyrin se reproduisit à Grand-Saconnex : il y eut

(1) Expression de l'*Indépendance* (correspondance de Genève du
24 juin).

effraction de l'église, en dépit des protestations du conseil municipal, et le schisme fut installé.

Ces deux succès provoquèrent de nouvelles recherches de la part du Conseil supérieur, qui parvint à trouver en même temps deux autres apostats, d'origine inconnue, les nommés Groult et Rieu. Il résolut de les imposer aux communes d'Hermance et de Corsier. L'élection eut lieu le 3 octobre. A Hermance, sur 85 inscrits, M. Groult eut 14 voix dont 5 émanaient de personnes non domiciliées dans la commune ; à Corsier, M. Rieu obtint 17 suffrages sur 127 électeurs inscrits.

Ainsi, 7 communes rurales, Carouge, Chêne, Lancy, Meyrin, Grand-Saconnex, Hermance et Corsier étaient déjà pourvues d'intrus contre la volonté de l'immense majorité de la population catholique : celle-ci s'indignait ; les maires protestaient. Ces réclamations ne furent pas écoutées ; les catholiques n'avaient pas de droits ; seuls les libres-penseurs et les protestants en avaient : c'est le privilège des champions de la liberté de conscience !

Il semble qu'après tous ces méfaits, la haine des persécuteurs aurait pu se calmer. Il n'en fut rien. Il y avait sur le territoire de Genève sept établissements de bienfaisance appartenant aux Sœurs de Charité et aux Petites-Sœurs des Pauvres. Les premières étaient dans le canton depuis 1810 ; en 1872, elles avaient été obligées de fermer leurs écoles ; à partir de ce moment, elles avaient restreint leur mission au soulagement des pauvres et des malades. Mais l'exercice de la charité pas plus que l'intérêt des infirmes et des nécessiteux ne pouvait trouver grâce devant les animosités anti-catholiques, et, au mois de juin 1875, M. Héridier proposa au Grand Conseil de supprimer les corporations de Sœurs. M. Carteret s'empressa d'appuyer la proposition : " Les
„ Sœurs de Charité, dit-il, ne sont qu'un supplément du
„ confessionnal : voilà la vérité... Elles jettent des ferments
„ de discorde dans les familles et entre les citoyens (!). „
De son côté, l'auteur de la proposition s'écria : " Les Petites-
„ Sœurs des Pauvres sont, à ce que l'on assure, beaucoup
„ plus intéressantes que les autres ; mais cela rentre dans le

„ plan; on se rend intéressant; mais on poursuit un but :
„ captation de biens, détournement d'héritages (1). Elles
„ attirent l'argent de tout côté, parce qu'elles sont bonnes,
„ douces, et c'est précisément là le danger... Et, est-ce bien
„ digne de la part de ces corporations de femmes de faire
„ vœu de célibat *seulement pour la forme?* „ Ainsi on ne
reculait pas devant les calomnies les plus abominables pour
justifier un arrêté d'expulsion, et, dans l'impuissance où
l'on se trouvait de découvrir des griefs sérieux, on tournait
contre les victimes le bien même qu'elles faisaient !

A peine la proposition eut-elle été prise en considération,
que M. Héridier publia dans les journaux l'avis suivant :
" Les personnes qui auraient des renseignements à donner
„ ou des faits à citer au sujet des Sœurs de Charité et des
„ Petites-Sœurs des Pauvres établies dans le canton de
„ Genève, sont priées de les communiquer au soussigné,
„ membre de la commission chargée par le Grand Conseil
„ de rapporter sur les corporations religieuses. „

On ne se contentait donc pas de diffamer soi-même : on
ouvrait contre les Sœurs un bureau de dénonciations !

Cet appel révoltant resta sans résultat. Mais le siège des
libéraux était fait. En vain, sept cents dames protestantes et
les médecins de la ville adressèrent-ils des pétitions à l'autorité législative en faveur des victimes. M. Héridier avait,
dès le mois de juin, émis l'espoir, que le Grand Conseil,
avant de se séparer, pourrait dire : " Nous avons purgé le
„ pays de *cette lèpre antinationale* „. Cet espoir se réalisa :
le 21 août 1875, la suppression de " la lèpre „ fut votée par
soixante-quatre voix contre sept (2).

(1) Une enquête établit que les Sœurs n'avaient reçu en 19 ans que
16,000 francs de dons et legs.

(2) La proscription des Sœurs arracha au pasteur de Pressensé, alors
membre de la gauche de l'Assemblée nationale française, le cri de réprobation que voici (n° de juin de la *Revue Politique*) : " Genève serait abso-
„ lument déshonorée par les vulgaires fanatiques qui dominent son
„ Grand Conseil, si l'on ne savait qu'ils ne la représentent pas véritable-
„ ment, et que tout ce qu'elle compte d'hommes éminents proteste *con-*
„ *tre les saturnales d'une démagogie sans vergogne.* Après avoir fait cro-
„ cheter l'église Notre-Dame, bâtie par les deniers du catholicisme

Quant aux biens des Sœurs, la résolution adoptée portait que " le Conseil d'État était chargé provisoirement de les » administrer et de prendre immédiatement les mesures » nécessaires pour que les biens des communautés dissoutes » restent affectés à leur destination de charité et de bien- », faisance ,, : c'était la confiscation après la proscription !

La suppression des corporations de Sœurs reçut un corollaire. Il y avait à Carouge un pensionnat important tenu par les *Fidèles Compagnes de Jésus*. Non seulement le Grand Conseil en vota la fermeture, mais il signifia aux reli- gieuses, accusées du crime " d'affiliation aux Jésuites ,, qu'elles auraient à quitter l'établissement le 15 octobre sui- vant : l'immeuble était leur propriété !

Pendant que les libéraux genevois assouvissaient contre les servantes des pauvres, des malades et des enfants leur fanatisme révoltant, ils préparaient une nouvelle loi sur le culte public. Cette loi ne tarda pas à être votée; elle était ainsi conçue :

" Art. 1er. Toute célébration de culte, procession ou cérémonie reli- gieuse quelconque, est interdite sur la voie publique.

„ Art. 2. Est excepté de cette interdiction le service divin prescrit par les autorités militaires, pour les troupes cantonales fédérales.

„ Art. 3. Le port de tout costume ecclésiastique ou d'ordre religieux est interdit sur la voie publique aux personnes résidant depuis plus d'un mois dans le canton de Genève.

„ Art. 4. Les contrevenants sont passibles des peines de un à huit jours d'arrêts de police et de dix à cinquante francs d'amende.

, Art. 5. Sont passibles des mêmes peines les auteurs et complices de désordres, d'excitation au mépris de la loi et de l'autorité, ainsi qu'à la

„ orthodoxe, au mépris de la justice du pays dessaisie de ses droits par „ un vote de l'Assemblée législative, cette même Assemblée vient de „ donner un préavis favorable à la spoliation et à l'expulsion des Sœurs „ de Charité, dont les droits étaient garantis par une loi spéciale, en se „ fondant sur ce que leurs vertus même devenaient un piège, en attirant „ à leur cause de dangereuses sympathies. Ce qu'il y a de plus odieux, „ c'est que cette spoliation est réclamée au profit et sur l'instigation de „ ce néo-catholicisme genevois qui n'a d'autre raison d'être que la haine „ de l'ultramontanisme sous la protection et avec le traitement de l'État. „ *Il sort absolument flétri de ses derniers exploits de persécution.* „

haine entre citoyens, résultant de la célébration d'un culte public dans une propriété privée.

„ Article abrogatoire. Sont abrogés toutes lois, tous arrêtés et règlements contenant des dispositions contraires à la présente loi. „

Deux motifs furent donnés pour justifier l'interdiction du costume ecclésiastique : il est, déclara-t-on, « l'uniforme d'une puissance étrangère „, et puis « il divise la nation en castes comme dans l'Inde et maintient les dispositions du moyen-âge. „ Le ridicule le dispute ici à l'odieux. Qu'entendait le législateur de Genève par costume ecclésiastique? allait-il fixer la forme des vêtements et des chapeaux qu'il serait désormais permis de porter? et s'il ne le faisait pas, que deviendrait la loi qualifiée par dérision de « loi des soutanes? „

Mais que dire de la disposition qui punissait « l'excitation au mépris de la loi et de l'autorité „, même dans l'enceinte d'une propriété privée! C'était tout bonnement la suppression de la liberté de la chaire chrétienne et de l'inviolabilité du domicile, et il demeurait ainsi constant que le radicalisme ne recule devant aucune extrémité, quand il s'agit de confisquer la liberté de ses adversaires.

Tels furent pendant les premiers mois de l'année 1875 les hauts faits des hommes du progrès à Genève. Il ne restait plus qu'à bannir les prêtres catholiques et à interdire, sous peine de mort, comme au temps de Calvin, la célébration de la messe. On n'avait plus aucun souci des « principes „ jadis professés par l'école libérale : « *Toutes les armes paraissent* „ *bonnes*, écrivit à cette époque le correspondant genevois de „ *l'Indépendance*, quand il s'agit d'abattre l'ennemi qu'on „ hait et qui fait peur : or, cet ennemi, c'est Rome. „ Le même correspondant avait commencé par se rire de M. Loyson qui s'était imaginé, qu'on voulait « revenir à la pureté, à la „ simplicité de la primitive Église „. « L'ancien carme y „ perdit sa peine, et il dut reconnaître un peu tard qu'il „ n'était qu'un instrument chargé de rendre éloquente et „ sympathique la *guerre à outrance* contre les partisans de „ M. Mermillod „ (1).

(1) Correspondance du 3 juillet 1875.

La guerre à outrance contre les catholiques à l'aide de toutes les armes : tel était le programme. Et cependant il y a dans le droit et dans la vérité une force qu'aucune tyrannie ne peut briser. A Genève comme à Berne, la population catholique puisait dans la persécution une énergie et une ferveur nouvelles, et, d'autre part, des germes de destruction se manifestaient déjà dans l'édifice péniblement élevé par le radicalisme. Deux des trois cures vieilles-catholiques de la ville de Genève restaient sans titulaires, et M. Marchal, l'intrus de Carouge, le successeur de M. Loyson dans la direction du mouvement schismatique, venait d'émigrer à la Chaux-de-Fonds. Lors de son installation, il avait juré à ses " paroissiens „ de mourir à leurs côtés. Mais ces " paroissiens „ n'étaient que des disciples de contrebande : fatigué de prêcher dans le désert, il s'était décidé à porter ailleurs son apostolat prévaricateur.

III

L'écho de la guerre religieuse poursuivie dans le Jura et à Genève, retentit, bien qu'assez faiblement, dans un certain nombre de cantons pendant les années 1874 à 1875.

A Soleure, on fit disparaître du même coup le monastère des bénédictins de Mariastein, la collégiale de Schoenwerth et celle de St-Urs et St-Victor.

Le monastère de Mariastein avait été fondé en 1085, il avait défriché le pays. Mais l'Église ne saurait pas plus compter sur la reconnaissance de ses ennemis que sur leur justice ; ceux-ci résolurent donc de s'emparer des biens du couvent et de consacrer ses bâtiments à un hospice d'aliénés en jetant une maigre aumône aux religieux injustement dépossédés. A la première nouvelle de ce projet, l'ex-père Hyacinthe s'indigna comme il l'eût fait jadis, et il envoya à l'abbé du monastère une protestation contre " cette atteinte à la propriété et à la religion. „

La collégiale de Schoenwerth, située près d'Olten, datait du Xe siècle ; elle n'avait plus que cinq chanoines qui desservaient quatre paroisses et donnaient l'instruction dans les écoles. Celle de St-Urs et St-Victor remontait au viiie siècle ; elle avait été érigée en cathédrale en 1828, quand la résidence de l'évêque de Bâle eut été transférée à Soleure ; son chapitre veillait depuis près de mille ans à la garde des sépulcres des martyrs thébéens. Ces souvenirs vénérables n'arrêtèrent pas le bras des spoliateurs. On voulait tout à la fois punir les chanoines de Schoenwerth et de Soleure de leur fidélité à l'évêque et s'emparer des fondations qu'ils administraient.

En conséquence, la suppression des deux collégiales ainsi que du monastère de Mariastein fut soumise à la votation populaire. Elle fut adoptée par 8,356 voix contre 5,896 ; mais si l'on considère que le premier chiffre comprenait environ 3,000 protestants et en outre la population ouvrière d'Olten, courbée sous la pression de maîtres de fabrique francs-maçons ; que plus de 3,000 catholiques peureux s'étaient abstenus et que les femmes et les enfants n'avaient pas été consultés, on doit demeurer convaincu qu'une fois de plus une minorité composée de protestants et de libres-penseurs avait imposé ses volontés à la majorité catholique.

Quoi qu'il soit, ce vote facilita singulièrement le projet que les libéraux nourrissaient depuis quelque temps d'anéantir le chapitre de Bâle. Ce chapitre était formé des chanoines des 7 États du diocèse ; l'État de Soleure ayant supprimé les siens, les États d'Argovie et de Berne s'étant empressés d'en faire autant pour les leurs, la conférence des États diocésains décréta le 21 décembre 1874 la suppression du chapitre même et ordonna la liquidation de ses biens : 5 de ces États s'étaient ralliés à la décision ; on n'avait tenu aucun compte de l'opposition de Lucerne et de Zug.

Et dire, que c'est au nom de la liberté religieuse, que le libéralisme suisse enlevait ainsi au diocèse de Bâle son évêque et son chapitre ! Mais quel souci le libéralisme a-t-il jamais eu des droits des consciences catholiques ? Du reste, en décapitant ainsi le diocèse, il poursuivait un dessein mûrement arrêté ; depuis longtemps déjà, il s'était résolu à créer un évêché national, et il se berçait de l'illusion que la suppression des évêchés catholiques aiderait au succès de ce dessein: c'est dans le même but qu'il avait ouvert à Berne au mois d'octobre précédent la faculté de théologie vieille-catholique, dont nous avons déjà signalé l'inauguration.

Remarquons cependant qu'à Soleure le Culturkampf ne fut pas poussé plus loin. Tous les prêtres fidèles, c'est-à-dire la presque unanimité, restèrent en fonction.

Si du canton de Soleure on passe dans le canton d'Argovie, on y rencontre des ordres donnés par les autorités civiles au clergé, et en vertu desquels toute relation officielle avec Mgr Lachat et ses organes lui étaient interdits. Voici à quelle occasion ces ordres furent donnés. L'évêque ayant fixé des jours de confirmation pour les paroisses d'Argovie et de Soleure dans des communes voisines du canton de Lucerne, le pouvoir civil tâcha d'empêcher l'exercice de la juridiction épiscopale en intimidant le clergé ; mais les parents passèrent outre et envoyèrent leurs enfants à l'évêque.

Dans le canton de Neufchâtel, Marchal, se voyant abandonné de tout le monde à Carouge, parvint, à la suite de prédications effrénées, à se faire élire curé à la Chaux-de-Fonds par 473 sur 793 votants et à enlever à la population fidèle son église. Le mouvement ne s'étendit pas au delà de ce côté.

Dans le canton de St-Gall, le Grand Conseil ferma, au courant de l'année 1874, le séminaire de St-Georges et investit le Conseil d'État du droit de destituer les prêtres « qui se mettaient en révolte contre les lois » ; il interdit même au clergé catholique d'enseigner le Syllabus et le dogme de l'infaillibilité papale ; et comme le clergé se refusait à obtempérer à cet ordre, le Conseil de l'instruction publique lui retira l'enseignement du catéchisme pendant le carême pour le confier aux maîtres d'école placés dans la dépendance complète de l'État. Bientôt après, le gouvernement destitua le curé de Montlingen pour avoir prétendûment excité les citoyens de sa paroisse à la haine confessionnelle les uns contre les autres.

Ces excès amenèrent une réaction.

Le peuple du canton se divise, au point de vue confessionnel, en deux fractions, dont l'une, la catholique, l'emporte sur l'autre, la protestante, dans une porportion assez forte (111,000 contre 70,000). Mais, au point de vue politique, les radicaux avaient été jusque-là les maîtres. Aussi, de grands efforts avaient été tentés pour entraîner le canton dans l'orbite de Berne et de Genève, et ils avaient partiellement réussi. Seulement on avait escompté à tort les sentiments de la population. A peine le curé de Montlingen eut-il été destitué, qu'une assemblée de plus de 2,000 personnes protesta contre cet acte arbitraire; peu après, une votation populaire importante déjoua les espérances caressées de longue date par les radicaux. Il s'agissait d'un projet de révision de la constitution cantonale, ayant pour objet de faire passer des communautés catholiques et protestantes au département des cultes le règlement des affaires confession-nelles, de livrer les écoles primaires aux communes et les écoles secondaires à l'État, en leur enlevant tout caractère confessionnel, et de priver les couvents de la garantie consti-tutionnelle dont ils avaient toujours joui. Ce projet, qui devait permettre au radicalisme de chasser l'évêque Greith et de supprimer des monastères séculaires, avait été adopté par le Grand Conseil. Mais le peuple le rejeta le 12 septembre 1875 à une majorité de près de 4,000 voix. Par ce vote, le canton, l'un de ceux sur lesquels les ennemis de l'Église comptaient le plus pour le succès de leur campagne, fut regardé comme s'étant affranchi du joug radical; par suite le mouvement anticatholique s'arrêta.

Dans le canton du Tessin enfin, le gouvernement s'était permis de suspendre et même de révoquer les prêtres qui lui déplaisaient. Mais là aussi, le peuple ne tarda pas à manifester son mécontentement; en 1875, les élections du Grand Conseil furent favorables aux catholiques, et la majorité radicale, balayée.

Ainsi, non seulement dans la majorité des cantons, le Culturkampf n'avait pu s'introduire; mais, dans plusieurs, où il avait réussi à faire invasion, il avait été refoulé.

Cette résistance déconcerta les adversaires de l'Église; néanmoins ils ne désespérèrent pas de la vaincre, et à cet effet, ils déployèrent les plus grands efforts pour s'assurer le concours des autorités fédérales. Mais les élections pour le Conseil national tournèrent contre eux. Des 135 membres élus, ils ne purent en revendiquer que 62; 40 avaient été choisis sous les auspices du parti libéral; 33 étaient catholiques. On peut s'étonner que la minorité catholique ne se fût pas élevée à un chiffre supérieur; elle s'était cependant grossie de 4 sièges, conquis, deux dans le Tessin et deux autres à St-Gall; mais les conditions d'une lutte loyale avaient été de divers côtés violées au préjudice de nos coreligionnaires: c'est ainsi que, dans le Jura, le gouvernement de Berne avait formé les circonscriptions électorales, de manière à y donner la prépondérance aux districts protestants ou radicaux, et qu'à Genève, M. Carteret, en exigeant le vote au chef-lieu du canton, avait déterminé l'abstention de plus de la moitié des électeurs inscrits.

Quoi qu'il en soit, le résultat de la lutte assurait la majorité dans le Conseil national aux protestants modérés unis aux catholiques, et l'on s'en aperçut bientôt, lors de la nomination des membres du Conseil fédéral. Si trois de ceux-ci, MM. Schenk, Anderwerth et Droz, paraissaient favorables à la politique de Berne, les quatre autres, MM. Heer, Hammer, Scherer et Welti, étaient, à juste titre, regardés comme sympathiques aux idées d'apaisement, et c'est parmi eux que furent choisis le président et le vice-président de la Confédération, MM. Welti et Heer.

Sans doute, il est regrettable que dans le Conseil fédéral ne figurait aucun catholique, aucun représentant des cantons demeurés fidèles à la foi primitive, et ce fait prouve surabondamment, combien les sentiments d'exclusivisme à l'endroit de nos coreligionnaires dominent, même parmi les libéraux et les protestants modérés. Mais enfin, le nouveau Conseil fédéral offrait cet avantage, d'être composé en majorité d'hommes disposés à se placer sur le terrain de la constitution et pour lesquels les libertés individuelles n'étaient pas un vain mot. Ces hommes, — nous le verrons dans la suite de ce récit, — n'avaient pas des convictions assez fortes ni une énergie suffisante pour faire plier en toutes circonstances sous la loi commune les autorités de Berne et de Genève; ils ressemblaient par certains côtés à ces doctrinaires belges qui ont pour les radicaux des complaisances coupables; toutefois, on pouvait espérer, et cet espoir ne fut pas déçu, qu'ils ne prêteraient point les mains à la persécution religieuse dans les cantons qui y répugnaient.

Une seule ressource restait aux radicaux : c'était l'organisation définitive de la secte vieille-catholique. Aussi s'occupèrent-ils de la réaliser sans plus de retard.

CHAPITRE VII.

(Octobre 1875 à Décembre 1877.)

—

Pour organiser plus fortement l'église vieille-catholique, il
fallait lui donner un symbole et un évêque. Mais la tâche
était ardue : les vieux-catholiques suisses n'étaient en réalité que des incroyants, étrangers à toute foi positive ; leurs
prêtres, dépourvus des qualités les plus essentielles du sacerdoce, demeuraient l'objet de la répulsion invincible des
catholiques au milieu desquels ils vivaient : comment, avec
de tels éléments, faire accepter ou propager l'église nouvelle,
en remplacement de l'église ancienne, toujours pleine de
l'esprit de foi et de charité ?

On essaya néanmoins. Le 14 octobre 1875, le Synode vieux-
catholique ouvrit sa session à Porrentruy, sous la présidence
d'un laïque libre-penseur, M. Jolissaint. On décida de révi-
ser le catéchisme, en l'appropriant " aux besoins de l'époque
et des croyances nouvelles „ ; on supprima la confession
obligatoire par 47 voix contre 7, et le port de la soutane par
25 voix contre 18 ; de plus, on autorisa les ecclésiastiques à se
marier.

Sur ce dernier point, quelques tiraillements s'étaient produits ; l'un des chefs de la secte, M. Pipy, dit Déramey, intrus
de Porrentruy et " docteur en Sorbonne, „ avait fait une
certaine résistance : dans une lettre qu'une indiscrétion
rendit publique, il avait déclaré ne pouvoir adhérer, pour les
prêtres, qu'à des " mariages secrets et peu connus. „ Mais
ce tempérament même ne fut pas admis, et l'abolition du
célibat ecclésiastique fut votée aux acclamations de l'assemblée presqu'entière. Le schisme vieux-catholique aboutissait

ainsi, comme le protestantisme, au mariage universel ; mais, tandis que le protestantisme retenait encore à son origine quelques vérités chrétiennes, le schisme n'osait même pas formuler un code de doctrines positives et se bornait à briser les entraves au dévergondage " des fidèles „ et " du clergé. „ —

Le Synode se termina par un banquet et un bal. Mais ses résolutions n'eurent pas le privilège de satisfaire tous les adhérents de l'hérésie nouvelle ; c'est du reste le propre de l'erreur, sous quelque forme qu'elle se manifeste, de semer la division et de ne jamais réaliser la paix des esprits ni l'union des cœurs. " Mauvaise nouvelle, s'écria le corres „ pondant suisse de l'*Indépendance* (1). Le Synode réuni à „ Porrentruy, au lieu d'avoir mis de l'unité dans les esprits, „ a augmenté la confusion, et cette confusion est telle qu'un „ schisme est probable, soit à l'intérieur, soit à l'extérieur. „ L'intrus de Porrentruy, M. Pipy, protesta contre les décisions du Synode dans un journal anglican de Londres, le *Guardian*, en invoquant contre elles les canons d'un des conciles de Latran. Aussitôt, il fut signalé comme un ultramontain déguisé, et le même correspondant écrivit, " qu'il était temps, „ si l'on ne voulait arriver à une prompte dissolution de „ l'œuvre commencée, de rompre définitivement avec ces „ restes d'ultramontanisme mal déguisés. „

Mais ce qui constitua pour le schisme suisse un revers plus sensible, ce fut la réprobation très nette des vieux-catholiques allemands. " L'alliance entre les catholiques libéraux alle „ mands et suisses paraît rompue, s'écria tristement l'*Indé „ pendance* (2) ; plusieurs journaux allemands se donnent la „ peine de nous l'apprendre en termes assez crus. „ L'un des professeurs de la nouvelle faculté de théologie de Berne, M. Hirschwaelder, entra le premier en scène; puis vinrent les comités vieux-catholiques de Cologne et de Munich; enfin, le patriarche de la secte, M. Doellinger, formula son anathème dans les termes que voici: " J'espère, écrivit-il à un de „ ses amis d'Allemagne, que vous assisterez au Synode qui

(1) Correspondance du 2 novembre 1875.
(2) Correspondance du 7 novembre 1875.

c.   10

„ se réunira à Bonn et que vous vous opposerez avec énergie
„ à toute demande en faveur de l'abolition du célibat. Si le
„ clergé ne peut plus faire valoir le sacrifice personnel qu'il
„ fait à sa paroisse, lui et la cause qu'il défend sont perdus ;
„ *il rentre dans la catégorie des industriels*. Il s'agit unique-
„ ment de savoir ce que nous avons à faire en vertu des
„ principes adoptés par l'Église primitive, et ces principes
„ sont exposés d'une manière claire dans les dispositions
„ dogmatiques des sept conciles généraux (1). „

Il eût été difficile d'appliquer aux prêtres vieux-catholiques
de la Suisse un mot plus dur que celui d'*industriels*. Mais, ni
ce mot, ni l'autorité, dans les rangs de la secte, de celui qui
l'avait prononcé, n'arrêtèrent au sein de la nouvelle église la
contagion du mariage. A cette époque, on annonça même les
fiançailles prochaines du futur évêque national.

On se demande à quoi pouvait servir un évêque, dont ni
les attributions, ni la compétence, ni l'autorité sur ses ouailles
n'étaient déterminées. Ce qui est certain, c'est qu'il devait
être le très humble serviteur de l'État. Aussi, lorsque le
Conseil synodal eut résolu d'ériger un " évêché national „, il
se hâta d'en demander l'autorisation au Conseil fédéral.
Celui-ci n'hésita pas à l'accorder. Mais, comme une pareille
mesure avait besoin de justification, on avait eu soin de lui
présenter un rapport affirmant que, dans toute l'étendue de
la Confédération, la nouvelle secte comptait 54 paroisses et
72,880 adhérents. Sait-on cependant comment M. le landamman Brosi, président du comité vieux-catholique et l'auteur
du rapport, s'y prit pour obtenir ces chiffres ? Il additionna
les 42 paroisses organisées par MM. Teuscher et Bodenheimer
dans le Jura, les 8 créées par M. Carteret dans le canton de
Genève et les 4 qu'il avait constituées lui-même dans le
canton de Soleure ; puis il compta comme membres de ces
paroisses tous les catholiques qui se rattachaient autrefois
aux églises livrées aux intrus et dont l'unanimité dans certaines communes, la grande majorité dans d'autres, repoussaient le schisme avec horreur : c'est grâce à cette arithmé-

____

(1) Lettre publiée par la *Gazette de Francfort*.

tique ingénieuse ou plutôt à cet escamotage, qu'il arriva à assigner à la secte le personnel invoqué. On estimait le nombre de vieux-catholiques dans le Jura à 1,400 et dans le canton de Genève à 1,000 environ : il y avait loin de ces chiffres à celui de 72,880 du rapport Brosi. Mais tous les moyens, et le mensonge en première ligne, étaient bons à employer, quand il s'agissait de réaliser le plan radical.

Après la décision du Conseil fédéral, M. Brosi fit convoquer le Conseil synodal vieux-catholique à Olten, pour le 8 juin 1876. Deux candidats se trouvèrent en présence : M. Schroeter, intrus de Rheinfelden, et M. Herzog, intrus successivement d'Olten et de Berne. Celui-ci obtint 117 voix contre 34 données à son rival. Il refusa d'abord ; M. le landamman Keller, d'Argovie, le conjura " en termes émouvants „ d'accepter " au nom de la cause sacrée de la religion et de la liberté ; „ M. Herzog demanda vingt-quatre heures de réflexion ; ce délai écoulé, il céda ; après quoi on chanta un *Te Deum.*

Mais il ne suffisait pas de doter d'un évêque l'église vieille-catholique, ou, pour employer l'expression officielle, " l'église catholique-chrétienne ; „ il fallait lui donner de la vie ; il fallait aussi inculquer à ceux qui l'avaient fondée un peu de confiance dans leur propre œuvre, l'esprit de propagande et le zèle des apôtres. Or, tout cela leur manquait à la fois : le mouvement vieux-catholique en Suisse n'avait pas eu d'autre but que de servir une cause politique ; soutenu par les largesses du parti dominant, il pouvait végéter quelque temps encore, mais il était destiné à s'éteindre tôt ou tard dans le mépris public. Les églises arrachées au catholicisme étaient vides ; dans les commencements, la curiosité et la passion politique avaient procuré un certain auditoire aux prêtres sectaires ; en 1876, leur isolement était déjà complet ; ils touchaient un traitement ; mais ils n'avaient aucune fonction à exercer. " Le nouveau culte catholique-national, constata le „ *Journal des Débats* le 5 avril 1876, inventé et choyé par „ l'Allemagne, ne paraît pas devoir vivre bien longtemps. „ En Allemagne, le mouvement reste absolument station-„ naire ; en Suisse, il décroît à vue d'œil. Les églises se „ vident, et si un concours d'auditeurs se présente, c'est

„ pour entendre un nouveau venu. A Berne, l'argent manque
„ aux néophytes. Dans le Jura, on ne s'occupe pas plus des
„ nouveaux curés que s'ils n'existaient pas... Bref, tout ce
„ mouvement, provoqué par la politique, périt avec cette
„ politique, et avant qu'il soit bien longtemps, cette affaire
„ ne sera plus qu'un souvenir. „

L'*Indépendance* faisait écho au *Journal des Débats*. En vain
disait-on que les vieux-catholiques étaient des chrétiens primitifs, animés d'une foi vigoureuse, hostiles à tous les abus,
mais profondément dévoués aux vérités chrétiennes. Non,
répondit l'*Indépendance :* " il faut dire que ces quelques mil-
„ liers d'âmes arrachées à Pie IX n'appartiennent bien réel-
„ lement à aucune Église. C'est un troupeau de libres-
„ penseurs ou d'indifférents. „

Le radicalisme, qui tentait de constituer une église avec
de telles recrues, donnait au monde un spectacle nouveau.
Fonder une religion sans symbole, placer à sa tête des ministres sans foi, préoccupés uniquement de se marier et de
toucher de gros salaires, leur imposer la célébration dans
des temples désertés de cérémonies religieuses que l'esprit
divin ne vivifiait plus, c'était travailler à une œuvre d'hypocrisie et d'imposture, c'était jouer une méprisable comédie,
bien propre à révolter les esprits droits et les cœurs honnêtes.

A peine l'élection de M. Herzog eut-elle été faite, qu'on
s'occupa de procéder à sa consécration et l'on jeta, à cet
effet, les yeux sur la collégiale de Saint-Urs, à Soleure. Mais
le chapitre protesta; la population de la ville s'alarma à la
voix du prévôt Fiala, que Mgr Lachat avait nommé vicaire-
général en partant pour l'exil, et le conseil municipal, bien
qu'en majorité radical, refusa l'autorisation. On songea alors
à l'expédient que voici : la cure de Soleure étant vacante,
plus de trois cents électeurs demandèrent la convocation de
l'assemblée paroissiale à l'effet de pourvoir à la vacance; il
s'agissait de nommer M. Herzog curé, et dès lors, les portes
de l'église de Saint-Urs lui étant ouvertes, il aurait pu aisé-
ment s'y faire sacrer évêque. Mais le vieux peuple soleurois,
si infecté qu'il fût de radicalisme, ne voulut pas faire ce dernier pas vers l'hérésie, et, au vote, M. Herzog échoua par
399 voix contre 322.

Repoussé par Soleure, l'intrus se rabattit sur Rheinfelden, petite ville située sur le Rhin, dans le canton d'Argovie, et qui n'est séparée que par un pont du Grand-Duché de Bade. Là il trouva meilleur accueil; le curé, M. Schroeter, qui avait passé au schisme depuis quelque temps, lui promit son concours, et la cérémonie fut fixée au 18 septembre.

Mais qui allait consacrer le nouvel évêque? Il semble qu'une église qui s'enorgueillissait d'être *nationale* aurait dû repousser avec indignation le ministère d'un étranger. Il n'en fut rien, et on s'adressa à l'évêque vieux-catholique allemand, M. Reinkens. En vérité, il valait bien la peine de tant crier contre Rome pour se placer sous la direction de Bonn! Mais ni le radicalisme ni l'hérésie ne brillent par la logique, et M. Reinkens fut reçu avec de grandes démonstrations de déférence apparente.

La consécration eut lieu " d'après la formule du pontifical romain, modifiée sur les points nécessaires. „ Après quoi le nouvel évêque, la mitre en tête et la crosse en main, donna sa bénédiction à l'assistance. Mais il restait à montrer l'étroite dépendance dans laquelle il allait vivre vis-à-vis du pouvoir civil. M. le landamman Keller, président du Conseil synodal, était chargé de ce soin. En conséquence, il invita M. Herzog à prêter le serment suivant :

" Moi, Edouard Herzog, je m'engage solennellement devant Dieu, devant les représentants du Synode chrétien-catholique de la Suisse, et devant les délégués des États confédérés, à remplir consciencieusement les devoirs qui me sont imposés comme évêque élu et consacré de l'église chrétienne-catholique, comme un serviteur intègre de la religion de Jésus-Christ, *à observer les lois de la Confédération et des cantons dans la sphère d'activité qui m'a été tracée, et à ne prendre aucun autre engagement vis-à-vis d'aucune autorité religieuse ou civile. „*

Tout était à peser dans les termes de ce serment; l'idée qui le dominait, c'était l'engagement de se conformer en matière religieuse aux règles qu'il avait plu aux laïques du Conseil synodal dè tracer. Tant il est vrai que le prêtre qui repousse la soumission libre et honorée à la loi de Dieu qu'implique la communion avec Rome, est condamné à traîner les lourdes chaînes de la servitude que lui imposent les caprices de l'autorité civile! M. Herzog ne recula pas devant cette humiliation : il prêta le serment demandé, et aussitôt M. Keller le déclara installé dans ses fonctions épiscopales. Le président du Conseil synodal était entouré des délégués officiels des cantons de Berne, de Soleure, d'Argovie et de Genève; les autres cantons s'étaient abstenus; mais la présence de MM. Carteret et Héridier, les ennemis jurés, non seulement de l'Église catholique, mais de toute religion positive, suffisait à marquer la signification de la cérémonie et le degré d'abaissement où étaient tombés les malheureux prêtres qui leur servaient d'instruments. Ajoutons un détail caractéristique : au banquet qui suivit, M. Reinkens but " à la santé du protestantisme ! „

C'est ainsi que l'église " chrétienne-catholique „ suisse fut pourvue d'un évêque. Il lui manquait un vicaire-général. M. Herzog, comme pour achever de fixer le caractère *national* de la nouvelle secte, revêtit de cette dignité M. Michaud, ex-vicaire de la Madeleine, à Paris. Puis il publia un mandement dans lequel il adjura le clergé suisse " d'écouter la voix de sa conscience „ et de rompre avec Rome; et comme les évêques légitimes s'empressèrent de frapper l'intrus des censures ecclésiastiques, il lança à son tour l'excommunication contre eux; mais en même temps il dut faire l'aveu que voici : " Que quelques prêtres immoraux se soient joints à „ nous, c'est malheureusement vrai. Nous avons reçu, à côté „ d'hommes distingués, pieux, de mœurs pures, quelques „ fourbes, quelques ivrognes, quelques impudiques... „ On comprend après cela la nécessité de l'appel au clergé suisse!

Il fallait bien cependant essayer de définir la foi de l'église " chrétienne-catholique. „ A cet effet, le " Synode catholique„ du canton de Berne se réunit pour la troisième fois, sous la présidence de M. Jolissaint. M. Michaud soumit à l'agréation de ce pseudo-concile un nouveau catéchisme. L'infaillibilité se trouvait ainsi transportée du Pape sur la tête de M. Michaud ! Toutes les hérésies finissent de cette manière : elles substituent à l'infaillibilité accordée par le Christ à Pierre l'infaillibilité du premier hérésiarque venu. Le catéchisme fut adopté ; mais, comme il avait la prétention de revenir au " catholicisme du vie siècle, „ les délégués genevois manifestèrent quelque émotion ; „ pour les rassurer, on leur dit qu'il s'agissait non d'un base dogmatique, mais d'une base historique (1). „ Puis on adopta le recueil des cantiques " de la Confession helvétique, „ recueil entièremeut protestant ; on abolit la confession et le célibat, — déjà supprimés en fait presque partout,—et on proscrivit une fois de plus le port de la soutane. La nouvelle église versait donc en plein protestantisme, avec cette différence cependant, que les protestants croyants demeurent attachés à certains dogmes, tandis que les " chrétiens-catholiques „ ne croyaient plus à rien.

M. Herzog, à peine installé, s'efforça de prendre son rôle au sérieux ; il donna la confirmation à Olten ; il conféra les ordres à trois étudiants de la faculté de théologie " catholique „ de Berne, et fit çà et là, dans quelques cantons du Nord de la Suisse, la chasse aux églises catholiques.

Mais, malgré ces efforts, le schisme continuait à languir. Aussi les voix les moins suspectes prononçaient déjà son oraison funèbre. Le *Journal de Genève* émit l'avis que le mouvement vieux-catholique était destiné fatalement à s'arrêter, parce qu'il n'était pas inspiré par des convictions, mais par les calculs de la politique, laquelle, disait-il, est dans notre siècle sujette à bien des variations. " La jeune secte vieille- „ catholique, écrivit à son tour le *Journal de Liège* (2), n'a „ quelque vitalité que dans trois ou quatre villes de la Suisse „ allemande. Dans le Jura bernois, dont la population est fran- „ çaise, et à Genève, elle est morte au berceau, sous les „ embrassements du pouvoir qui cherche à s'en faire une arme „ politique. „ Aussi, les évêques suisses purent-ils, le 9 novembre 1876, adresser à leurs diocésains ce témoignage : " Il est „ minime jusqu'à présent le nombre de ceux qui ont eu le „ malheur de se rendre coupables du crime d'apostasie, en „ reniant la foi de leur baptême. Tous les autres, formant

(1) Correspondance de l'*Indépendance* du 14 octobre 1876.
(2) Correspondance de Lausanne, janvier 1877.

„ l'immense majorité, ont persévéré glorieusement dans leur
„ inaltérable fidélité à notre sainte religion. „

On conçoit après cela à quel point était grand le désarroi
qui régnait dans le schisme vieux-catholique. Il lui restait
à être abandonné par une partie des recrues qu'il avait faites.
C'est ce qui arriva. La plus importante d'entr'elles, après
M. Loyson, M. l'abbé Marchal, devenu curé de la Chaux-de-
Fonds, après l'avoir été de Carouge, donna, le 5 octobre 1876,
sa démission, en la motivant sur ce que " sa conscience l'obli-
geait à décliner désormais toute solidarité avec l'église
catholique-libérale de la Suisse. „ Dans une lettre à sa sœur
il ajouta qu'il revenait au bien " par le dégoût, „ et dans
une brochure ultérieure, s'expliquant à cet égard, il traça un
portrait répugnant des intrus avec lesquels il avait été en
relation.

Nulle part du reste, dans les cantons où jusque-là la persécution n'avait pas encore sévi, le schisme ne réussit à faire
le moindre progrès; dans les autres, il était méprisé.

Au milieu de toutes ces déceptions, M. Herzog eut cependant une consolation. Après que les curés libéraux de Genève, dociles à l'impulsion de MM. Carteret et Héridier,
eurent fait acte de soumission au nouvel évêque, le gouvernement du canton leur assigna une rente qui vint grossir
encore le budget de 130,000 francs déjà assigné au nouveau
culte. " La liberté coûte cher, remarqua à ce propos l'*Indé-
„ pendance* (1), et le culte libéral est beaucoup plus onéreux
„ que le culte ultramontain. „ Ce n'est pas la liberté qui coûte
cher; ce sont les églises d'État créées par les libres-penseurs
pour opprimer la conscience des fidèles et qui n'ont aucune
racine dans le cœur des populations.

De son côté, le Grand Conseil de Berne rendit au mois
d'avril 1877 un décret sanctionnant la constitution de
l'église " catholique-chrétienne „, les ordonnances du Synode
de 1875 et la réunion des paroisses du canton à l'évêché nouveau. En vain, les députés du Jura firent-ils remarquer que
toute cette organisation ecclésiastique était repoussée par le

(1) Correspondance suisse du 14 octobre 1876.

peuple avec indignation. Les radicaux du Grand Conseil passèrent outre; bien plus, ils décidèrent que l'État de Berne interviendrait dans le traitement de l'évêque Herzog; on lui alloua 8,000 francs environ.

L'évêque était nommé depuis un an environ, lorsqu'on imagina de donner à la nouvelle église un rituel, un missel et un catéchisme, ou plutôt deux catéchismes, l'un pour les cantons français, l'autre pour les cantons allemands. A cet effet, le Synode, composé en majorité de laïques libres-penseurs, se réunit au mois de mai 1877 à Berne, sous la présidence de M. Augustin Keller.

Le président chercha d'abord à stimuler le zèle de la secte, en évaluant à 70,000 le nombre de ses adhérents. Voici quelle était la base de ce calcul : il comprenait, comme nous l'avons déjà dit, tous les catholiques du Jura que le gouvernement de Berne réputait officiellement vieux-catholiques, par cela seul qu'il lui avait plu de transformer en paroisses schismatiques les paroisses orthodoxes de cette région, et en outre, quelques milliers d'incroyants qui s'étaient enrôlés sous la bannière de l'église nationale pour mieux faire la guerre au catholicisme. Aussi, à peine M. Keller eut-il produit cette statistique, en apparence encourageante, qu'il dut avouer que les ressources manquaient; pour pourvoir à ses frais d'administration, le Conseil synodal avait résolu de lever un impôt de cinq centimes par tête, lequel aurait dû produire 3,500 francs; mais hélas ! cet impôt n'avait pas donné la moitié de cette somme, quoique plus d'un " chrétien-catholique „ eût poussé la générosité jusqu'à donner dix ou vingt centimes ! Ces renseignements ne tardèrent pas à être confirmés par un rapport de M. Bailly, trésorier, qui avoua que la caisse du Conseil ne renfermait que fr. 654,60 : " C'est un résultat peu satisfaisant, observa tristement le „ rapporteur. Sachons, ajouta-t-il, imiter l'exemple de nos „ adversaires, les ultramontains. Ils ne reculent, eux, devant „ aucun sacrifice... „

Vain espoir ! Les divisions qui éclatèrent dès la première séance vinrent détourner l'attention des auditeurs de la situation financière de la secte. Le catéchisme rédigé en français par l'ex-abbé Michaud, déjà agréé antérieurement, fut adopté sans difficulté. Mais il n'en fut pas de même de celui présenté par M. Herzog pour la partie allemande, et qui parut beaucoup moins " libéral „. On lui reprocha de tendre au rétablissement de la confession auriculaire, abolie l'année précédente, et de maintenir l'indissolubilité du mariage : " Comment, „ s'écria M. Keller, le Synode a supprimé la confession „ auriculaire, et maintenant on veut la rétablir ! Et relative „ ment au mariage, gardez-vous bien de vous mettre en „ contradiction avec les principes de la législation fédérale „ qui admet le divorce. Nous ne voulons pas retomber dans „ les abus de la prêtraille romaine *(Roemische Pfafferei)*. „ En réponse à cette sortie, l'évêque se défendit d'avoir voulu restaurer la pratique de la confession ; mais il déclara qu'il ne bénirait jamais un mariage sans le déclarer indissoluble devant les hommes et devant Dieu. Une rupture semblait imminente, lorsque le Synode résolut de tourner la difficulté en acceptant le catéchisme moyennant les réserves formulées par M. Keller. En conséquence, le décret porta : " Considérant „ que, dans le catéchisme de Sazlman, révisé par M. Herzog, „ la question de la bénédiction du mariage ne saurait être „ préjugée ; considérant que, d'après les explications orales, „ l'auteur n'a pas voulu déclarer la confession obligatoire, le „ Synode décide... „

M. Herzog, n'étant qu'un instrument aux mains des laïques libéraux, dut adhérer à cette rédaction. Mais, c'est à peine s'il parvint à désarmer par là les susceptibilités des libres penseurs. Attaqué par le *Landbote* de Winterthur, dénoncé par lui comme " un ennemi de plus pour l'État „, le pauvre évêque s'empressa de répondre, que " les associations reli „ gieuses sont bien libres de fixer à leurs ministres le sens „ et les limites qu'il faut assigner à l'indissolubilité du „ mariage „. Il ajouta : " D'un autre côté, il est clair qu'au „ cun ministre du culte n'a le droit de traiter de commerce „ illicite la cohabitation d'époux qui ne sont unis que par les „ liens du mariage civil. Je n'ai nullement la prétention de „ m'attribuer la moindre juridiction matrimoniale. Je me „ garderai toujours, dans l'intérêt de l'ordre public et de la

„ paix des familles, d'attaquer les unions que l'autorité
„ civile reconnaît comme légitimes, et dans l'exercice de
„ mes fonctions, j'agirai toujours à l'égard des personnes qui
„ ne sont unies que civilement comme à l'égard des époux
„ qui ont reçu la bénédiction nuptiale. Tels sont les princi-
„ pes qui me permettront, je l'espère, d'éviter tout conflit
„ avec la législation civile „.

On imagine, d'après cela, quelle valeur dogmatique présentait une doctrine aussi souple, et combien devait être
grande l'autorité dont jouissaient ses prêtres auprès des
populations. Née d'un mouvement de rébellion contre
l'Église, la secte était privée de boussole, lorsqu'il s'agissait
de défendre contre les révoltes de l'orgueil humain les points
de la foi catholique qu'elle avait d'abord voulu converser;
préoccupée de ne pas s'aliéner ceux dont le patronage
avait présidé à sa naissance et soutenu son existence factice,
elle multipliait les concessions aux uns et aux autres; si
bien qu'on pouvait dès ce moment prévoir le jour où elle
s'éteindrait dans le rationalisme.

Aussi était-ce une entreprise insensée de la part du libéralisme suisse de chercher à substituer à l'éternelle jeunesse de
l'Église catholique romaine la décrépitude précoce de l'église
" catholique chrétienne „ : demander aux âmes religieuses
de se séparer d'une foi nettement déterminée, pleine de vie et
confiante dans les promesses éternelles pour se rallier à un
symbole vague et contesté, doutant de lui-même et prêt à
tous les sacrifices que l'autorité civile réclame, c'était courir
à un échec inévitable : on ne fonde une église qu'avec des
croyants, et le schisme suisse n'en comptait pas dans son
troupeau d'occasion.

Il ne faut pas s'étonner après cela du peu de succès qu'obtenait sa propagande; de Genève à Aarau, de Neufchâtel à
St-Gall, il avait prodigué les appels aux catholiques; nulle part
ou presque nulle part, il n'avait été écouté : " Décidément,
„ écrivait le 9 décembre 1877 un journal libéral (1), décidé-
„ ment les affaires des catholiques-libéraux ne vont pas : ils

(1) Correspondance du *Journal des Débats*.

„ le reconnaissent eux-mêmes. „ En vain M. Herzog multi-
pliait-il les tournées pastorales ; en vain donnait-il la confirmation à quelques centaines d'enfants qui ne l'auraient vraisemblablement jamais demandée de l'évêque légitime :
personne ne se méprenait sur les résultats de son " apostolat „.

Une dernière espérance restait à la nouvelle église : c'était
l'appui du bras séculier. Mais comment se bercer de l'illusion
que des hommes politiques, les uns hostiles à toute croyance
religieuse, les autres demeurés attachés au protestantisme,
pussent réussir à inspirer aux populations quelque attachement pour une foi qu'ils étaient les premiers à repousser? En
vérité, c'était se jouer de la conscience publique, que de
donner pour fondement à une œuvre religieuse un calcul
humain. A d'autres époques, des religions se sont édifiées de
cette façon : notre temps, malgré ses misères, offre au moins
ce bon côté, de répudier toute entreprise de réforme religieuse dont les mobiles ne seraient pas désintéressés.

Quoi qu'il en soit, le concours prêté au schisme dès les
premiers jours par le pouvoir civil à Genève et dans le Jura
lui demeurait assuré : de nouvelles preuves en furent bientôt
fournies. Mais ailleurs, l'action de l'État était moins accusée.
Sans doute il avait été dans le plan des meneurs d'entraîner
la Suisse entière dans la campagne ouverte contre l'Église
sur les bords du lac Léman et dans le Porrentruy; mais
l'insuccès de l'initiative inaugurée de ce double côté semblait
avoir produit quelque hésitation dans les conseils des autres
gouvernements cantonaux; les sympathies de plusieurs
d'entr'eux étaient acquises à la secte; ils ne demandaient pas
mieux que de vexer les catholiques, et ils saisissaient toutes
les occasions de le faire; mais ils n'osaient pas aller au delà
de quelques mesures isolées, et ils n'avaient pas pris en
mains la direction de la lutte avec ce mépris audacieux du
droit et cet esprit d'oppression brutale qui continuaient à
inspirer les États de Berne et de Genève.

CHAPITRE VIII

(Octobre 1875 à Mai 1878.)

—

Rentrée des prêtres exilés dans le Jura. — Efforts du gouvernement de Berne, pour maintenir le schisme. — Désorganisation du clergé vieux-catholique. — Politique violente de M. Carteret à Genève. — Progrès de la persécution. — Attitude admirable des catholiques. — Tracasseries diverses des autorités dans les autres cantons. — Échec du radicalisme dans le Tessin.

Pendant que tout ce travail d'organisation de l'église vieille-catholique s'achevait, les radicaux bernois et genevois continuaient leur œuvre avec opiniâtreté.

I

Le gouvernement de Berne, fort de l'appui du Grand Conseil, marcha d'un pas plus assuré encore dans la voie où il était entré. Il s'occupa de nouveau du recrutement des curés; il en découvrit quelques-uns et les installa çà et là, après les avoir fait admettre par des minorités dérisoires.

En même temps il tourna sa sollicitude vers la faculté de théologie vieille-catholique, récemment érigée à Berne. Bien que celle-ci fût munie de professeurs nombreux et fortement rentés, les élèves étaient rares. On n'en comptait que 6. Pour donner à la faculté un peu plus de relief, le gouvernement en confia l'une des chaires à l'ex-abbé Michaud. Mais celui-ci, trouvant que ses services ne pouvaient être assez payés, exigea 10,000 francs de traitement : ils lui furent accordés. Son arrivée à Berne fut signalée par tous les échos du gouvernement; il prononça son sermon d'ouverture le jour du Vendredi-Saint : déception ! il n'avait que 72 auditeurs.

Le gouvernement bernois ne s'en tint pas là : il résolut de bannir l'enseignement catholique des écoles. D'une part, il refusa à la communauté catholique de la capitale fédérale l'autorisation d'ouvrir une école primaire privée; d'autre part, il exigea que les instituteurs et les institutrices s'affiliassent au culte officiel, à moins qu'ils ne préférassent rester étrangers à toute religion. Une lettre de l'inspecteur des écoles Waeckli à une institutrice mérite d'être transcrite; elle prouvera jusqu'où allait l'intolérance du pouvoir :

« Mademoiselle, comme fonctionnaire de l'État de Berne, vous avez
» à contribuer de toutes vos forces à ce que ses intérêts se réalisent
» pour la fréquentation du culte. Si votre conscience ne vous permet
» pas d'aller à l'église reconnue et approuvée par le gouvernement, je
» vous laisse la liberté de ne fréquenter aucun culte; mais je vous
» défends d'aller à la grange (1), parce que je ne veux pas que vous
» donniez le mauvais exemple à vos enfants. Je vous donne ce conseil
» pour ne pas être forcé de vous retirer à son temps les subventions.
» Sondez la cause. »

Cette lettre pouvait se résumer en deux mots : soyez vieux-catholiques, protestants, athées, indifférents, peu importe! une seule chose est défendue, c'est de pratiquer la foi catholique.

En dépit de ces efforts savamment combinés, le schisme ne faisait aucun progrès. Les preuves abondent : citons-en une. La commune de Moutier compte 1,400 catholiques; dans le courant de l'année 1875, on proposa à la paroisse, comme curé vieux-catholique, un vieillard marié, d'origine française et répondant au nom de Baudoin; 5 électeurs prirent part au scrutin; 3 votèrent pour le candidat officiel, 2 contre. L'élection fut validée par le gouvernement!

La répulsion pour les intrus, déjà dominante dans la population jurassienne pendant l'exil des curés légitimes, ne pouvait que s'accentuer après leur retour. On se rappelle que le Conseil fédéral avait enjoint au gouvernement de Berne de retirer, le 15 novembre 1875 au plus tard, son décret d'expulsion. Avant cette date, le Grand Conseil du canton avait pris soin, nous l'avons vu, de voter une loi draco-

---

(1) La grange : on sait que les catholiques du Jura, spoliés de leurs églises, se réunissaient dans des granges pour prier.

nienne sur le culte privé. Cette loi, le peuple bernois la ratifia le 31 octobre 1875 par 33,880 voix contre 16,885; ces chiffres ne doivent pas étonner, si l'on songe que la population du canton de Berne comprend 450,000 protestants, et seulement 60,000 catholiques.

A peine le vote populaire eut-il été émis, que les portes du Jura furent ouvertes aux ecclésiastiques exilés. Mais, dans les conditions qui précèdent, leur liberté d'action était complètement enchaînée : le vague des dispositions de la loi sur le culte privé les avertissait que, quoi qu'ils fissent, ils seraient l'objet de nouvelles poursuites et d'interdictions arbitraires. Le correspondant de Berne de l'*Indépendance* le reconnut. " Cette loi d'occasion et même d'exception, si on „ veut, écrivit-il, est une arme redoutable, et MM. les curés „ feront bien de la lire deux fois avant d'en transgresser les „ prescriptions (1). „ Il est vrai que le fameux préfet Froté n'était plus là pour l'exécuter; il était atteint depuis plusieurs mois, selon les uns d'un ramollissement du cerveau, selon les autres d'une maladie pédiculaire (2), juste châtiment de ses iniquités; mais d'autres persécuteurs l'avaient remplacé, et d'ailleurs le gouvernement, dans une circulaire adressée aux préfets du Jura, prit soin de donner à l'art. 3 de la loi une portée rendant tout acte du culte impossible de la part des ecclésiastiques révoqués :

" A teneur de l'art. 3 de la loi, disait cette circulaire, concernant la „ répression des atteintes portées à la paix confessionnelle, laquelle est „ entrée en vigueur, *il est interdit,* tant aux curés révoqués par sentence „ judiciaire qu'*aux ecclésiastiques qui ont signé la protestation du mois* „ *de février 1873,* DE REMPLIR DES FONCTIONS ECCLÉSIASTIQUES AUPRÈS „ D'UNE COMMUNAUTÉ RELIGIEUSE *(culte privé) et d'exercer une action quel-* „ *conque dans les écoles publiques* ET PRIVÉES, aussi longtemps que dure „ leur résistance, c'est-à-dire jusqu'à ce qu'ils aient déclaré vouloir se „ soumettre aux institutions de l'État et aux ordres émanant des auto- „ rités publiques. TOUTE ESPÈCE DE FONCTION RELIGIEUSE QUELCONQUE, *tant* „ *dans les églises publiques que* DANS LES LOCAUX PRIVÉS *est interdite* „ auxdits ecclésiastiques pour aussi longtemps qu'ils n'auront pas fourni „ une déclaration dans le sens ci-dessus. „

(1) Correspondance du 7 novembre 1875.
(2) On sait que Froté avait qualifié le clergé de " vermine. „

Cette circulaire signifiait, qu'aussi longtemps que le clergé refuserait de retirer sa signature de la protestation contre la destitution de l'évêque de Bâle, il serait en état de résistance publique et continue aux ordres de l'État, et ne pourrait dès lors exercer aucune fonction ecclésiastique. Un recours fut immédiatement adressé au Conseil fédéral contre la loi du 31 octobre et l'interprétation extensive que le Conseil d'État bernois y avait donnée. On y faisait remarquer, que les mesures prises à l'égard des ecclésiastiques destitués étaient d'autant moins justifiables, que ceux-ci n'avaient plus aucune relation officielle avec l'État, qu'ils n'étaient plus officiers de l'état-civil et ne recevaient plus de traitement.

Le Conseil fédéral laissa passer plus de six mois avant de statuer. Dans l'intervalle, la police et la gendarmerie firent régner dans le Jura une véritable terreur. Elles espionnèrent, avec un zèle digne d'une meilleure cause, les maisons particulières pour y surprendre les prêtres en flagrant délit de messes et de baptêmes clandestins ; elles multiplièrent les dénonciations, provoquèrent des poursuites et citèrent des multitudes de témoins, même des enfants, pour déposer à Porrentruy contre les ecclésiastiques accusés. Des condamnations nombreuses furent prononcées : tel prêtre fut puni pour avoir dit la messe ; tel autre pour avoir baptisé ; tel autre encore pour avoir enseigné le catéchisme : ainsi le voulaient le caprice et le bon plaisir du libéralisme bernois.

Enfin, le Conseil fédéral rendit le 15 mai 1876 sa décision. Celle-ci portait l'empreinte des longues hésitations qui l'avaient précédée. Ne voulant pas rompre avec " le grand et puissant canton de Berne, „ ne pouvant d'autre part approuver son intolérance, le Conseil imagina un biais ; il donna sa sanction à la loi du 31 octobre, en ce sens qu'il la déclara constitutionnelle ; mais en même temps il repoussa l'application qu'en avait faite l'État bernois aux ecclésiastiques révoqués. Citons deux considérants de son arrêté :

„ La loi bernoise du 14 septembre, disait-il, contre laquelle est dirigé le recours de la minorité du Grand Conseil et des ecclésiastiques catholiques du Jura bernois, a pour but de fixer les limites et les conditions dans lesquelles le libre exercice des cultes est garanti ; elle exclut entre autres à l'art. 3 de l'exercice des actes du culte privé et de toute autre action dans l'école, ceux des ecclésiastiques qui se rendent coupables d'une *résistance persistante* aux institutions de l'État et aux ordres émanant des autorités publiques. Par une mesure de ce genre, qui a été appliquée d'une manière uniforme pour protéger les intérêts de l'État vis-à-vis de toutes communautés religieuses, ne sont point outrepassés les droits de police mentionnés plus haut, que la Confédération accorde aux cantons vis-à-vis des communautés; en particulier, elle ne viole pas la liberté de conscience ou le libre exercice des cultes. „

A ne prendre que ce considérant, la conduite de Berne était approuvée. Mais aussitôt le Conseil fédéral ajoutait :

« En ce qui concerne spécialement les prêtres catholiques du Jura qui ont signé dans le temps la protestation adressée au gouvernement de Berne et qui, par sentence de la cour d'appel et de cassation du canton de Berne du 15 septembre 1873, ont été révoqués de leurs fonctions de curés, ces prêtres sont également soumis à la loi du 14 septembre 1875, *mais naturellement seulement dans les limites et dans la protection des formes édictées par cette loi. Or, pour leur appliquer l'art. 3 de la loi incriminée, le mode antérieur ne suffit pas. Il est nécessaire pour cela que la résistance continue d'une manière positive.* D'après l'art. 7 de la loi, la constatation de ce fait est du ressort des tribunaux, et les autorités fédérales ne seraient appelées à intervenir que si, dans l'espèce, les personnes se prétendant lésées portaient plainte et prouvaient que le juge a prononcé une peine sans que les conditions de fait nécessaires pour l'application de l'art. 3, *telles qu'elles sont précisées plus haut,* se trouvent remplies. „

Il résultait de ce considérant, que le gouvernement de Berne ne pouvait tirer argument de la conduite antérieure des curés pour prétendre qu'ils résistaient aux ordres de l'État; il fallait, pour leur appliquer l'art. 5 de la loi nouvelle, que de nouveaux actes de résistance fussent posés par eux (1).

Aussi, l'arrêté fédéral fut-il interprété par le Jura comme la restitution au clergé expulsé de la liberté du ministère spirituel. Dès le dimanche 21 mai, les prêtres catholiques

______

(1) Cette interprétation fut confirmée par un arrêté du Conseil fédéral du 16 juin 1876.

reprirent l'exercice public de leurs fonctions : depuis deux ans, ils n'avaient plus officié ni prêché dans leurs paroisses ! La messe fut partout célébrée dans des locaux privés au milieu du concours des populations qui recevaient ainsi le prix de leur héroïque résistance.

La situation s'était donc améliorée dans le Jura. Elle restait néanmoins toujours précaire : les églises et les presbytères demeuraient aux mains des intrus ; les cérémonies religieuses étaient interdites en dehors des lieux du culte ; toute attaque contre les lois et les ordonnances de l'État était punie d'un an de prison et de 1,000 francs d'amende. D'ailleurs, on ne cessait de redouter quelque nouvelle entreprise de l'État de Berne contre les intérêts spirituels des catholiques, et cela non sans raison : c'est ainsi que, par un arrêté du 15 mai 1876, il défendit aux prêtres sous peine d'amende d'assister aux inhumations en ornements sacerdotaux en dehors des cimetières et des églises.

Néanmoins, sous la direction des curés légitimes, le culte se réorganisa dans toutes les paroisses ; ici, de grandes chambres, là des granges furent consacrées à la célébration des offices religieux, et l'on vit, comme au temps de la Révolution française, s'y presser en foule les fidèles, tandis que les intrus, isolés dans les temples profanés, devinrent plus que jamais l'objet du mépris public.

A partir du mois d'août 1876, les défections, volontaires ou non, des prêtres intrus ne discontinuèrent pas.

Le gouvernement de Berne, honteux lui-même des appuis qu'il s'était procurés, fit reconduire à la frontière plusieurs des prêtres qu'il avait pris à son service. Il procéda de cette manière à l'égard de MM. Bissey et Omer Camerle, intrus de Saignélégier et de Domphreux. Officiellement, ils furent révoqués, à raison de leurs sentiments " trop ultramontains „, mais les motifs réels étaient bien différents.

Dans une lettre publique, écrite au chef du département des cultes, M. Camerle eut l'impudence de demander si la cause de sa destitution ne résidait pas dans ce fait, qu'il avait gardé chez lui, malgré les injonctions du gouvernement, " une servante jeune et trop belle, „ ou bien dans

cet autre fait, " que cette servante, subissant le sort de beaucoup de ses semblables, avait eu un enfant qu'elle ne lui attribuerait jamais. „ Puis, lançant, en partant, à M. Teuscher la flèche du Parthe : Je flétris, dit-il, le mou-
„ vement que vous patronez comme une œuvre de men-
„ songe et d'injustice. Le fantôme d'évêque que vous venez
„ de donner à votre fantôme d'église n'empêchera pas la
„ ruine d'une œuvre qui, commencée par la violence, pour-
„ suivie par l'imposture, ne peut que s'effondrer inévitable-
„ ment dans le mépris. „

Quant à M. Bissey, on lui reprocha, entre autres choses, d'avoir fait publier une demande de mariage dans certains journaux étrangers. Une feuille anglaise, en effet, le *Continent*, dès le mois de mai précédent, avait inséré l'avis suivant : " Un prêtre de l'église vieille-catholique, occupant une place dans le Jura bernois, connaissant les langues française et anglaise, désire entrer en correspondance avec une per-sonne de 30 à 40 ans, de principes religieux. Une demoiselle anglaise ou américaine aurait la préférence. La valeur du traitement est d'environ 6,000 francs par an. „ L'annonce et le traitement ne furent pas des amorces suffisantes ; depuis lors, grâce à Dieu, M. Bissey, après trois mois de pénitence, rentra dans le sein de l'Église, en demandant pardon aux catholiques du Jura des scandales qu'il avait donnés.

D'autres intrus abandonnèrent de gré ou de force leurs paroisses. MM. Chastel, Demski et Wolowski quittèrent res-pectivement Courgenay, Courfaivre et Burg, après avoir donné leur démission. M. Fuchs, intrus de Blauen, fut collo-qué dans une maison d'aliénés. A Bienne, M. St-Ange-Lièvre, l'heureux époux d'une couturière protestante, vendit la vieille église catholique aux protestants pour une somme dérisoire. Bref, au commencement de 1877, il restait dans le Jura vingt-sept prêtres schismatiques, desservant vingt-six des nouvelles paroisses, et l'on pouvait prédire, sans craindre de se tromper, qu'ils ne tarderaient pas à disparaître tous.

Eux-mêmes paraissaient le pressentir. Dans une lettre publique, M. Portaz-Grassis, curé d'État à Délémont, qui réunissait à peine dans son église une vingtaine d'adhérents, écrivit vers cette époque : " Le mouvement va tomber par leur faute (la faute des chefs du schisme). Le moment est proche.... Nous saurons bien nous dérober à l'écrasement de l'édifice ; mais il faut nous concerter. Tout le monde a la nausée en présence de ce qui se passe.... Je partirai... Oui... Mais je ne partirai pas sans avoir reçu du gouvernement une indemnité convenable. „ Aussi, la perspective du sort qui attendait les intrus leur ôta toute retenue ; ils s'injuriaient les uns les autres, préoccupés qu'ils étaient de se rendre respectivement responsables de la fin de la comédie : " Déramey (Pipy) est la plus grande canaille du monde, dit l'un d'eux. „ " Pierrotin, dit un autre, est un ivrogne ; cet animal se vante de pouvoir nous diffamer tous (1). „

Il semblait que de tels scandales auraient dû enfin ouvrir les yeux au gouvernement de Berne et lui faire abandonner une entreprise qui prenait les proportions d'un défi à l'honnêteté publique. Cependant, ayant un nouvel apostat sous la main, il l'installa à Moutier. Dans la sphère politique, il ne montra pas plus de déférence pour les vœux des populations jurassiennes. Le fameux Froté, préfet de Porrentruy, l'un des promoteurs les plus ardents du *Culturkampf* dans le Jura, ayant disparu, le district, à une grande majorité, présenta un catholique pour le remplacer : le gouvernement nomma un radical. Il paraît d'ailleurs qu'on comptait à Berne sur l'instruction obligatoire pour changer à la longue les dispositions des populations jurassiennes ; c'était, il faut le reconnaître, l'arme la plus perfide dont pût se servir le libéralisme ; mais, Dieu aidant, ce calcul ne devait pas réussir.

Au mois de décembre 1877, les élections municipales tournèrent également, dans le Jura, au profit des catholiques. Vingt-huit communes sur trente-quatre nommèrent leurs candidats ; les six autres étaient les moins importantes du district, et encore deux d'entr'elles élurent-elles une administration panachée.

---

(1) Fragments de lettres publiées par le *Pays* de Porrentruy.

Le gouvernement de Berne n'en persista pas moins dans sa politique. Au sein du Grand Conseil, un député ayant proposé de rendre les églises et les cures aux communautés catholiques romaines par le motif qu'en parcourant le Jura, il avait pu constater qu'elles étaient abandonnées et qu'elles dépérissaient, M. Teuscher s'opposa vivement à cette demande: " Les églises, dit-il, sont la propriété des paroisses organisées conformément à la loi, et le gouvernement ne peut les donner à des associations non reconnues. „ Ainsi, il avait plu un beau jour au gouvernement libéral de Berne d'enlever à la population catholique, la seule qui existe dans le nord du canton, ses temples et ses presbytères pour les attribuer à des paroisses purement fictives, créées par lui, n'ayant, à part quelques libres-penseurs, pas d'adeptes, mais se disant gouvernées par des prêtres intrus qu'il avait recueillis sur les grands chemins de l'Europe: tout cela était légitime, parce que telle était la volonté de la loi, et ceux qui se plaignaient n'étaient que les éternels ennemis du progrès, de la liberté et de la civilisation ! En vain les catholiques romains protestaient-ils et disaient-ils: " Nous formons le seul culte qui soit professé dans le Jura : „ le libéralisme répondait : " C'est possible ; mais il me convient de ne pas vous *reconnaître* et dès lors vous êtes sans droits. „ Autant dire que la raison du plus fort était la meilleure.

Laissait-on au moins aux catholiques la liberté complète de pratiquer leur culte comme ils l'entendaient ? Non ; ils étaient sans cesse épiés et menacés. Donnons-en un exemple : plusieurs de leurs curés ayant, dans les granges et les hangars où ils réunissaient autour d'eux les fidèles, donné lecture d'une instruction pastorale de leur évêque, Mgr Lachat, ils furent poursuivis et condamnés à l'amende !

Cependant, en dépit des faveurs gouvernementales qui continuaient à s'accumuler sur le schisme, il ne faisait aucun progrès : les populations le méprisaient autant qu'à l'origine. Un organe protestant, la *Semaine religieuse* de Genève, le constata au mois de décembre 1877. Après avoir déclaré que, depuis trois ans, on n'avait pas gagné le moindre terrain : " Cette conversion des Jurassiens au vieux-catholi-

„ cisme, ordonnée par le gouvernement de Berne, a fait,
„ disait-il, un vrai fiasco. „

Que devenaient, au milieu de cette hostilité des populations, les prêtres, largement rétribués, que l'État avait
installés dans les cures? Les uns, prenant exemple sur
MM. Camerle, Bissey, etc., s'en allaient; d'autres étaient condamnés pour des faits immoraux; le reste, n'ayant pas
d'ouailles, se bornait pour ainsi dire à recevoir son traitement; quelques-uns même se dispensaient de célébrer les
cérémonies du culte.

M. Portaz-Grassis, curé de Délémont, M. Léonard, curé
de Sainte-Ursanne, M. Oser, curé de Roggenbourg, tous
menacés d'une révocation, quittèrent successivement leurs
paroisses. L'histoire du curé de Roggenbourg renferme des
incidents plaisants : il était, paraît-il, criblé de dettes; l'un
de ses créanciers, M. Vonthron, intrus de Glovelier, commença des poursuites contre lui ; aussitôt, M. Oser écrivit à
l'huissier chargé des significations, deux lettres qui méritent
d'être conservées. " J'ai reçu, disait la première, la notifica-
„ tion d'ordonnance du président du tribunal de Délémont,
„ à la requête du *cochon* Vonthron contre moi, du 9 avril
„ 1877. „ " Je connais bien des Bourbakis en Suisse, portait
„ la seconde, mais plus bête, plus fripon, fourbe, canaille,
„ traître et scélérat que la *bestie* (sic) de Glovelier à la cure,
„ je n'en connais pas, sinon ses protecteurs. „

Comme ces gens-là se connaissaient et s'appréciaient à
leur juste valeur! Après cela, il faut convenir qu'ils n'avaient
aucune raison de se flatter. En voici un, M. Sterlin, curé
intrus de Moutiers, dont la femme, peu de temps après ses
noces, intenta contre lui une action en séparation de biens.
En voici un autre, M. Loumeau, dit Houmann, tour à tour
vicaire à Courtedoux et desservant à Domphreux, qui fut
condamné à 18 mois de prison et au bannissement pour
escroquerie : il est vrai qu'il avait déjà été frappé jadis par
le tribunal correctionnel de Paris d'une condamnation à
trois ans d'emprisonnement; destiné d'abord au clergé libéral de Genève, où il avait reçu des secours du gouvernement,
il avait émigré dans le Jura; installé comme vicaire, puis

comme curé, ses fonctions lui laissèrent des loisirs suffisants pour employer son temps à toutes sortes de commerces ; c'est en les exerçant que lui survint le désagrément qui vient d'être mentionné. Un troisième intrus, M. Caillère, qui desservait la chapelle de Charmoille, se vit interdire l'entrée de l'église par son propre conseil de fabrique.

Tout compte fait, au commencement de 1878, 24 intrus avaient déjà, de gré ou de force, quitté le Jura. Les autres, étant payés par le gouvernement, se croyaient obligés, au moins pour la plupart, à célébrer le culte officiel; mais ils le faisaient au milieu de l'indifférence générale. M. Bichery, curé de Grandfontaine, disait la messe pour son seul sacristain qu'il avait amené de France. M. Vonthron, curé de Glovelier, n'avait plus un seul paroissien. Quant à M. Marsanche, curé de Noirmont, désireux probablement de se consoler du peu de zèle de ses quatre paroissiens que l'on ne rencontrait jamais à l'église, il venait d'épouser, à Saint-Imier, une demoiselle protestante. Son exemple fut suivi par M. Maestrelli, curé de Gourroux.

Cette situation ne laissa pas que d'alarmer les chefs du mouvement sectaire. Dans la réunion du Synode du 23 mai 1877, M. Herzog appela sur elle l'attention de ses auditeurs.

" L'état de souffrance, dit-il, dans lequel se trouvent ces
„ paroisses, est moins à déplorer que le scandale causé par
„ la conduite des curés ou par leur coupable négli-
„ gence dans l'accomplissement de leurs devoirs. Il est à
„ désirer qu'à l'avenir le Conseil synodal du canton de Berne
„ cherche à faciliter la tâche des ecclésiastiques sérieux et
„ consciencieux, au nombre desquels nous croyons pouvoir
„ compter presque tous les prêtres actuellement en fonc-
„ tions, en cherchant à les dégager de toute solidarité avec
„ des hommes dont la mission paraît être de repousser les
„ fidèles vers l'ultramontanisme et de porter atteinte à l'hon-
„ neur de notre église. „

Au milieu de ces ménagements de forme, qui n'aperçoit la gravité du mal auquel l'initiative du gouvernement de Berne avait donné naissance ? Aussi bien, les journaux libéraux, à

leurs heures de sincérité, étaient encore moins circonspects
que M. Herzog : " Il faut nous débarrasser complètement
„ des brebis galeuses qui ont réussi à se glisser dans nos
„ rangs, écrivit le *Progrès* (1)... Non seulement il faut se
„ défaire de ceux qui, par leur conduite comme hommes
„ privés, se sont aliéné l'estime et la confiance de leurs con-
„ citoyens ; mais il importe même d'être sans pitié pour ceux
„ qui négligent les devoirs attachés à leur charge publique.
„ Tout fonctionnaire salarié par l'État est obligé de consa-
„ crér son temps à la chose publique, et ce n'est pas préci-
„ sément en pêchant à la ligne ou en chassant des papillons
„ des journées entières, que le curé d'une paroisse, fonction-
„ naire lui aussi, peut rendre des services en rapport avec le
„ traitement qu'il touche. „

Mais il ne suffisait pas de réclamer des prêtres " sérieux
et consciencieux „ ; il fallait les trouver, et les eût-on trouvés, il restait à leur procurer des disciples. Or, à cet égard,
laissons encore une fois la parole à un journal radical du
canton de Berne, l'*Oberaargauer:* " Le peuple, écrivait-il, ne
„ veut rien savoir des nouveaux prêtres. Ils habitent dans
„ les cures, touchent de beaux traitements ; les églises sont
„ à leur disposition, mais ils n'ont rien à faire. Les baptêmes,
„ les enterrements, les mariages sont faits par les prêtres
„ révoqués ou par des personnes en communion d'idées
„ avec eux... Le culte de Dieu et de l'État (*sic*) n'est pas
„ même fréquenté par les libéraux. La masse se porte en
„ foule dans les granges et dans les lieux où se tient le ser-
„ vice catholique romain. „

Les meneurs du libéralisme bernois imaginèrent alors un
autre moyen : c'était de chercher à s'emparer de la jeunesse en multipliant les écoles secondaires radicales ; non
contents des collèges de Délémont et de Porrentruy, ils en
fondèrent un troisième à Saignélégier, chef-lieu de la préfec-
ture des Franches-Montagnes. Mais cette tentative ne devait
pas avoir plus de succès que les autres.

On le voit : le tableau que présentait le Jura était à la fois

____

(1) Août 1877.

triste et consolant ; mais il était surtout instructif, car il montrait jusqu'où va le radicalisme, lorsqu'il peut agir en maître. Néanmoins les libéraux bernois continuaient à se laisser devancer par les libéraux de Genève : ce sont les exploits de ces derniers que nous avons maintenant à raconter.

II

Un homme qui connaissait bien les promoteurs du schisme dans le canton de Genève, et qui en avait été le premier instrument, M. Loyson, écrivait en 1874 : " Ma conviction, chaque „ jour grandissante, est que la réforme catholique n'est ici „ qu'un prétexte, et que l'on en veut à toute autre chose „ qu'aux abus de pouvoir de la curie de Rome. Il s'agit en „ réalité d'une conjuration du radicalisme libre-penseur et „ despotique de la Suisse contre le christianisme tout entier „ et sous toutes ses formes : le soi-disant christianisme- „ libéral n'était qu'une forme hypocrite et inconsciente de „ l'incrédulité „ (1).

Il y avait beaucoup de vrai dans cette appréciation; mais il convient d'ajouter que, si M. Carteret était hostile au christianisme tout entier et sous toutes ses formes, „ il l'était principalement au catholicisme, à qui il avait vraiment déclaré une guerre à mort.

Malheureusement, les élections pour le renouvellement du Conseil d'État, au mois de novembre 1875, loin d'affaiblir son pouvoir, le fortifièrent.

J'ai déjà dit que Genève était divisée autrefois en deux partis : les radicaux et les conservateurs protestants. Aussi longtemps que les radicaux avaient reconnu unanimement pour chef M. James Fazy, ils avaient laissé l'influence catholique se développer librement. Mais petit à petit, une scission s'était produite dans leurs rangs ; une portion d'entre eux, la majorité, abandonnant M. Fazy et obéissant à un mot d'ordre

____

(1) *L'Eglise catholique en Suisse*, broch.

nouveau, avait adopté une politique d'agression contre l'Église et porté M. Carteret au pouvoir. Les conservateurs protestants s'étaient séparés à leur tour en deux fractions inégales : l'une, la plus faible, ayant à sa tête MM. Ernest Naville et W. de la Rive, répudiait hautement la ligne de conduite du dictateur ; l'autre, la masse, tout en désapprouvant peut-être ses procédés cavaliers, était trop dominée par le vieil esprit calviniste pour ne pas applaudir à la persécution contre les catholiques ; elle parut avoir pris pour mot d'ordre: " Plutôt Carteret que Mermillod. „

L'ancien Conseil d'État était partagé : trois de ses membres sur sept inclinaient aux idées de modération. Deux d'entre eux échouèrent aux élections ; un seul trouva grâce devant le corps électoral ; parmi les membres nouveaux figurait M. Héridier, l'aide-de-camp toujours fidèle de M. Carteret depuis le commencement des hostilités.

Sans doute, sur près de 12,000 votants, l'opposition avait réuni de 4 à 5,000 voix. Mais la victoire de la liste autoritaire n'en était pas moins éclatante ; elle ne présageait rien de bon pour les catholiques ; M. Carteret se chargea bientôt de le leur prouver.

Il s'attacha avec une ardeur nouvelle à faire fonctionner, dans tout le canton, l'église qui était son œuvre. Les prêtres lui manquaient : il s'occupa d'en recruter. Mais, dès le début de cette sorte de racolage, il éprouva un très vif mécompte. L'un des vicaires apostats de Genève, M. Pélissier (1), donna sa démission par une lettre adressée au Conseil supérieur du schisme, et dans laquelle il disait : " Aujourd'hui, que loin de „ la lutte qui trouble et enivre, dans le recueillement de la „ prière, je reviens sur ces deux malheureuses années de ma „ vie, la réforme prétendue catholique m'apparaît comme „ *l'une des plus gigantesques farces de notre siècle si fécond* „ *en toutes sortes de comédies... D'autres l'appelleraient un* „ *crime de lèse-conscience.* „

(1) Pélissier avait appartenu au diocèse de Nîmes ; cédant à une fatale passion, il s'était enfui vers 1865 avec une jeune personne et était allé s'établir à Smyrne. Il était revenu à Paris en 1871. Il avait répondu de là à l'appel de M. Carteret.

M. Carteret craignit qu'un tel acte d'accusation n'entravât le succès de ses démarches. Pour triompher des hésitations, il eut recours à l'argent. Avant la guerre religieuse, le budget du culte catholique était de 46,000 francs. Par application de la loi du 27 août 1873, il avait été majoré de 40,000 francs. A cette occasion, M. Turretini, député protestant, avait dit : " Nous arriverons bientôt à 100,000 francs pour un troupeau infiniment petit. „ M. Carteret trouva le moyen de dépasser la prophétie : il porta le budget du culte officiel à 132,000 fr. en élevant de 1,000 francs le traitement des curés et des vicaires. Il déclara à ce propos, que les principes tendant à la séparation de l'Église et de l'État n'étaient que de pures " utopies „ préconisées par des jeunes hommes entrant dans la carrière ; ce ne sont là, ajouta-t-il, que des " vieilleries et des anachronismes „ pour les hommes à qui l'âge a donné plus d'expérience.

Ces augmentations de traitement ne tardèrent pas à porter leurs fruits. Quelques candidats se présentèrent. Aussitôt on s'occupa de pourvoir aux deux places de curés officiels à Genève, vacantes depuis plusieurs mois : MM. Vimeux et Dardenne furent élus par 685 voix ; ce chiffre n'attestait guère les progrès du schisme, car M. Loyson, lors de son élection, avait réuni 1,200 suffrages. Le surplus des candidats fut réparti entre les paroisses de Versoix, de Thonex, de Bellerive et de Bernex : partout les élus ne recueillirent qu'un chiffre de voix dérisoire ; à Thonex notamment, aucun paroissien ne se présenta pour voter, et l'on dut joindre à la paroisse une localité voisine pour assurer à l'intrus une vingtaine de voix (1) ; partout aussi, la population fidèle, appuyant ses maires, protesta contre les iniquités et les violences dont elle était la victime ; mais partout aussi, on

(1) L'élection de Thonex eut un épilogue. A peine l'intrus Mansuy eut-il été installé dans la cure et dans l'église, que la police le fit déguerpir et conduire sous bonne escorte jusqu'à la frontière du canton, " de nouveaux renseignements étant arrivés sur ce personnage et ayant attiré l'attention du département de justice et de police. „ *(Journal de Genève.)* Les intrus de Berne et de Versoix, MM. Vergoin et Gaspard, s'empressèrent, après leur nomination, de faire publier leur prochain mariage.

passa outre, et on s'empara de force des églises et des presbytères pour les livrer aux apostats.

Du reste, le plan de M. Carteret était d'étendre ce beau régime à toutes les paroisses rurales. Dès le mois d'octobre 1875, pour affirmer par un acte d'éclat les droits prétendus de l'État, il fit procéder à l'inventaire du mobilier de toutes les églises catholiques. Des maires refusèrent d'en livrer les clefs ; il les destitua, après quoi le commissaire de police, escorté de quelques gendarmes, parcourut les campagnes pour inventorier.... les bancs et les chaises des églises. On voulait ainsi frapper l'imagination du peuple et lui donner une haute idée de la puissance de Genève.

Il est inconcevable que les autorités fédérales aient laissé passer de tels actes, bien plus, qu'elles les aient sanctionnés. La commune de Prégny avait dénoncé au Tribunal fédéral l'arrêté du Conseil d'État, la spoliant de son église au profit du schisme; elle invoquait ce fait, que les vieux-catholiques ne comptaient dans la paroisse qu'*un seul* adhérent. Le recours fut rejeté, malgré l'avis de M. Dubs : pour ce seul et unique individu, toute la commune fut privée de son église. Que veut-on ! les autorités fédérales craignaient Genève : l'audace de M. Carteret leur faisait peur.

Cependant les catholiques ne faiblissaient pas. Pour les punir, on ne leur ménagea ni les dénonciations, ni les poursuites, ni les condamnations. Tandis que le curé de Meinier et le curé de Chêne étaient expulsés comme étrangers, le curé d'Hermance était attrait en justice pour avoir porté la soutane sur la place devant l'église ; les curés de Grand-Sacconex et de Collonge-Bellerive, pour avoir lu publiquement un mandement de Mgr Mermillod ; six personnes de Veyrier, pour avoir assisté avec des cierges à un enterrement ; un enfant de douze ans à Chêne-Thonex, pour avoir porté la croix de bois qui devait être plantée sur une tombe ; le curé de Compesières, pour le même motif ; le curé de Versoix, pour avoir prétendûment détourné les objets du culte; douze petits garçons de la même commune, pour avoir exercé des sévices contre les arbres du curé vieux-catholique.... Un tel régime, s'il n'était pas nouveau dans l'histoire par ses côtés odieux, l'était au moins par ses côtés ridicules.

Ce n'est pas tout ; M. Carteret, rencontrant dans la magistrature des velléités d'indépendance et d'impartialité, résolut de la briser et d'en façonner une nouvelle à son image.

On se souvient du procès relatif à l'église de Notre-Dame. Le 2 novembre 1875, le tribunal avait rendu un jugement admettant Mgr Mermillod et M. Dunoyer à prouver, tant par titres que par témoins, que l'église avait été bâtie de leurs deniers ou de ceux par eux recueillis. L'irritation fut extrême dans les rangs du radicalisme, et aussitôt M. Carteret prépara une nouvelle loi d'organisation judiciaire.

Aux termes de cette loi, tous les juges devaient désormais être nommés pour deux ans au lieu de quatre, et les présidents n'être plus, comme par le passé, choisis par les membres de chaque tribunal, mais par le Grand Conseil et pour une année seulement ; tout électeur laïque était déclaré éligible aux fonctions judiciaires.

M. Carteret ne cacha pas son but. Le projet avait été suggéré, dit-il, par " une série de jugements que l'on a vu se produire depuis un certain temps et auxquels il convient de mettre un terme. „ " Il y a des juges, ajouta-t-il, qui, par leur manière de juger, n'ont pas satisfait le public. „ Mais on a remarqué, dit-il encore, que " ça ne s'était pas manifesté pendant les six mois qui avaient suivi leur élection, puis, qu'ils mécontentaient beaucoup moins pendant les six derniers mois avant leur nouvelle élection. Nous avions ainsi un an de bon sur quatre ; en mettant les élections tous les deux ans, nous aurons une année de bonne sur deux : cela vaudra encore mieux. „

De tels raisonnements, quel qu'en fût le cynisme, étaient irréfutables pour le radicalisme. Aussi, cédant aux objurgations de M. Carteret, le Grand Conseil vota le projet, de façon à ce qu'il pût être mis en vigueur lors de l'élection du corps judiciaire appelé à juger définitivement la question de l'église Notre-Dame. Les élections suivirent de près le vote de la loi, et les trois juges du tribunal civil, qui avaient prononcé le jugement interlocutoire du 2 novembre, ne furent pas réélus.

Pendant que tout ceci se passait, le radicalisme donna une

autre preuve de son respect pour la justice. M. Gros, conseiller municipal de Thonex, ayant été illégalement arrêté pour avoir soi-disant tenu un propos malsonnant sur le compte du curé officiel de Chêne, le magistrat chargé d'examiner sa cause, M. Aubert, signala l'irrégularité flagrante de son arrestation et appela sur ce point l'attention du parquet. Aussitôt MM. Héridier et Carteret dénoncèrent au Grand Conseil le langage de ce magistrat intègre et, par 47 voix contre 18, l'assemblée vota un blâme solennel à l'adresse de M. Aubert. Celui-ci donna sa démission : c'était le profit que l'on espérait de cette campagne.

Et que l'on ne croie pas, que l'esprit inventif de M. Carteret se reposât jamais. Non, les lois succédaient aux lois, et il était impossible de prévoir quand il aurait atteint " le couronnement de l'édifice. " Une loi fut votée par le Grand Conseil, aux termes de laquelle " les registres tenus jusqu'alors par les ecclésiastiques devaient leur' être retirés, et remis, pour la partie civile, aux officiers de l'état-civil, et *pour la partie religieuse, aux autorités constitutionnelles représentant les diverses confessions.* " On voit la vexation : il s'agissait, par la remise aux intrus des registres paroissiaux, d'obliger les catholiques à s'adresser à eux, et peut-être à passer par leurs exigences pour obtenir les renseignements les plus indispensables !

À peine cette loi eut-elle été votée, que MM. Carteret et Héridier en préparèrent une autre. Ils se proposaient de confisquer les biens des corporations supprimées; pourtant ceux-ci avaient été vendus en due forme à des Anglais. Le rapport présenté au Grand Conseil à l'appui de la loi reconnaissait que ces corporations n'avaient jamais joui de la personnification civile, et que les immeubles convoités avaient toujours été une propriété personnelle et privée; mais M. Carteret déclara qu'il n'entrait pas dans ces " subtilités; " il suffisait que les corporations fussent soupçonnées d'être propriétaires, pour que la spoliation s'effectuât.

Citons un autre fait. La veille de la Pentecôte, en 1876, le Conseil d'État prit un arrêté défendant à tout prêtre catholique étranger à la Suisse, résidant hors du territoire genevois, de célébrer le culte, de prêcher ou d'enseigner sans avoir obtenu une autorisation spéciale du gouvernement : on craignait qu'à l'occasion des fêtes de la Pentecôte, les paroisses privées de leurs prêtres par les expulsions émanées du Conseil d'État ne fussent visitées par des ecclésiastiques français, et l'on entendait leur enlever cette consolation. Mais comme le radicalisme a toujours deux poids et deux mesures, il établissait une exception à la règle pour " les étrangers autorisés occasionnellement à célébrer des offices par les autorités ecclésiastiques que reconnaît la constitution. „

En dépit de ces mesures tyranniques et multipliées, les catholiques genevois, loin de livrer leurs consciences à M. Carteret, résistaient virilement à ses entreprises schismatiques. Dans l'ordre des intérêts politiques, les communes catholiques ne perdaient aucune occasion d'affirmer l'indépendance de leurs sentiments ; elles nommèrent, vers cette époque, des maires entièrement dévoués aux intérêts catholiques : l'une d'elles, la commune de Plan-les-Ouates, réélit à l'unanimité M. de Montfalcon, président de l'Union des Campagnes, destitué pour son attitude courageuse lors du fameux baptême de Compesières. Dans l'ordre des intérêts religieux, les catholiques avaient pris à leur charge l'entretien du clergé ; bien que pauvres en général, ils s'étaient cotisés et ils avaient recueilli en 1875 les 46,000 francs que le budget de l'État avait cessé de lui allouer ; partout aussi, ils construisaient des chapelles provisoires ou des hangars pour remplacer les églises dont ils étaient dépouillés.

De son exil, Mgr Mermillod était l'âme de ce généreux mouvement. C'est par ses soins qu'une nouvelle chapelle s'ouvrit à Genève pour remplacer l'église Notre-Dame. M. Carteret et ses acolytes apprenaient ainsi, qu'il n'est au pouvoir d'aucun homme de maîtriser des consciences chrétiennes ; ils pouvaient remporter des victoires passagères ; ils étaient condamnés à l'impuissance finale.

L'énergie déployée par les maires des communes rurales dans leur résistance aux ukases de M. Carteret ne tarda pas à offusquer. On se résolut à la briser ; pour cela, il fallait

sacrifier la liberté municipale ; peu importait ; elle constituait une barrière au despotisme radical ; c'était assez pour
qu'elle disparût. D'après une loi nouvelle, votée en 1876 par
le Grand Conseil à une forte majorité, les communes con-
servèrent le droit de nommer leurs maires ; mais l'État reçut
celui de les révoquer à sa guise, et de les frapper d'inéligi-
bilité pour un terme de trois années ; dans l'intervalle, il lui
était loisible de faire exécuter ses ordres " par le mode qu'il
jugerait le plus convenable eu égard aux circonstances. „
Cette formule élastique n'était pas nouvelle, elle est la ressource favorite de tous ceux qui ne connaissent d'autre loi
que leur volonté. Restait, il est vrai, le conseil municipal ;
mais le droit était réservé à l'État de ne tenir aucun compte
de ses décisions ; les ordres du gouvernement pouvaient
toujours être exécutés par tous les moyens qu'il lui plairait.
Le *Journal de Genève* protesta, mais il était trop tard ; le
radicalisme, devenu tout-puissant, grâce aux encouragements qu'il avait reçus des vieilles haines calvinistes, était à
même de défier toutes les oppositions.

Il le prouva bien par une autre loi violant d'une manière
scandaleuse le droit de propriété.

On sait qu'un des premiers actes de M. Carteret avait été
la suppression des établissements des Sœurs de la Charité à Genève, Carouge, Chêne-Bourg et Versoix. Mais que
faire des biens affectés à la jouissance de la communauté
supprimée ? Jamais, dans le canton, les corporations religieuses n'avaient été reconnues comme personnes civiles ;
aussi leur avait-on de tout temps dénié le droit de posséder.
Les biens qui leur servaient d'asile avaient été jadis achetés
par M. Vuarin ; ils avaient été légués par lui aux dames Cha-
nal et Chaperon, qui les avaient elles-mêmes vendus à
M. Reynolds, industriel anglais, et à M. Serrure, contrôleur-
général des chemins de fer du Midi en France ; ceux-ci
avaient payé de ce chef des droits de mutation fort élevés et
toujours régulièrement acquitté les impôts. Or, ce sont ces
biens que, par une décision sans nom, la loi de M. Carteret
adjugea à l'État sans forme de procès. Au Grand Conseil,
M. Martin s'éleva avec une élévation d'idées remarquable

contre cette confiscation odieuse. Mais M. Carteret recommanda à sa majorité de ne pas se laisser arrêter par des „ avocasseries ultramontaines. „ Un autre orateur, après avoir avoué qu'à ne consulter que le droit strict, M. Martin avait raison, ajouta : " La majorité doit se placer au point de vue administratif et politique. „ Un troisième s'écria : " Si nous croyons pouvoir prendre ces biens, prenons-les, „ prenons-les. „ Le *Journal de Genève* avait cependant combattu le projet : " On ne conteste pas, dans l'espèce, avait-il „ écrit, que les titres des propriétaires menacés soient en „ eux-mêmes de tous points semblables à ceux de tous les „ autres propriétaires d'immeubles du canton. Si donc le „ Grand Conseil ne les respecte pas, personne ne pourra considérer ses biens comme étant à l'abri d'un coup de majo„ rité. „ Des motifs de ce genre n'ont jamais arrêté le radicalisme ; à ses yeux, ceux qui ne pensent pas comme lui n'ont pas de droits (1).

Au lendemain de ces votes révoltants, le corps électoral procéda au renouvellement du Grand Conseil. Les catholiques, bien que formant la majorité de la population, n'avaient qu'un électeur sur deux électeurs protestants. Aussi, malgré l'appoint des débris de l'ancien parti *indépendant*, furent-ils complètement battus. Sur 110 députés appelés à représenter le canton, 108 appartenaient à la liste radicale. Il est juste de constater cependant que l'opposition réunit plus de 5,000 voix contre 6 à 7,000 accordées aux amis de M. Carteret, et que ces chiffres laissaient ouvert l'espoir d'une réaction prochaine.

(1) Un recours fut interjeté par les propriétaires lésés auprès du tribunal fédéral. Le gouvernement de Genève, averti, paraît-il, des dispositions de cette haute juridiction, chercha à parer un échec. A cet effet, il fit voter par le Grand Conseil un article additionnel à la loi, stipulant que " les droits des tiers seraient réservés, „ et que ceux qui se croiraient lésés pourraient s'adresser aux tribunaux. M. Pictet avait demandé au préalable ce qu'il fallait entendre par tiers. " Sont-ce les corporations ? Mais elles n'existent plus. Sont-ce les propriétaires expropriés ? Mais un propriétaire exproprié n'a jamais passé pour un tiers. „ On ne répondit pas à ces questions. En réalité, il s'agissait de prévenir une décision contraire de la magistrature fédérale.

c.

Appuyé sur ses 108 acolytes, M. Carterait était donc devenu plus puissant que jamais, et l'on pouvait compter que sa victoire se traduirait par de nouveaux efforts en faveur des vieux-catholiques.

Dès le mois de septembre 1876, du reste, quelques prêtres apostats avaient répondu à ses appels multipliés. On procéda donc à des élections dans un certain nombre de communes rurales. A Bernex, 40 électeurs sur 240 nommèrent M. Vergoin. A Thonex, on remplaça par M. Cadiou M. Mansuy, expulsé huit jours après son élection pour " affaire suspecte. „ A Collonge-Bellerive, M. Palmieri (1) fut nommé sur 215 électeurs par 18 votants, parmi lesquels figuraient six employés de l'État. A Choulex, M. Perthuisot réunit 19 suffrages sur 81 électeurs, et encore, parmi ces 19 suffrages, figuraient ceux de quatre fonctionnaires et de quatre individus étrangers à la commune. Enfin, on exhiba à la paroisse de St-Germain à Genève un individu répondant au nom de Rizzi ou Ricci.

Les quelques électeurs qui donnaient ainsi leurs voix aux curés d'État étaient, comme bien on pense, des radicaux déterminés ; ils votaient pour les candidats qu'on leur présentait, mais ils n'assistaient pas à leurs offices ; de sorte que ceux-ci restaient presque seuls, quand ils célébraient le service religieux. De là grande colère du " Conseil supérieur catholique. „ Le curé de Grand-Sacconex ayant négligé de dire la messe à l'église voisine de Prégny, placée sous sa direction, s'excusa en alléguant qu'il n'y avait qu'un seul assistant. Cette réponse était trop de nature à bouleverser les plans du Conseil supérieur pour passer sans censure ; le curé fut condamné à trois mois de suspension de traitement ! Mais l'autorité avait beau faire, elle ne réussissait pas à galvaniser le schisme.

La retraite de l'ex-abbé Marchal ne contribua pas peu à achever le discrédit de la nouvelle secte. En quittant le théâ-

(1) Dans une brochure dont nous parlerons plus loin, M. Palmieri avoua qu'il avait " quitté son ministère pour trouver à Genève le moyen de se marier. „

tre de ses égarements, il tint, dans une brochure intitulée : *Les Réformateurs de Genève,* à arracher à ses complices le masque à l'aide duquel ils avaient cherché à déguiser les causes réelles de leur apostasie. Il serait trop long de citer les détails ; mais la conclusion est bonne à enregistrer : " Le „ christianisme, y lit-on, eut pour berceau la croix du Gol- „ gotha ; c'est pour cela qu'il est jeune encore après dix-huit „ siècles de conquêtes et de combats. La petite église de Ge- „ nève à peine éclose tomba flétrie sous le mépris, parce „ qu'elle avait eu pour berceau l'alcôve de quelques prêtres „ incontinents. „ L'organe des sectaires, le *Catholique natio- nal,* fit le même aveu : " Le recrutement du clergé libéral „ s'est fait d'une manière déplorable... De là ces misérables „ prêtres qui ont fait tant de tort à l'œuvre. „

Mais M. Carteret ne s'embarrassait guère des choix ; il poursuivait un but politique : tous les instruments lui étaient bons pour l'atteindre. On conçoit néanmoins le dégoût qu'une église ainsi constituée devait soulever chez les âmes croyantes : tout ce qu'il y a d'honneur et de pureté dans le cœur humain se révoltait contre elle. D'ailleurs, ceux des prê- tres infidèles qui s'étaient associés à son entreprise, mais qui n'avaient pas complètement perdu la foi, se retiraient les uns après les autres. Après M. Marchal, l'ancien curé de Tho- nex, M. Mansuy, se rétracta publiquement en demandant pardon à Dieu et aux hommes de sa " lamentable chute „ ; M. Kriejer, après avoir prêché pendant quelque temps à Ge- nève, entra dans un couvent ; M. Palmieri, à peine installé à Collonge, se démit de ses fonctions par une lettre adressée à la commission exécutive du schisme et dont les termes méritent d'être médités : " Messieurs, leur écrivit-il, ne vou- „ lant plus être l'objet de la réprobation unanime des habi- „ tants de Collonge-Bellerive, que je sais attachés par le „ fond de leurs entrailles à la sainte Église catholique, apos- „ tolique et romaine, connaissant d'ailleurs par ma triste „ expérience qu'il n'est pas possible d'être heureux et de „ faire du bien à la tête de dix-huit incrédules qui se préten- „ dent des " libéraux-catholiques „ et qui, sous ce nom „ usurpé, masquent leur impiété ; voulant surtout appartenir

„ au troupeau de la véritable Église de Jésus-Christ, dans
„ laquelle je veux mourir, j'abandonne, plein de dégoût, les
„ fonctions de curé intrus que je tenais d'une ridicule élec-
„ tion (1)... „

Pendant que le schisme se débattait dans les convulsions
de l'agonie, l'Église catholique de Genève, fortifiée par la
persécution, témoignait de cette vitalité qui est le signe de
l'éternelle jeunesse de la vérité. Elle s'était constituée à
l'état de culte libre; à Genève même, ainsi que nous l'avons
déjà dit, elle avait acheté l'ancien Temple des Francs-maçons,
qu'elle avait consacré au Sacré-Cœur, et ouvert la chapelle
des Pâquis; les fidèles s'y pressaient en foule, tandis qu'à
Notre-Dame et à Saint-Germain, dont les portes étaient fermées toute la semaine, les intrus se bornaient à célébrer
une messe le dimanche. Pendant quelques mois, les catholiques s'étaient bercés de l'espoir que Notre-Dame leur serait
rendue. Cet espoir, ils finirent par le perdre. Le jugement du
Tribunal, qui avait admis Mgr Mermillod et M. Lany à prouver que l'église avait été bâtie de leurs deniers ou de ceux
par eux recueillis, fut réformé par la Cour d'appel (2). Voilà

(1) M. Palmieri écrivit postérieurement à sa démission une brochure
intitulée : *Avis d'un ex-curé libéral au clergé de France*, et dont j'extrais
le passage suivant :

„ J'étonnerais tout le monde et scandaliserais peut-être les honnêtes
„ gens, si je disais que les curés schismatiques, surtout à la campagne,
„ n'ont d'autre chose à faire que boire, manger, dormir et se prome-
„ ner. Pour moi, j'ai honte d'avouer que pendant les cinq mois que je
„ suis resté dans ma paroisse, je n'ai ni baptisé, ni marié, ni enterré per-
„ sonne. Le Conseil supérieur du schisme m'amusait beaucoup lorsqu'il
„ m'envoyait à plusieurs reprises une grande feuille de papier pour indi-
„ quer le nombre et l'âge des enfants qui fréquentaient le cours de reli-
„ gion. Me trouvant dans l'embarras d'une réponse, j'allai trouver le
„ maître d'école pour lui demander si quelques enfants resteraient à
„ mon cours. „ M. le curé, répondit-il en souriant, je crois bien que vous
„ ne pouvez compter que sur un, et encore vous avez besoin d'attendre
„ quelques années, car il est trop jeune pour suivre un cours de reli-
„ gion. „ Plus loin, il ajoute : „ Loin de gagner un seul catholique-romain
„ à la cause du schisme, ma présence a fait un bien immense à la foi des
„ indifférents. „

(2) La cour était composée de deux juges et de trois assesseurs, tous

donc un temple bâti au moyen des largesses du monde catholique, qui, en vertu du droit nouveau qu'on appliquait à Genève, était attribué en propriété aux ennemis du catholicisme : dans la langue révolutionnaire, les mots les plus sacrés sont profanés et l'iniquité flagrante et audacieuse s'appelle la justice!

Dans les campagnes, quelques églises étaient encore aux mains des catholiques ; mais ils s'attendaient tous les jours à en être expulsés. Ailleurs, ils se réunissaient dans des hangars où la piété ardente des assistants suppléait à la tristesse des lieux ; les autorités municipales et les curés, unis dans une communauté d'efforts, encourageaient les populations dans la lutte légale contre l'autocratie de M. Carteret ; grâce au concours de tous, les quêtes de 1876 avaient permis de recueillir plus de 51,000 francs, qui avaient suffi à l'entretien du clergé.

Derrière les catholiques du canton veillait toujours Mgr Mermillod, qui pourvoyait à leurs besoins spirituels avec la sollicitude d'un père : " Quant à moi, leur écrivait-il, „ j'userai toutes mes forces et jusqu'aux derniers débris de „ ma santé dans cet exil douloureux et prolongé ; j'irai „ mendier sur les chemins de l'Europe l'obole évangélique „ qui nous aide à fonder des hangars de planches, à impro- „ viser des tabernacles, à perpétuer nos écoles libres... „ Cette vaillance, qu'aucun revers n'avait énervée, était la providence de l'Église de Genève ; elle était pour tous les catholiques, dans le combat qu'ils soutenaient, une force et un exemple. Et comme on avait fait courir le bruit que Mgr Mermillod allait être appelé par le Saint-Siège à un autre poste, il s'empressa de le démentir et de dire : " C'est „ à Genève que me retiennent le devoir, l'obéissance, mon „ patriotisme. Ces sentiments n'ont pas varié malgré les „ amertumes de l'exil. „

protestants. Cette composition de la cour était due à une loi récente de M. Carteret qui avait placé à côté des juges des assesseurs ne sachant pas le droit. " On prétend, disait à cette occasion le *Journal des Débats*, mais „ ce doit être une calomnie, que cette demi-magistrature n'a été établie „ que pour donner raison au gouvernement dans la cause de Notre- „ Dame. „ Hélas ! ce n'était pas une calomnie.

Quelques mois s'écoulèrent, et, en novembre 1877, M. Carteret et ses acolytes furent réélus membres du Conseil d'État. Ils n'avaient pas de concurrents; mais ils n'avaient réuni que 6,000 voix sur 16,000 électeurs inscrits. Le jour de son installation, M. Carteret déclara qu'il avait montré " une tolérance dont on ne lui avait su aucun gré „, et pour marquer tout de suite qu'il était décidé à rompre avec les ménagements passés, il annonça que la loi " sur le culte catholique „ serait désormais appliquée partout, c'est-à-dire dans les 8 paroisses où elle ne l'avait pas été jusque-là.

M. Carteret était vraiment bien venu à parler de tolérance. Il ne tarda pas à en donner de nouvelles preuves. Il enleva par la violence aux curés légitimes les registres de baptêmes et de mariages pour les remettre aux intrus; il inscrivit au budget 133,850 francs destinés à subsidier le nouveau culte, indépendamment d'un fonds de 8,000 francs en faveur des jeunes gens qui se dévoueraient à la prédication du nouvel évangile, tandis qu'il n'en accordait que 110,000 fr. au culte protestant; il retira enfin aux prêtres catholiques étrangers, même domiciliés dans le canton, le droit d'y célébrer le culte sans l'autorisation du Conseil d'État. Ce dernier arrêté mérite d'être conservé en son entier; le voici :

" Attendu que des prêtres catholiques étrangers au canton font, à l'occasion du culte qu'ils célèbrent, des prédications excitant au mépris des autorités et des lois, ainsi qu'à la haine entre les concitoyens;

„ ARRÊTE:

„ Article 1er. Aucun prêtre catholique romain, étranger à la Suisse, ne pourra célébrer un culte où tout ou partie du public assiste, ni prêcher, ni enseigner dans le canton, sans en avoir obtenu l'autorisation du Conseil d'État.

„ Cette autorisation est toujours révocable.

„ Art. 2. Les contrevenants aux dispositions de l'art. 1er sont passibles des peines de police, sans préjudice des mesures qui pourront être ordonnées contre eux, à teneur des lois en vigueur. „

On le voit : rien ne manquait à cet arrêté : le procès de tendance était dans le considérant, l'intolérance dans le dispositif. Mais le but que M. Carteret poursuivait mérite plus encore d'être dénoncé : il y a à Genève un grand nombre d'étrangers, la plupart français et catholiques, dont les besoins religieux étaient desservis par des prêtres de leur nationalité; en écartant ceux-ci, on privait une fraction considérable de la population de son clergé, et peut-être M. Carteret espérait-il par ce moyen la rattacher au schisme.

C'est dans le même but, qu'il chassa les prêtres fidèles des églises qu'ils avaient conservées et qu'il continua à y installer, au milieu de l'hostilité générale, des intrus, venus on ne sait d'où.

On se rappelle par quels procédés les églises de Notre-Dame et de Saint-Germain avaient été arrachées aux catholiques. Il leur restait, à Genève, un troisième sanctuaire, bâti dix ans auparavant, l'église de Saint-Joseph, destinée principalement au faubourg des Eaux-Vives. Le terrain sur lequel elle avait été élevée, avait été acquis des deniers de Mgr Mermillod, qui, en en bénissant la première pierre, avait placé dans une boîte de plomb l'effigie du Pape et une attestation qu'elle n'abriterait à perpétuité que le peuple catholique romain. Ces souvenirs n'arrêtèrent pas les meneurs du schisme ; les listes électorales furent soigneusement révisées et complétées, sans, bien entendu, qu'on y tînt compte de la population étrangère; on y inscrivit même des protestants; et, grâce à cette préparation savante, on parvint à faire nommer à une majorité qui alla de une à quatorze voix, un conseil paroissial composé de huit schismatiques et d'un protestant. Aussitôt après, on crocheta les portes de l'église ; le prêtre qui la desservait fut jeté pour deux jours en prison, et le culte catholique, exilé de son dernier temple, dut se réfugier dans la salle du cercle catholique d'ouvriers.

A la suite de cet attentat, un organe protestant, la *Gazette de Lausanne*, ne put s'empêcher de s'écrier: " Il y a des gens „ de bonne foi qui s'imaginent que tout cela est utile à la „ cause du vrai libéralisme et que les coups de crochet „ sauvent Genève. Ils ne s'aperçoivent donc pas, les aveugles,

„ que pour chaque église qui se ferme, il s'en ouvre une
„ autre sous un hangar ou dans une grange et que les fidèles
„ affluent plus zélés et plus ardents que jamais. „

Qu'ils ne s'en aperçussent pas, c'était beaucoup dire; mais
la haine et la persécution grisaient : on ne tarda pas à s'en
convaincre.

A peine M. Carteret eut-il prononcé son discours d'installation, que le journal officiel, commentant les paroles du
maître, écrivit : " La loi sur le culte catholique n'est pas
„ encore exécutée partout ; il faut que les exceptions dispa-
„ raissent. „ On commença par la paroisse de Presinges : sur
135 électeurs inscrits, 17, parmi lesquels 7 employés de l'État,
élurent au mois de janvier un intrus répondant au nom de
Laffitte. Après Presinges, on jeta les yeux sur Meinier : là on
provoqua une pétition au Conseil d'État à l'effet d'y faire
célébrer " un culte régulier par un prêtre de l'église catho-
„ lique chrétienne suisse „. Cette pétition portait dix signatures, dont aucune n'émanait d'un citoyen véritablement
domicilié dans la commune ; aussitôt le Conseil d'État accorda
aux pétitionnaires les fins de leur demande ; on expédia à
Meinier un apostat du nom de Vimeux, pour y dire la messe ;
l'église fut crochetée, le maire, puis l'adjoint furent destitués, et ainsi fut installé le culte officiel dans la seconde des
huit paroisses qui y avaient échappé jusque-là. Aire-la-ville
subit à son tour le même sort ; une pétition signée par une
demi-douzaine d'électeurs, auxquels se joignirent quelques
protestants du village de Russin, servit de prétexte au gouvernement pour confisquer l'église, et l'on y envoya l'intrus
de Meyrin célébrer la messe.

Mais on ne se contentait pas d'enlever aux catholiques leurs
églises ; on troublait, par des interventions violentes, le culte
qu'ils exerçaient dans les lieux où ils s'étaient réfugiés. Sous
le prétexte de rechercher certains objets pieux dont la propriété était réclamée par des schismatiques, la police et la
gendarmerie envahirent brutalement la chapelle catholique
de Chêne pendant l'adoration des 40 heures ; ils la dévas-
tèrent, et quelques jours après, le lundi de la semaine sainte,
ils jetèrent le curé en prison, sous l'accusation de vol !

Toute médaille cependant a son revers: l'État recueillit quelques déboires de la guerre aussi coupable qu'insensée qu'il avait déclarée aux consciences catholiques.

Le premier lui vint des prêtres mêmes qui s'étaient associés à son entreprise malfaisante. Presque chaque mois on apprenait une nouvelle désertion. Au mois d'octobre 1877, ce furent MM. Renault et Langlois, intrus de Chêne-Bourg et du Grand-Sacconex, qui quittèrent brusquement le canton, avec leurs femmes et leurs bagages; après leur départ, ils déclarèrent que " les tentatives faites pour former à Genève une „ église catholique-nationale n'aboutissant qu'à une œuvre „ politique „, ils rentraient dans le sein de l'Église catholique romaine " qui est le vrai gardien de la foi chrétienne „. Au mois de novembre, ce fut le tour de M. Groult, curé d'Hermance, lequel, rapporte un journal libéral (1), " célébrait la „ plupart du temps ses offices devant des bancs absolument „ vides „. Au mois de décembre, M. Perthuisot, intrus de Choulex, suivit le même exemple, en déclarant qu'il était " incapable de vivre plus longtemps dans cette atmosphère de défiance, d'abandon et de mépris „. Lorsque le Conseil supérieur reçut cette dernière démission, l'un de ses membres, M. Bard, entra dans une violente colère : " Qu'ils „ partent, s'écria-t-il, que les Judas s'en aillent ; s'ils veulent „ s'en aller, qu'on les accélère d'un coup de pied... „ Le coup de pied n'était pas nécessaire ; les ecclésiastiques qui avaient successivement abandonné l'église officielle, étaient au nombre de vingt-deux, et tout portait à croire que les désertions ne s'arrêteraient pas à ce chiffre : bientôt en effet M. Girod, intrus de Collonge, quitta à son tour sa paroisse.

Il était donc impossible de le méconnaître : l'église vieille-catholique de Genève n'était pas née viable. Le gouvernement s'en apercevait-il ? Il faut le penser, car M. Bard lui-même en fit l'aveu : " Il y a longtemps, dit-il, que notre œuvre est per- „ due dans l'opinion publique ; „ mais, comme le remarqua une feuille libérale, " l'amour-propre de beaucoup de gens „ se trouvait engagé dans cette pitoyable campagne. „ Les

(1) *Echo du Parlement*, 29 novembre 1877.

journaux libéraux ne cherchaient même plus à cacher la situation réelle des choses ; citons-en trois :

Indépendance : " Dans les communes rurales, on continue
„ à forcer les portes des églises pour y installer des curés de
„ la nouvelle religion dont les campagnards ne veulent pas.
„ Ce pasteur sans troupeau prêche aux banquettes et n'a
„ pour auditeurs que le gendarme ou le garde-champêtre ou
„ tout autre fonctionnaire qui craint d'être destitué. Le mal-
„ heureux curé doit rester chez lui et fermer ses volets pour
„ échapper aux insultes et aux sévices. Un beau jour, il s'évade
„ et quitte le pays pour se rejeter éperdu dans le giron
„ de l'Église (1). „ — *Écho du Parlement :* " Il paraît qu'on
„ a encore à Genève une foi robuste dans l'avenir : il est
„ question de fonder dans la Rome protestante une faculté
„ de théologie... comment dire ? vieille-catholique à l'instar
„ de celle qui fleurit à Berne. " Grâce au budget, écrit-on à
„ ce sujet de Genève à la *Gazette de Lausanne,* professeurs et
„ étudiants seraient largement payés ; car, si l'on veut avoir
„ des étudiants, il faudra se décider à les subventionner. Sans
„ cela, quel serait le malheureux assez abandonné des
„ hommes et des dieux pour embrasser une carrière aussi
„ chanceuse que celle de curé libéral ? „ Quoi qu'il en soit,
„ l'État chez nous est entré dans une voie fausse, et plus il
„ avance, plus il s'embarrasse dans ses propres filets... On
„ s'acharne à continuer une expérience dont l'insuccès est
„ prévu (2). „ *Journal des Débats :* " Les catholiques-libéraux
„ se sont obstinés à faire une réforme sans réformés et sans
„ réformateurs, à fonder une église où ne manquaient que
„ les prêtres et le troupeau : ce n'était pas chose facile... Les
„ nouveaux curés n'ont personne à leurs prêches ; les
„ anciens disent la messe dans une grange où accourent
„ toutes les femmes et bon nombre de maris (3). „

Mais ces témoignages de la presse libérale, si exprès qu'ils fussent, pâlissaient lorsqu'on les mettait en regard des aveux

(1) Correspondance suisse, mai 1877.
(2) Correspondance de Lausanne, 29 décembre 1877.
(3) Correspondance de Genève, 27 février 1878.

échappés le 10 mai 1877 au Conseil supérieur catholique, qui dans une circulaire adressée à " messieurs les ecclésiastiques du canton de Genève, „ leva un des coins du voile à l'aide duquel il avait cherché jusque là à dissimuler les plaies de la nouvelle église. En voici les termes :

ÉGLISE CATHOLIQUE
Conseil supérieur.

" Messieurs et chers collaborateurs,

„ Le Conseil supérieur, institué par la loi de 1873, pour veiller aux intérêts religieux de l'Église catholique de Genève, estime qu'il est de son devoir de ne laisser passer aucune occasion de faire entendre sa voix à messieurs les ecclésiastiques, lorsque les circonstances l'exigent.

„ Or, la nécessité de remplir ce devoir lui paraît évidente aujourd'hui, à la suite de graves communications qui lui ont été faites dans une séance à huis-clos, communications desquelles il résulte que des plaintes réitérées et reconnues fondées ont été portées contre quelques ecclésiastiques relativement à leur peu de régularité à commencer les offices religieux aux heures fixées, à la rareté de leurs visites pastorales, à l'abandon des malades et des familles dans le deuil et la souffrance. En outre, des personnes graves et zélées ont exprimé le vif regret, que des prêtres aient nanti le public des divergences qui ont pu naître au sein du clergé, et même qu'ils se soient oubliés au point de répandre des bruits qui, vrais ou faux, portaient atteinte à la réputation de leurs confrères.

„ C'est sans doute à ces causes qu'il faut attribuer un certain malaise dans l'ensemble de nos églises et un certain relâchement dans la vie religieuse de quelques paroisses.

„ Ce relâchement ne saurait être nié, puisqu'il s'est traduit, au dehors, par une diminution sensible dans le nombre des personnes qui assistent au culte et dans la liste des enfants qui fréquentent l'enseignement organisé par le Conseil supérieur.

„ Du reste, la statistique relevée par M. l'évêque, relativement à l'administration des sacrements, dans un rapport présenté au dernier Synode sur notre situation religieuse, est un témoin irrécusable de la vérité de nos assertions, et nous inspire le vœu que désormais le canton de Genève occupe un rang plus honorable dans cette statistique paroissiale.

„ Un tel état de choses ne pourrait durer plus longtemps sans compromettre l'honneur et la dignité de notre œuvre, et sans en arrêter l'élan et la propagation.

„ Ainsi délibéré par le Conseil supérieur dans sa séance du 10 mai 1877. „

Ainsi, tout allait mal : les prêtres donnaient des sujets de plainte; " les fidèles „ se relâchaient à vue d'œil. On imagina, quelques jours après l'envoi de cette circulaire, d'appeler l'évêque Herzog et de lui faire une réception solennelle. Le président du Conseil d'État, M. Vautier, s'empressa de lui souhaiter la bienvenue; puis, on posta dans l'église profanée de Notre-Dame, 180 enfants au maximum, recueillis dans les familles d'apostats depuis l'âge de six jusqu'à l'âge de dix-sept ans, et on leur fit administrer la confirmation. Ce chiffre accusait à lui seul le peu de crédit de la secte ; car la moyenne annuelle des enfants catholiques admis à l'âge de douze ans à la première communion et à la confirmation dans la ville de Genève et la banlieue était de 350 environ.

Les choses ne marchèrent pas mieux après la visite de M. Herzog. Les églises se trouvèrent plus vides que jamais, tandis que le zèle des catholiques se déployait avec une vivacité de plus en plus consolante. Bien que livrés à leurs propres ressources, ils construisirent de toutes parts des chapelles provisoires, et en 1877, ils parvinrent à constituer pour l'entretien de leurs prêtres un budget de 48,000 francs.

En dehors du culte catholique et du culte officiel, l'ex-père Hyacinthe avait cherché à organiser une petite église dont il était l'unique pontife, et qui seule, à l'entendre, était la vraie église orthodoxe. La curiosité lui avait procuré pendant quelque temps un certain auditoire ; tous les dimanches, il célébrait devant des protestants et des libres-penseurs une messe sacrilège; mais, petit à petit, il avait vu la faveur populaire décroître. Une fois il s'écria : " Genève est après Paris la ville de l'Europe la plus corrompue. „ Cette sortie fut fort mal accueillie. Enfin, rebuté lui-même par l'insuccès de ses efforts, il se décida le 24 février 1878 à licencier son auditoire; il lui annonça son départ pour Paris, renouvela ses protestations d'attachement absolu à l'Église catholique, laissa dans la Bible, dit-il, un guide sûr à ses adeptes, et les recommanda au pasteur de l'église américaine, la seule, à l'entendre, qui conciliât l'autorité épiscopale avec le principe de la séparation des deux pouvoirs.

Ainsi s'évanouissait la tentative la plus sérieuse qui eût

été faite pour créer à Genève le culte nouveau. En présence de l'échec que le schisme avait subi dans toutes les formes qu'il avait revêtues depuis trois ou quatre ans, il ne manquait pas de gens qui accusaient M. Cartéret d'avoir gâté l'entreprise par son intervention, et qui, avec le *Journal de Genève*, auraient préféré *la manière douce à la manière forte*. Ils auraient eu peut-être raison, s'il y avait eu à Genève, en dehors des églises existantes, un groupe notable de familles animées d'une foi religieuse sincère, bien qu'égarée, et qui eussent été disposées à se rattacher, par conviction, au nouveau culte. Mais c'est là précisément ce qui faisait défaut ; sans l'appui du bras séculier, la nouvelle église n'eût pas même réussi à se constituer.

Il ne faut pas cependant trop déplorer la lutte qui se poursuivait à Genève. Elle avait ravivé la foi des croyants et retrempé dans la pauvreté et les sacrifices le zèle du clergé et des laïques ; elle avait témoigné aussi du crédit que méritaient les protestations hypocrites du libéralisme en faveur de la liberté et du droit dans les pays où il est minorité, en montrant le scandaleux abus qu'il ne craignait pas de faire de l'autorité là où il était le maître.

III

En dehors du Jura et de Genève, l'hostilité des protestants et des radicaux contre l'Église catholique ne se manifesta en 1876 et en 1877 que par quelques actes isolés.

A Zurich, le Grand Conseil rompit ses relations officielles avec l'évêché de Coire ; mais il se refusa à interdire aux catholiques tout rapport avec l'évêque.

A Soleure, le Grand Conseil révoqua le curé de Gietzenbach, parce qu'il avait célébré à nouveau le mariage de deux personnes unies par les prêtres schismatiques. Un peu après, une pétition couverte de plus de 7,000 signatures réclama du Grand Conseil le droit pour les catholiques de faire administrer à leurs enfants le sacrement de confirmation par Mgr Lachat ; mais, par 88 voix contre 12, le Grand

Conseil rejeta la requête. L'on vit, à la suite de ce vote, les victimes de ce déni de justice franchir les frontières du canton pour recevoir à Reiden le sacrement de confirmation des mains de leur évêque légitime.

Dans le canton de Bâle, le gouvernement imposa à la commune d'Allschwyl un curé schismatique.

Dans la ville de Saint-Gall, la majorité de " la commune catholique résolut de sortir du giron de l'Église romaine pour passer à l'ancien catholicisme ; „ elle se constitua en " commune catholique indépendante, „ et, le 30 janvier 1878, le Conseil d'État la reconnut comme telle.

En Argovie, on mit pour la première fois en vigueur la loi, votée par une majorité protestante, qui prescrivait la réélection périodique des curés catholiques ; les fidèles furent obligés d'aller au scrutin, pour ne pas être privés de leurs pasteurs : à Kaiser-Augst seulement, le curé sortant ne fut pas réélu.

Par contre, le Tessin échappa définitivement à la longue étreinte du radicalisme.

Le Conseil d'État ne profita pas de l'avertissement que lui avaient donné, en 1875, les élections pour le Grand Conseil ; il souleva la conscience populaire en expulsant des ecclésiastiques italiens, en révoquant des curés, en interdisant des processions et des fêtes religieuses, en frappant d'amende un journal qui avait publié l'excommunication d'un prêtre tessinois, etc. Comprenant que son règne allait finir, il essaya de le perpétuer, en provoquant un pronunciamiento radical, qui eut lieu à Locarno, et qui réclama de nouvelles élections suivant un mode plus favorable à ses vues. Le Conseil fédéral intervint, et l'agitation ne se termina que par un appel régulier au corps électoral. Ce n'est pas que le radicalisme épargna les menaces; un de ses journaux, le *Gottardo* écrivit: " Il ne saurait y avoir de repos au Tessin, tant que le parti „ radical n'y aura pas la haute main, et si les prochaines „ élections devaient ramener au Grand Conseil les élus du „ 21 février 1875, l'agitation ne cesserait pas pour cela, mais „ s'aggraverait plutôt. Un pays libéral et progressiste a le „ devoir de combattre la réaction jusqu'à la mort. „ Ces menaces restèrent sans effet. Le peuple donna une majorité de 24 voix aux conservateurs, et c'est ainsi qu'après une domination de 35 années, finit l'arbitraire radical dans le Tessin. " Le Tessin, dès aujourd'hui, s'écria tristement un „ organe du parti vaincu, est avec Fribourg, le Valais et les „ petits cantons. „

De son côté, la ville de Lucerne, après quelques hésitations, se rangea du côté de l'Église : l'assemblée paroissiale, dont les sentiments avaient paru incertains pendant quelque temps, rejeta définitivement en 1877 les propositions des vieux-catholiques et manifesta son attachement à la foi catholique.

En somme, à part Genève et le Jura, le Culturkampf ne réussissait à s'implanter nulle part : c'est à peine si, çà et là, les autorités lui donnaient quelques gages.

CHAPITRE IX.

(Mai 1878 à Juin 1879.)

—

Avènement de Léon XIII : sa lettre au Conseil fédéral. — La persécution
s'affaiblit. — Changement d'attitude du gouvernement de Berne. —
Pacification dans le Jura. — Chute dans cette contrée de l'église vieille-
catholique. — Oscillations à Genève : maintien de M. Carteret ; ses
nouvelles mesures, ses échecs.

I

Six années s'étaient écoulées depuis que la persécution
avait commencé à sévir sur divers points de la Suisse. C'est
en vain qu'on avait mis à l'épreuve la foi des catholiques :
elle avait déjoué les desseins qui escomptaient ses défail-
lances. Aussi, en 1878, la lassitude sembla gagner beaucoup
de ceux qui avaient secondé le mouvement. Dans les votes
du peuple comme dans les résolutions du gouvernement, un
courant nouveau se produisit presqu'instantanément et permit d'espérer un avenir meilleur.

Léon XIII venait de monter sur le trône pontifical. Il s'empressa de notifier son avènement au Conseil fédéral. Avec ce
mélange de dignité, de mansuétude et d'esprit de conciliation qui le distinguent, il saisit cette occasion d'exprimer le
regret, que " les relations amicales qui existaient autrefois
entre le Saint-Siège et la Confédération suisse eussent subi
dans ces dernières années une interruption déplorable „, et
l'espoir qu'on ne tarderait pas à trouver " des remèdes oppor-
tuns et efficaces aux maux „ qui affligeaient l'Église catholique dans ce pays. Une démarche venue de si haut méritait
un accueil favorable. Le Conseil fédéral crut cependant devoir
faire remarquer dans sa réponse, que " la religion catholique
jouissait comme tous les autres cultes d'une liberté garantie
par la Constitution, sous la seule réserve que les autorités
ecclésiastiques n'empiétassent pas sur les droits et les com-

pétences de l'État ni sur les droits et facultés des citoyens „;
mais, cette concession faite aux passions dominantes, il
ajouta " qu'il serait heureux de seconder dans sa sphère
d'action les efforts du Pape pour le maintien de la paix confessionnelle et la bonne harmonie entre les divers cultes. „

Les assertions du Conseil fédéral provoquèrent de vives
contradictions. De Lucerne, du Valais, de Fribourg, on répondit, dans des adresses émanées des pouvoirs locaux eux-
mêmes, que dans plusieurs cantons les catholiques vivaient
sous un régime exceptionnel, et on réclama l'intervention des
autorités fédérales pour accepter les ouvertures de Léon XIII
et travailler au rétablissement de la pacification religieuse.

Ce mouvement répondait à des dispositions qui tendaient
à se manifester un peu partout et qui ne devaient pas tarder
à inspirer les élections fédérales. D'ailleurs, beaucoup de ceux
qui s'étaient bercés de l'illusion de pouvoir substituer à
l'Église catholique une église nationale consentant à n'être
qu'un instrument aux mains de l'État, commençaient à
reconnaître leur erreur. L'expérience était faite : le vieux-
catholicisme n'avait aucune chance de s'implanter en Suisse.
En vain avait-on doté le nouveau culte d'une organisation
savante et développée ; en vain lui avait-on donné un évêque
et des prêtres richement rentés ; en vain avait-on dispensé le
clergé et les laïques des pratiques religieuses les plus gênan-
tes : l'église, née d'hier, n'était déjà plus qu'un cadavre. Le
quatrième concile qu'elle tint à Aarau au mois de juin 1878,
passa inaperçu ; on le laissa discuter, dans le temple protestant de cette ville, sans se préoccuper de ses délibérations,
la question de la communion sous les deux espèces et celle
de la réduction du nombre des fêtes. Tout le monde sentait
que la stérilité de son œuvre était irrémédiable, et l'ex-abbé
Michaud le comprit mieux que personne, car, trois mois
après, il donna sa démission de " vicaire épiscopal de l'église
catholique-chrétienne „; tout en continuant, bien entendu, à
toucher comme professeur à l'Université de Berne le gros
traitement qu'on lui avait assuré. Le même phénomène se
produisait ainsi à la fois en Suisse et en Allemagne : le vieux-
catholicisme avait bien réuni des assemblées composées des

éléments les plus disparates, où l'on déclamait contre le
" vaticanisme, le hiérarchisme et le jésuitisme „; mais, ni
dans le domaine du dogme, ni dans celui de la charité, il
n'était parvenu à créer rien de sérieux.

Un nouvel effort cependant fut tenté à Bâle en juillet 1878
en faveur du vieux-catholicisme. Là, le Grand Conseil, formé
en majorité considérable de protestants, vota une constitution " de l'église catholique nationale „, mettant à la disposition de la secte vieille-catholique, seule reconnue comme
église officielle, toutes les subventions de l'État; mais ces
faveurs n'eurent guère plus de succès qu'ailleurs, et tandis
que les catholiques, dépouillés du temple où ils célébraient
leur culte, se constituaient en église libre, les vieux-catholiques ne réussissaient qu'à rassembler 160 adhérents environ pour l'élection d'un curé. Encore celui-ci, le docteur Vat-
terich, ne tarda-t-il pas à donner sa démission, en alléguant,
dans une lettre rendue publique, que ses ouailles n'avaient
aucune conviction chrétienne, et ne croyaient " ni à la Tri-
nité, ni à la vie éternelle, ni à la divinité de Jésus-Christ, ni
enfin à aucun des dogmes reconnus de toutes les confessions
chrétiennes „. On parvint cependant à remplacer le pasteur
démissionnaire.

Dans le canton de Soleure lui-même, l'époque de la réélection des curés, telle qu'elle avait été fixée par une loi de
1872, étant arrivée, les ecclésiastiques en fonctions, tout en
protestant contre l'illégalité de la mesure, se firent inscrire
comme candidats; ils furent partout réélus au mois de février
1879. Une seule paroisse, celle de Starkirch, avait un curé
schismatique, M. Gschwind; il fut battu au vote par 114
voix contre 105; seulement le gouvernement se refusa à
reconnaître la nomination du candidat orthodoxe, sous le
prétexte que des électeurs n'appartenaient pas à la paroisse
officiellement reconnue par l'État !

A Saint-Gall, le vieux-catholicisme fut encore moins
heureux. Il avait cru, un moment, pouvoir compter sur la
protection efficace de l'autorité civile. Le Conseil d'État avait
même décidé, le 30 janvier 1878, de le reconnaître comme
corporation catholique *(Katholische Kirchgemeinde)* : la con-

séquence de cette décision, si elle avait été maintenue, eût été de lui attribuer le droit de célébrer son culte dans la magnifique cathédrale de la ville de Saint-Gall et d'user des fonds qui en dépendent. Mais, sur recours porté devant le Grand Conseil, celui-ci cassa l'arrêté du Conseil d'État à l'énorme majorité de 123 voix contre 27. " Nous ne prétendons pas, avait dit le rapporteur, empêcher les vieux-catholiques de se constituer en paroisse ; seulement, ils doivent le faire avec leur propre argent et non avec les fonds des catholiques-romains. „ Rien n'atteste mieux que ce vote le déclin de l'influence de la secte : pendant deux ans, le canton de Saint-Gall avait paru l'un des plus menacés ; soudain, les chances se modifièrent, et c'est assez dire que dans les autres cantons, préservés jusque-là des attentats du vieux-catholicisme, celui-ci devait renoncer désormais à l'espoir d'y tenter une propagande efficace et d'y dépouiller les catholiques.

La lettre du Saint-Père, lettre pleine de sentiments élevés et conciliants, les protestations des cantons catholiques contre l'intolérance qui pesait sur leurs coreligionnaires de certains cantons mixtes, les scandales et l'impuissance du clergé vieux-catholique et de ses soutiens, l'échec, désormais indéniable, d'une campagne engagée avec une audace sans égale, tout avait contribué à semer, sur divers points de la Suisse, les germes d'une heureuse réaction. Ils se révélèrent un peu partout : à Fribourg, où le conseil municipal radical fut mis de côté ; à Zurich, où les conservateurs regagnèrent une partie du terrain qu'ils avaient perdu depuis longtemps ; dans le canton du Tessin où le Grand Conseil vota la réintégration des capucins dans les quatre couvents de Lugano, Ligorio, Locarno et Faido. Mais ce fut surtout à l'occasion des élections fédérales du 27 octobre 1878, qu'on put en constater le développement.

Plusieurs fois déjà, le peuple, appelé à se prononcer sur les lois votées par les Chambres, les avait repoussées ; mais, par une contradiction singulière, il avait continué à investir de sa confiance les hommes dont il réprouvait les desseins : c'est qu'au jour du scrutin, le radicalisme, habile à agiter de grands mots, parvenait à arracher aux populations, égarées par un effroi passager, des suffrages contraires à leurs véritables sentiments. Cette fois la tactique, si souvent employée, eut un succès moins grand. Le peuple était fatigué des luttes sans cesse renaissantes auxquelles on le condamnait au nom du progrès et de la civilisation, et il marqua clairement son intention d'y mettre un terme.

Dans l'ancien Conseil national, les radicaux avaient à eux seuls la majorité : dans la nouvelle Assemblée élue le 27 octobre, ils n'étaient plus que 56 ; les libéraux étaient 34, les conservateurs-protestants 11, les catholiques 35. Berne, Zurich, Thurgovie, Neufchâtel et Soleure avaient en majorité voté pour le radicalisme ; mais les catholiques et les conservateurs-protestants avaient conquis plusieurs sièges dans le Bas-Valais et dans le canton de St-Gall. A Genève, les quatre candidats opposés à la liste de M. Carteret l'avaient emporté à 3,000 voix de majorité : le chef, si longtemps puissant, du radicalisme genevois, était resté lui-même sur le carreau. Un instant, on crut aussi que les catholiques l'avaient emporté dans le Jura ; mais ils échouèrent au ballottage, et il faut dire comment. Pour neutraliser les votes des catholiques jurassiens, la loi avait imaginé d'adjoindre aux trois districts catholiques les deux districts protestants de cette région, pour en former un seul collège électoral, et cela dans l'espoir, que les protestants unis aux radicaux assureraient à tout jamais la défaite de la liste catholique. Cette fois, un accord parut intervenir entre les conservateurs-protestants et les catholiques, en vertu duquel une liste mixte fut dressée : les deux protestants de la liste passèrent au premier tour du scrutin ; les trois catholiques au contraire furent soumis au ballottage ; mais, lors de la seconde épreuve, leurs concurrents radicaux triomphèrent. On assure qu'une pression extrême fut exercée par les fonctionnaires sur la population rurale, et que les conservateurs-protestants, satisfaits d'avoir fait passer leurs deux candidats, se désintéressèrent de la lutte ou s'unirent de nouveau avec leurs anciens alliés, les radicaux. Ce qui est certain, c'est que rien n'est plus inique que cette géométrie électorale qui parvient à priver toute une population de représentation réelle. Là cependant comme ailleurs, les catholiques étaient en progrès.

Les résultats des élections, envisagés dans leur ensemble, étaient satisfaisants. Désormais le radicalisme ne pouvait plus parler en maître dans les Chambres fédérales. L'un des élus de Genève, M. Chennevière, fixa en ces termes la signification du scrutin : " On a prétendu, dit-il, que si nos candidats triomphaient, ce serait le triomphe de la réaction. „ Oui, c'est une réaction ; mais il faut savoir ce qu'était „ l'action. Si elle représentait l'autoritarisme, notre réaction „ sera la liberté ; si elle semait les haines et les divisions, la „ réaction inaugurera une ère de paix et de réconciliation. „ Ces sentiments semblaient présager que les catholiques verraient bientôt des jours meilleurs et que le Culturkampf ne tarderait pas à prendre fin. Seulement, les libéraux et les conservateurs-protestants ne poussèrent pas l'esprit de tolérance et de justice distributive jusqu'à appeler les catholiques aux fonctions publiques. Il eût été équitable qu'un siège, si pas deux, leur fût accordé dans le Conseil fédéral ; ils ne purent l'obtenir, et sur cette question préliminaire, toutes les autres fractions, à 3 ou 4 voix près, se montrèrent animées d'un égal esprit d'exclusivisme pour faire échouer M. Weck-Reynold, un des hommes les plus capables de la Confédération, et composer le Conseil fédéral de trois radicaux et de quatre libéraux.

Reprenons maintenant le récit des événements dans les cantons de Berne et de Genève.

II

Le 5 mai 1878, eurent lieu les élections au Grand Conseil de Berne. L'opposition au gouvernement comptait conquérir quelques sièges ; mais elle n'espérait guère obtenir une victoire décisive, le canton ayant toujours été le foyer le plus actif des passions protestantes. Néanmoins, la politique du Conseil d'État avait fini par lasser l'opinion publique. Aussi les libéraux-conservateurs réussirent-ils à emporter une trentaine de sièges dans la partie protestante du canton et même dans la ville de Berne où échoua M. Teuscher, l'un des promoteurs de la lutte religieuse. De leur côté, les catholiques firent passer dans le Jura tous leurs candidats; aucun député radical n'y trouva grâce.

Malgré ses échecs, la majorité restait acquise au radicalisme; mais une fraction considérable de la population ayant protesté contre la politique de l'ancien Grand Conseil et de son organe, le Conseil d'État, il était impossible que ce fait important ne modifiât pas l'attitude de la législature et n'amenât pas la substitution d'un gouvernement de conciliation au gouvernement de combat que dirigeaient MM. Bodenheimer et Teuscher. Celui-ci le comprit lui-même, et il déclara dès le début de la session, qu'en présence du désaveu dont ses collègues et lui avaient été l'objet, il était de leur dignité de se retirer. Aussi, la constitution du nouveau Conseil d'État réalisa-t-elle les espérances des modérés. Les radicaux y étaient encore représentés, mais par des noms moins colorés qu'autrefois et qui, du reste, y siégeaient en minorité.

Le Grand Conseil, à peine entré en fonctions, eut le tort de maintenir, dans le Jura, tous les fonctionnaires hostiles aux catholiques. Néanmoins son dessein n'était pas de perpétuer dans cette région la terreur à laquelle on avait eu recours jusque-là pour extirper le catholicisme, et de continuer à y imposer aux populations un culte et des ministres qu'elles n'avaient cessé de réprouver avec une admirable énergie. Il le prouva bientôt.

Les catholiques du Jura ayant réclamé le droit de se constituer en corporation légalement reconnue, le Conseil d'État ne se montra pas favorable à cette demande; il estima qu'autoriser la formation de paroisses légales à côté de celles constituées en exécution de la loi sur les cultes, serait créer un État dans l'État; mais en même temps il émit l'avis, que l'on pourrait donner satisfaction aux catholiques en faisant grâce aux ecclésiastiques autrefois révoqués de leurs fonctions et en permettant à leurs anciens paroissiens de fixer sur eux leur choix lors des élections périodiques de curés. En conséquence, il soumit, au mois de septembre 1878, au Grand Conseil les propositions suivantes :

« 1. Il n'est pas entré en matière sur les requêtes des catholiques-romains des districts de Moutiers, Franches-Montagnes, Délémont, Porrentruy et de la ville de Berne. tendant à ce qu'il plaise au Grand Conseil de leur conférer le droit de corporation ;

„ 2. Les pétitions demandant la cession des églises pour la célébration du culte catholique-romain sont renvoyées aux autorités compétentes en vertu de l'art. 19, chiffre 6, de la loi sur l'organisation des cultes ;

„ 3. Toutes les paroisses des districts catholiques qui ne sont pas encore organisées légalement, seront invitées à se constituer, à élire les autorités paroissiales, et à procéder à la nomination des curés; là où il n'y en a pas encore en fonctions ;

„ 4. Les ecclésiastiques révoqués de leurs fonctions par l'arrêt de la Cour d'appel et de cassation du 15 septembre 1873 sont de nouveau éligibles ; le Grand Conseil leur accorde l'amnistie au sujet du dispositif sous chiffre 2 de l'arrêt de révocation, portant que chacun d'eux est inéligible à une cure du canton aussi longtemps qu'il n'aura pas retiré sa protestation du mois de février 1873. „

La pensée du Conseil d'État, en formulant ces propositions, fut exprimée au Grand Conseil par M. de Wattenwyl, qui avait été chargé, en remplacement de M. Teuscher, de la direction des cultes : « Le gouvernement, dit-il, ne peut pas „ autoriser les catholiques-romains à se constituer en corpo- „ rations libres, ayant droit de posséder comme personnes „ morales, parce que ce serait créer un État dans l'État ; „ l'abîme qui existe entre les diverses confessions serait élargi „ et deviendrait infranchissable. C'est pourquoi le Conseil „ d'État propose aux catholiques un arrangement conclu „ sur les bases de la loi confessionnelle du 18 janvier 1874 ; „ si l'arrangement est impossible dans ces conditions, que „ les pétitionnaires reviennent à la charge. Le peuple veut la

» fin du conflit religieux, les catholiques la sollicitent. Pour
» faciliter la transaction et manifester sa bonne volonté, le
» gouvernement bernois propose qu'on amnistie tous les
» prêtres du Jura qui avaient été condamnés à la suite de
» leur protestation ; que, par conséquent, tous et chacun de
» ces prêtres soient immédiatement déclarés éligibles. Que si
» les catholiques romains m'objectent que cette loi du
» 18 janvier 1874 est schismatique et qu'ils ne peuvent s'y
» soumettre, je leur rappellerai que bien des choses sont
» possibles à Rome, qui ne le sont pas ailleurs. Que des deux
» côtés on prête la main à la conciliation... »

Les temps étaient donc bien changés! Non seulement le
gouvernement ne traitait plus les catholiques en ennemis
publics, mais il reconnaissait la nécessité d'un accord avec
eux ; comme preuve de sa bonne volonté, il faisait spontané-
ment grâce aux curés revoqués ; il invitait indirectement le
peuple à les choisir comme pasteurs des paroisses créées par
la loi, et il prenait soin d'ajouter que, si l'arrangement ne
pouvait se conclure sur ces bases, il conviendrait de rechercher quelque autre moyen de transaction.

Le langage conciliant de M. de Wattenwyl fut accueilli, au
sein du Grand Conseil, avec une faveur marquée. Dans les
délibérations préparatoires, quelques membres émirent
l'avis de faire dépendre l'amnistie à accorder aux curés de
leur adhésion préalable à la loi sur l'organisation des cultes.
Mais cette condition fut écartée comme propre à entraver les
essais d'entente, et finalement, le Grand Conseil, à l'unanimité de 209 membres présents, vota purement et simplement
les propositions du Conseil d'État ; les radicaux eux-mêmes
avaient compris la nécessité d'abandonner l'ancienne politique d'intolérance à laquelle ils s'étaient associés avec une
complaisance empressée.

Une grave difficulté restait néanmoins à résoudre. Les
catholiques allaient-ils prêter les mains à l'exécution de
l'arrangement proposé par l'État? Le pouvaient-ils? pouvaient-ils notamment accepter, soit directement, soit indirectement, la loi sur l'organisation des cultes et élire eux-
mêmes leurs curés? Le discours de M. de Wattenwyl prouve

que le gouvernement comptait à cette fin sur les dispositions conciliantes du pape Léon XIII. De son côté, un journal important de Berne, le *Bund*, tout en déclarant que la Cour de Rome " devait avant tout autoriser ses adhérents à se placer sur le terrain de la loi qui règle les rapports des cultes avec l'État „, ajouta : " Sur ce terrain, les difficultés s'aplaniront d'elles-mêmes „.

Il s'en fallait que la presse radicale tînt un langage aussi pacifique. Mais rien ne permettait de croire que le gouvernement ne fût pas inspiré d'un sincère esprit d'apaisement, et dès lors on n'eût guère compris que les catholiques repoussassent ses avances. D'autre part, la question était essentiellement du ressort de l'autorité ecclésiastique, et Rome, fidèle à sa prudence traditionnelle, ne se prononce jamais hâtivement. En attendant que sa décision intervînt, une attitude provisoire devait être adoptée, car les paroisses catholiques, dans lesquelles ne se trouvaient pas encore de prêtres intrus, allaient être invitées à choisir leurs pasteurs; de plus, dans les 24 paroisses déjà pourvues de curés vieux-catholiques, des votations partielles ou totales pour les conseils paroissiaux devaient avoir lieu immédiatement, en attendant que ces mêmes paroisses eussent à procéder à la nomination de leurs curés, à l'expiration, dans un avenir rapproché, du mandat confié aux intrus en fonctions.

Les autorités ecclésiastiques, tout en réservant le jugement de Rome, n'avaient pas cru devoir recommander l'abstention. Les premiers chrétiens désignaient leurs pasteurs, et aujourd'hui encore, cette pratique ne présente guère d'inconvénients dans les communautés chrétiennes peu nombreuses, dont tous les membres sont animés d'une égale ferveur et ne cherchent que le bien de l'Église; elle serait au contraire extrêmement dangereuse, dans les paroisses où le corps des fidèles est fort mêlé et où une majorité égarée par les préjugés pourrait céder à la tentation de faire de mauvais choix. En Suisse, elle est restée en vigueur dans beaucoup de villages des cantons primitifs, et même du canton de Soleure : on ne voit donc pas pourquoi le pouvoir compétent n'aurait pas usé de la même tolérance à l'égard de ces admirables communautés du Jura, où la foi catholique s'est conservée, malgré la persécution, dans toute sa vigueur primitive ; du reste, il ne s'agissait, pas plus là qu'ailleurs, de reconnaître aux fidèles le droit de conférer aux curés les pouvoirs dont ils sont investis, mais seulement de les charger d'une désignation dont la validité devait dépendre de la ratification de l'évêque.

Les autorités ecclésiastiques n'hésitèrent donc pas, et les fidèles non plus. Il fut résolu que ceux-ci prendraient part aux élections, en se réservant de déclarer au moment du vote, qu'ils n'entendaient point se séparer de l'Église catholique romaine. En d'autres termes, leur participation au scrutin ne devait avoir à leurs yeux d'autre signification, que d'accepter les curés qui leur auraient été préalablement désignés par l'autorité ecclésiastique.

Mais avant d'avoir à élire leurs pasteurs, les catholiques furent appelés à renouveler les conseils paroissiaux formés partout de schismatiques, et chargés en réalité de décider de tout l'avenir religieux des paroisses.

La première paroisse, à qui l'occasion fut offerte de mettre à exécution le plan qui venait d'être arrêté, fut la paroisse de Courtemaiche, comprenant trois communes. Les catholiques l'emportèrent par près de 200 voix contre 24. Lorsque les schismatiques les virent arriver à l'urne, ils essayèrent de plusieurs moyens pour les en écarter ; mais l'attitude énergique des maires mit fin à ces tentatives nouvelles d'oppression. L'exemple donné à Courtemaiche fut bientôt suivi à Delémont, en dépit de la présence dans le corps électoral paroissial de cette localité de maints fonctionnaires radicaux ; à Porrentruy, la capitale du Jura, où le schisme avait depuis longtemps concentré toutes ses forces et où il échoua à plus de 155 voix de minorité, et successivement dans plusieurs autres communes jurassiennes.

Peu de temps après l'élection des conseils paroissiaux, eut lieu le 28 décembre à Saignelégier, la première nomination de curé sous le régime nouveau : elle tourna à la confusion du candidat vieux-catholique qui n'obtint qu'une minorité dérisoire de 25 voix, tandis que le candidat catholique réunissait 446 suffrages. Bientôt après, à Ste-Ursanne, le doyen Chèvre fut élu à l'unanimité; il en fut de même à Montfaucon et ailleurs.

L'attitude nouvelle des catholiques, facilitée par les actes conciliants du gouvernement, provoqua le plus grand désarroi parmi les vieux-catholiques. Des documents officiels établissaient que les quatre années du règne du schisme, dans le Jura, avaient coûté 867,000 francs ; dans cette somme, les salaires des intrus figuraient pour 425,000 francs. On comprend que ceux qui profitaient de tels avantages pour desservir des cures purement fictives, furent vivement émus de la tournure des événements. Ils cherchèrent cependant à cacher leur dépit et firent afficher dans les églises une déclaration, portant qu'ils s'étaient voués par conviction à l'œuvre de l'émancipation religieuse du Jura, " qu'ils resteraient au poste de lutte et d'honneur qui leur avait été confié, et que, malgré les défections et les trahisons, ils feraient leur devoir, comptant que les libéraux feraient aussi le leur. „

Mais cette déclaration ne pouvait les sauver; il était visible, à moins d'un revirement, peu probable dans les dispositions du gouvernement de Berne, que le simulacre d'église, si laborieusement édifié par M. Teuscher et ses amis, ne tarderait pas à s'écrouler.

C'est pénétré des dangers de cette situation nouvelle, que le Synode vieux-catholique se réunit en session extraordinaire à Bienne, au mois de janvier 1879. Le Conseil synodal proposa d'émettre un vote de désapprobation à l'adresse de l'amnistie accordée aux curés par le gouvernement de Berne. Après de vifs débats, ce vote réunit 30 suffrages contre 17 : c'était avouer que la secte ne s'appuyait que sur le bras de l'État et l'argent du budget.

Le but du Synode, en protestant contre l'amnistie, était probablement d'intimider le gouvernement ; mais il devait d'autant moins réussir que les forces de la secte s'affaiblissaient tous les jours; c'est ainsi qu'elle venait de perdre une de ses principales recrues, M. Geoffroi, curé de Courtemaiche, qui, répudiant ses erreurs, était rentré dans le sein de l'Église romaine. Bientôt les catholiques eurent à examiner s'ils pouvaient participer aux élections du Conseil synodal du canton de Berne.

Le doute n'était guère possible. Le Synode cantonal n'avait fait que remplacer dans le canton de Berne les anciennes commissions exécutives, lesquelles fonctionnaient avant le schisme avec l'assentiment du clergé. Les catholiques pouvaient donc, en toute sûreté de conscience, participer à son renouvellement. Aussi, au jour désigné, toutes les paroisses jurassiennes, à part Berne, Laufon, Grellingue et Saint-Imier, nommèrent des délégués catholiques, formant une masse compacte de plus de 60 membres. La minorité ne comptait plus désormais que les élus des rares paroisses dissidentes, les intrus encore en fonctions et les professeurs de la faculté de théologie vieille-catholique de Berne, en tout 30 membres environ ; et encore cette minorité était-elle destinée à s'émietter à mesure que de nouvelles votations de curés allaient avoir lieu.

Les effets de ces élections ne tardèrent pas à se faire sentir. Au mois de juin 1879, le Synode cantonal renouvelé se réunit pour la première fois, et nomma, à la majorité des deux tiers des voix, un bureau catholique ; puis, après avoir choisi, exclusivement parmi les catholiques, les membres du Conseil synodal, il s'ajourna au mois de janvier 1880.

Nous anticipons ici sur les événements pour relater ce qui se passa à la seconde réunion du Synode reconstitué ; elle eut lieu dans la commune de Délémont, à l'époque fixée : là, par 68 voix contre 15, furent abolies toutes les décisions dogmatiques et disciplinaires attentatoires à la doctrine de l'Église, prises dans les sessions précédentes : " Nous, laïques, s'était écrié avant ce vote le président du Conseil synodal, M. Folletête, nous n'avons aucune mission d'enseignement dans l'Église. Nous entendons en rester les enfants fidèles et soumis, et personne n'a le droit de nous en blâmer. „ En vain la minorité schismatique avait-elle demandé le renvoi de la discussion à une autre session ; la majorité avait refusé de la suivre ; il n'avait fallu que quelques heures pour supprimer les décrets relatifs à l'abolition de la confes-

sion, au mariage des prêtres, à l'adhésion à l'évêque
schismatique, au port du costume ecclésiastique, et à l'introduction du catéchisme vieux-catholique, etc., décrets successivement pris de 1875 à 1878.

Le coup porté ainsi à l'édifice si péniblement élevé du
vieux-catholicisme dans le canton de Berne devait être
décisif. Le Synode avait, pendant plusieurs années, donné
l'impulsion au culte nouveau; il avait servi de lien aux
paroisses schismatiques; il en avait été aussi l'organe auprès
des autorités cantonales. Ce caractère, il ne l'avait plus
désormais; d'ailleurs, les paroisses, en réélisant tour à tour
leurs anciens curés, brisèrent, les unes après les autres, leurs
attaches légales avec « l'évêché national » : le temps était
proche où toutes devaient être débarrassées des intrus.

III

A la différence du gouvernement bernois, le gouvernement
genevois ne se laissa pas influencer par le travail qui se
faisait dans l'opinion publique. Au mois d'avril 1878, l'un de
ses organes, l'*Alliance libérale*, exprima sans ambages la
pensée qui le dirigeait : « Il faut, disait-il, constituer une
gigantesque ligue libérale pour combattre l'ultramontanisme
sous toutes ses formes..... Cette ligue ira jusqu'au bout,
jusqu'à ce que la Papauté, centre et arme de l'ultramontanisme, ait été balayée du monde chrétien et civilisé.
La Papauté ne sera morte que lorsqu'on l'aura tuée »; et
quelques jours après : « La lutte contre la Papauté, contre le
cléricalisme et l'ultramontanisme, doit donc se poursuivre
avec une énergie persévérante. Tout projet de conciliation
serait une duperie, toute trève une défaite. Il faut marcher
en avant sans s'arrêter un instant, sans regarder ni à droite
ni à gauche, sans se laisser ni endormir ni surprendre. La
Papauté, n'importent ses formes et son langage, ne doit plus
être (1). »

(1) Nos des 6 et 27 avril 1878.

Ce n'est pas la première fois que, depuis dix-huit siècles, les ennemis de l'Église ont manifesté ces espérances et prédit la mort de leur divine rivale. Pour hâter l'heure de ses funérailles, ils ont essayé de tous les moyens. M. Carteret, croyant mieux faire que ses devanciers, avait usé de procédés nouveaux. « On a donné, a dit M. Cherbuliez, les églises à ceux qui n'y vont pas; on a condamné ceux qui y vont à se réfugier dans des chapelles construites à leurs frais (1). » Puis, selon la remarque des *Débats* (2), ceux qui n'allaient pas au prêche ou à la messe ont infligé des pasteurs ou des curés de leur choix à ceux qui y allaient. Et quel avait été le résultat de cette stratégie savante ? Nous l'avons déjà constaté maintes fois; mais il est bon d'entendre sur ce point le témoignage peu suspect de M. Cherbuliez : « Il s'est trouvé, a-t-il écrit, que les populations sont demeurées sourdes aux objurgations de M. Carteret et de ses gendarmes; qu'elles se sont refusées à reconnaître en lui leur vrai berger; il s'est trouvé enfin, que le résultat de tant d'obsessions et de méchantes querelles a été de transformer en chauds catholiques beaucoup de tièdes et d'indifférents. »

Ces mécomptes ne découragèrent pas cependant le réformateur de Genève. Dans le courant de l'été de 1878, le Conseil d'État, obéissant à ses suggestions, ordonna de frapper de la main-mise nationale trois des six églises rurales restées en possession des catholiques, celles de Vernier, de Confignon et de Compesières, et deux chapelles annexes, celles d'Onex et de Perly. Il allégua les pétitions qu'ils avaient reçues de quelques vieux-catholiques, pétitions qui le mettaient, à l'entendre, dans l'obligation de satisfaire à d'aussi pressants besoins religieux (3). Au jour fixé, les portes des églises furent crochetées par les serruriers de l'État, au milieu d'un déploiement important de force publique, et le schisme s'introduisit dans les sanctuaires profanés en dépit des protestations indignées des maires et de la population.

(1) Une défaite de la démocratie autoritaire à Genève *(Revue des Deux-Mondes)*.

(2) Correspondance de Genève, 22 décembre 1878.

(3) A Confignon par exemple, il n'y avait eu que trois pétitionnaires !

Les confiscations d'églises avaient été précédées d'un acte plus odieux encore. On sait que les catholiques de Chêne-Bourg, chassés de leur église, avaient installé le culte catholique dans un modeste hangar. Au mois d'avril 1878, sous le prétexte, du reste mensonger, que les catholiques avaient détourné, au préjudice du schisme, des objets servant au culte paroissial, des perquisitions rigoureuses furent exercées tant chez M. le curé Delétraz, qu'on ne craignit pas de jeter en prison, que dans le hangar servant de chapelle, où, pendant les prières de 40 heures, on ouvrit le tabernacle, pour s'emparer des vases sacrés et même de l'ostensoir. A cette nouvelle, un cri d'indignation s'éleva de toute la Suisse catholique : divers cantons envoyèrent des protestations au Conseil fédéral, avec prière de mettre fin à un pareil scandale. Le Conseil fédéral instruisit lentement l'affaire, et ce ne fut qu'après plusieurs mois, qu'il rendit un arrêté déclarant qu'il n'y avait pas eu, dans les faits de Chêne-Bourg, violation de la liberté de croyance et du culte, attendu qu'on avait permis à M. Delétraz et aux ecclésiastiques qui l'assistaient d'ôter la Sainte-Hostie de l'ostensoir. Il exprima néanmoins le regret, que " dans cette affaire, on n'eût pas eu assez d'égards pour les sentiments religieux, auxquels égards avaient droit les différentes corporations religieuses et dont l'observation était d'un grand poids pour le maintien de la paix entre les confessions. „

Il eût été impossible de blâmer avec plus de mesure l'acte de vandalisme commis par le gouvernement de Genève : un simple regret, exprimé par l'autorité fédérale, n'était pas de nature à arrêter, dans ses entreprises violentes, un homme de la trempe de M. Carteret. Il faut néanmoins rendre au Conseil fédéral cette justice, que, s'il fit preuve d'une grande faiblesse dans le cas de Chêne-Bourg, il avait, peu de temps auparavant, annulé l'un des arrêtés les plus tyranniques qu'avait portés le Conseil d'État de la petite République. On se souvient de la décision prise par celui-ci le 28 décembre 1877, et en vertu de laquelle il avait été interdit à tout prêtre catholique étranger à la Suisse de célébrer la messe, de prêcher ou d'exercer un acte quelconque du culte sur le territoire de Genève : le but était de rendre l'exercice du ministère ecclésiastique impossible à la fraction du clergé qui se recrute à l'étranger, notamment en France. En exécution de l'arrêté, l'autorisation de remplir leurs fonctions avait été immédiatement retirée aux deux curés légitimes de Carouge et de Choulex. Mais le Conseil fédéral se montra plus soucieux des droits et des intérêts de la liberté religieuse que le gouvernement de Genève, et il annula son arrêté, par le motif que celui-ci ne s'appliquait qu'à l'Église catholique romaine et qu'il la soumettait à des restrictions qui n'étaient pas imposées à d'autres confessions religieuses.

Il y avait là pour M. Carteret un échec d'autant plus grave, qu'il n'était pas le premier que lui infligeaient les autorités fédérales. Au mois d'avril 1878, le tribunal fédéral s'était prononcé contre lui, à l'occasion de la confiscation prononcée contre certaines propriétés privées ayant servi à l'usage des corporations supprimées par l'État, l'hôpital catholique de Plainpalais, l'orphelinat le Pâquis, l'école de Chêne, etc. Ces propriétés avaient été vendues, comme nous l'avons dit, par les Sœurs de la Charité au moyen d'actes parfaitement réguliers, à un Anglais, M. Reynolds, et à un Français, M. Serrure. Néanmoins l'État s'en était emparé et s'était empressé d'y établir un asile de maternité et divers autres services publics. Mais le tribunal fédéral, à la majorité de 7 voix contre 2, déclara la loi votée par le Grand Conseil de Genève inconstitutionnelle et de nul effet, et réintégra les acquéreurs dans tous leurs titres et droits de propriété.

Il semblait que le gouvernement genevois n'eût plus qu'à se soumettre. Tel ne fut pas cependant le parti qu'il prit, et il tenta un nouveau moyen de rester possesseur des biens qu'il convoitait. Il cita donc les propriétaires des immeubles confisqués devant les tribunaux de Genève, pour y faire dire, que ces immeubles étaient, non leur propriété, mais celle de corporations illégales, et qu'à ce titre, elles devaient demeurer confisquées par l'État. Aussitôt les propriétaires en appelèrent au tribunal fédéral, qui se trouva chargé pour la seconde fois de trancher la contestation.

On arriva ainsi au mois de septembre 1878, et M. Carteret

restait en apparence tout-puissant. Des élections municipales avaient eu lieu au mois de mai précédent dans le canton entier. A la vérité, les catholiques étaient restés les maîtres dans toutes les communes rurales, à l'exception de Carouge et de Chêne, ces deux centres du radicalisme, et de deux ou trois localités moins importantes; en plus d'un endroit même, leur majorité s'était renforcée. Mais à Genève, la liste radicale avait passé tout entière, à cinq de ses candidats près. Des observateurs attentifs firent bien remarquer, que si les indépendants avaient été battus, c'est qu'ils s'étaient aliéné les catholiques, en portant sur leurs listes quelques hommes des plus compromis dans le mouvement vieux-catholique, tels que M. Bard; ils ajoutèrent que, quelques jours après, les élections du Conseil administratif de la ville avaient tourné en faveur des conservateurs; mais il n'en est pas moins vrai que l'heure de la chute de M. Carteret, malgré des symptômes indéniables de réaction, ne semblait nullement prochaine : il avait groupé autour de lui tant de passions haineuses, qu'on le croyait de taille à continuer victorieusement, de concert avec elles, la lutte contre toutes les opposiiions qu'il avait suscitées.

Il se faisait cependant dans l'esprit public un travail lent, mais sûr, contre l'œuvre du dictateur. On n'était pas disposé à le mettre de côté ; mais on n'entendait pas lui donner absolument carte blanche. Au mois d'avril 1878, un de ses amis, M. Page, avait déposé fort inopinément un projet de révision de la Constitution. Tout y était combiné pour fortifier l'autorité de l'État ; car, comme le déclara M. Carteret, au cours de la discussion, " dans une bonne démocratie, le Conseil d'État doit être fort : la volonté du peuple s'identifie avec lui, et plus on lui donne d'autorité, plus on assure la liberté de ce dernier. „ On devine contre qui ces mesures étaient dirigées ; elles portaient principalement sur l'enseignement et les cultes.

Citons les dispositions relatives à l'enseignement : " L'État pourvoit à ce que l'instruction primaire privée soit égale à celle qui est donnée dans les établissements publics. La loi règle ce qui est relatif à ce sujet. L'instruction primaire dans

les écoles particulières doit être donnée par des laïques.
L'État a la surveillance des écoles enfantines et des écoles
secondaires particulières, au point de vue de l'ordre public,
des bonnes mœurs et de l'hygiène. „ En d'autres termes
l'État fera ce qu'il voudra. " Il faut arracher, s'écria M. Gavard
au cours de la discussion, les enfants à l'arbitraire des
parents. „ " En mettant l'enseignement sous la direction
exclusive de l'État, ajouta M. Javon, nous n'avons voulu
viser que les ultramontains. Nous ne voulons pas d'écoles
dirigées par des gens qui croient au Syllabus, à l'infaillibilité
et aux doctrines romaines. „

Au point de vue des cultes, les dispositions proposées
n'étaient pas moins despotiques.

Elles confiaient à la loi le soin de fixer les prestations des
communes pour les logements des pasteurs et des curés du
" culte catholique national, „ et aux consistoires, celui de
régler tout ce qui concernait les offices du culte et la prédication dans les paroisses. Les consistoires auraient le droit
de prononcer la suspension des pasteurs sous réserve de
l'approbation du Conseil d'État, et les paroissiens celui de
demander la réélection de leurs pasteurs. Enfin, les paroisses
catholiques du canton de Genève feraient partie du diocèse
catholique-chrétien de la Suisse, et le Conseil supérieur serait
revêtu de pouvoirs généraux anologues à ceux conférés aux
consistoires. On remarquera surtout ce dernier point : la
constitution imposerait aux paroisses le catholicisme-libéral !
En vain M. Chennevière demanda-t-il que l'annexion au
diocèse catholique-chrétien fût limitée aux paroisses catho-
liques-chrétiennes : il ne fut pas écouté ; toutes les paroisses
devaient être placées sous l'autorité du Conseil supérieur et
de l'évêque national, que le Conseil d'État était chargé de
reconnaître : elles seules étaient légales. Quant au culte
catholique, il était bien toléré comme culte privé; mais il
devait être soumis à des règlements de police.

Le projet subit l'épreuve de trois délibérations rapidement
menées : après quoi, M. Carteret proposa de le soumettre au
peuple *in globo* et non par groupes distincts. Son but était
d'enlever de haute lutte le vote de la loi toute entière. Cer-

taines résistances se firent jour ; mais il finit par l'emporter. La population catholique ne se plaignit pas de cette décision, car elle était en droit d'espérer que beaucoup de protestants se joindraient à elle pour repousser la révision, alors qu'ils l'auraient peut-être adoptée en quelques points, s'ils avaient été appelés à se prononcer sur chacun d'eux séparément.

Ces prévisions se réalisèrent au delà de tout ce qu'on avait osé prédire. Le 6 octobre 1878, la nouvelle constitution fut rejetée par 8,758 voix contre 2,651. Cette formidable majorité marquait qu'un souffle nouveau avait passé sur Genève. Vainement une proclamation avait-elle, avant le scrutin, cherché à montrer à la population " l'éternelle ennemie de Genève, la Rome des Jésuites, prête à célébrer par des cris de triomphe dans le monde entier la victoire de la réaction. „ Les indépendants, les catholiques et les radicaux constitutionnels de l'école de M. James Fazy étaient restés sourds à ces suggestions : les mécontentements, comprimés depuis sept ans, avaient enfin fait explosion.

La première conséquence du vote du 6 octobre semblait devoir être la démission de M. Carteret et de ses acolytes du Conseil d'État. Il n'en fut rien. Bien plus, sous leur inspiration, le Grand Conseil reprit la discussion d'un projet de loi sur l'enseignement primaire appliquant les principes de la constitution rejetée. " Le Conseil d'État, disait ce projet, à la direction exclusive de tous les établissements particuliers d'enseignement primaire... Les établissements libres sont soumis à des examens organisés par le département de l'instruction publique, et le nombre des leçons par semaine ne peut y être inférieur à ce qu'il est dans les écoles publiques... En cas d'infraction à ces prescriptions, l'école pourra être fermée pendant une semaine et définitivement en cas de récidive... Enfin, si le niveau d'une école n'est pas jugé suffisant par le Conseil d'État, les parents auront ordre, sous peine d'amende et de prison, d'envoyer leurs enfants dans d'autres établissements „. Un membre fit cependant remarquer qu'il conviendrait peut-être de tenir compte du vote par lequel la volonté populaire s'était exprimée avec tant d'énergie ; mais sa voix resta isolée, et M. Carteret fit remarquer que le peuple ne s'était séparé du Grand Conseil qu'en tant que constituant et non en tant que légiférant à la manière ordinaire. La réponse parut décisive, et le projet fut adopté, presqu'à la veille du renouvellement de l'assemblée.

Ce renouvellement était fixé au 10 novembre. Le gouvernement fit de grands efforts pour réchauffer le vieux fanatisme calviniste contre " l'ultramontanisme „, et pour allumer le zèle de ses partisans. Ces efforts restèrent vains, et dans les trois collèges électoraux, formés le premier de la ville, le second de la rive droite et le troisième de la rive gauche, la liste des indépendants l'emporta avec cette seule exception, qu'à Genève même M. Carteret réussit à se faire réélire (1); ses lieutenants, M. Vautier, M. Héridier, M. Cambessédès et bien d'autres restèrent sur le carreau. Il est juste toutefois de dire, que la coalition victorieuse avait admis sur sa liste une quinzaine de partisans du gouvernement; mais, par contre, 16 catholiques y avaient été également inscrits et avaient triomphé avec leurs alliés.

Cette fois, M. Carteret paraissait ne pouvoir échapper à la nécessité de prendre sa retraite. Mais, par une bizarrerie de la constitution genevoise, le Conseil d'État ne se renouvelle pas en même temps que le Grand Conseil; légalement, il lui était loisible de rester en fonctions pendant encore une année. M. Carteret profita de ce droit, absolument comme si le peuple ne s'était pas deux fois déjà formellement prononcé contre sa politique.

Le premier acte de la nouvelle assemblée fut d'abroger la loi sur l'enseignement votée sous le régime radical à sa dernière heure. M. Carteret protesta; il accusa la majorité récemment élue de substituer " la manière brutale „ à " la manière forte „ dont il avait fait usage; mais sa voix demeura sans écho : les jours, où d'un signe il entraînait ses bataillons dociles, étaient passés.

A peine cette mesure réparatrice eut-elle été votée, que M. Henri Fazy déposa un projet de loi portant séparation de l'Église et de l'État. Ce projet ne permettait à l'Église que de

____

(1) Il avait eu 50 voix de majorité.

posséder des temples, et autorisait les communes à mettre les églises confisquées à la disposition du culte catholique sous la forme de locations ou de ventes onéreuses.

M. Fazy, en le proposant, avait été inspiré par la pensée de faire sortir le canton de l'impasse où la politique de M. Carteret l'avait placé sous le rapport religieux. A Genève en effet, tout accord semblable à celui auquel se prêtaient les catholiques du Jura était presque impossible ; car les lois religieuses y imposaient aux curés élus l'obligation de prêter serment à la constitution du clergé, c'est-à-dire de reconnaître l'autorité de l'évêque vieux-catholique, et aux paroisses d'envoyer des délégués au Conseil supérieur. Néanmoins, le 2 février 1878, la paroisse de Compesières ayant à élire son conseil paroissial, quelques catholiques, entraînés vraisemblablement par l'exemple donné au mois de juillet précédent dans la paroisse d'Aire-la-Ville, prirent part au scrutin et arrachèrent sans peine la victoire à la petite minorité vieille-catholique. Mais les élus comprirent aussitôt qu'ils faisaient fausse route : invités par le Conseil supérieur à déclarer s'ils acceptaient leur nomination, ils ne répondirent que par le silence du mépris ; quant à M. de Montfalcon, élu délégué au Synode par la même paroisse, il s'empressa de faire connaître qu'il ne pouvait accepter ce mandat.

La situation restait donc anormale : la loi sur les cultes continuait d'ailleurs à être appliquée ; un nouvel intrus venait d'être élu curé à Choulex par 19 votants, dont 9 étrangers à la paroisse. Les catholiques, livrés à leurs faibles ressources, ne cessaient pas d'entretenir leur clergé à l'aide d'un budget qui s'était élevé en 1878 à 48,000 francs. Quant aux vieux-catholiques, les libéralités officielles ne réussissaient qu'à mieux attester leur impuissance. " Il est certain, déclara à ce propos le *Journal des Débats* (1), que même avec les subsides de l'État, l'église libérale ne peut vivre. Les curés manquent, et ceux qui étaient venus à Genève s'en vont un à un. L'un de ceux sur qui l'on comptait le plus, celui de Lancy (2), s'est évadé récemment sans prendre

(1) Correspondance de Genève, du 6 février 1879.
(2) M. Pascherot.

congé de personne... Un accommodement devient donc nécessaire. „

On comprend après cela les paroles d'encouragement qu'envoya vers ce temps-là Mgr Mermillod à son clergé : « Soyez confiants, lui écrivit-il, et gardez l'union des esprits et des cœurs. Tôt ou tard, il se fera chez nos concitoyens un retour de générosité ; nous gagnerons leur estime, et nos compatriotes défendront en nous, comme pour eux-mêmes, nos droits constitutionnels impliquant une liberté religieuse pleine et entière. „

CHAPITRE X.

(Juin 1879 à Mai 1881.)

—

I

L'église vieille-catholique n'était certes pas en mesure de démentir les espérances manifestées par Mgr Mermillod ; loin de grandir, elle languissait de plus en plus.

Les élections qui avaient eu lieu dans le Jura le 9 mars 1879 n'avaient pas eu seulement pour objet le renouvellement du Conseil synodal de Berne, mais encore celui du Synode national. Fallait-il que les catholiques prissent part aux élections du Synode comme du Conseil synodal ? Les appréciations varièrent. Les catholiques du canton de Genève et d'ailleurs s'abstinrent ; ceux du Jura se présentèrent au scrutin ; en agissant ainsi, ils n'avaient d'autre mobile, que de retirer de l'église officielle toutes les paroisses que les délégués schismatiques y avaient introduites contre leur gré et d'obliger l'évêque Herzog à les retrancher de son actif dans les rapports qu'il soumettait annuellement au Synode national et auxquels jusqu'alors l'autorité civile avait ajouté foi. Mais, avant de participer au vote, ils prirent soin de déclarer „ qu'ils n'entendaient pas entrer dans l'église catholique-chrétienne de la Suisse qui avait pour chef M. Herzog, et qu'ils voulaient au contraire rester fidèles à l'Église catholique romaine. „ Cette déclaration fut inscrite dans les procès-verbaux des assemblées électorales. Quatre paroisses jurassiennes seulement élirent des délégués schismatiques.

La première réunion du Synode national reconstitué se tint à Soleure, le 15 juin 1879; on y comptait 65 laïques et 29 intrus; on y voyait en outre deux protestants anglais et un député radical français. Les délégués catholiques du Jura avaient refusé de se rendre à l'assemblée, et ils avaient envoyé au Synode une protestation disant que, " soumis avec respect à l'autorité du Souverain Pontife, de même qu'à celle de leur évêque légitime et des curés canoniquement institués, ils ne sauraient se prêter à continuer ou à consommer la rupture des liens sacrés qui attachaient les paroisses catholiques du Jura bernois au St-Siège apostolique, comme aussi à reconnaître l'autorité et la juridiction d'un prétendu évêque national séparé du centre de l'unité catholique. „ " Si, ajoutaient-ils, nous n'avons pas jugé à propos de vous porter nous-mêmes ces déclarations, c'est que nous avons voulu éviter même l'apparence de donner à votre œuvre le concours de notre adhésion. „ Lecture ayant été faite de cette protestation, le Synode se donna la puérile satisfaction d'invalider les élections du Jura, comme étant en opposition avec les principes constitutifs de l'église chrétienne-catholique nationale. Un rapport fut ensuite présenté sur la situation du culte officiel par l'évêque Herzog; des chiffres y étaient groupés, en vue de faire croire, qu'un certain nombre de baptêmes, de mariages et d'enterrements avaient eu lieu en 1878 par les soins de l'église vieille-catholique; mais il ne put dissimuler que le nombre des paroisses schismatiques était descendu de 70 à 52, tout en omettant d'ajouter que la plupart de celles-ci étaient des paroisses sans paroissiens. Aussi un des membres du Synode, M. Winckler, plus franc que ses complices, n'hésita-t-il pas à s'écrier : " Le courant actuel de l'opinion est une certaine indifférence, je dirai même une certaine hostilité à l'égard du vieux-catholicisme; „ un autre, M. Philipp, se plaignit amèrement du peu d'empressement des paroisses à payer les contributions qui leur étaient imposées par le Conseil synodal; l'évêque Herzog, lui-même, dénonça plusieurs incorrections qui se commettaient dans le service vieux-catholique.

Tout cela, il faut l'avouer, n'était guère encourageant pour l'église nouvelle. S'apercevant que le concours du pouvoir civil lui échappait de plus en plus, elle se tourna vers l'étranger, et elle convoqua à Berne, au commencement du mois d'août 1879, une réunion à laquelle assistaient l'évêque vieux-catholique d'Allemagne, M. Reinkens, le chef de la nouvelle " église gallicane „ de France, M. Loyson, et un prélat anglican, M. Henrys, évêque d'Édimbourg. Cette réunion avait pour but de tâcher d'amener un accord entre ces diverses églises. A cette fin, M. Loyson traça le programme : les protestants devaient renoncer " à leur étroitesse biblique „ et les catholiques à l'autorité du pape. Cela fait, toutes les églises, sous la direction de leurs évêques, pourraient se donner la main. Mais il y a loin des paroles aux actes ; quelques discours ayant été prononcés, chacun rentra chez soi, et l'on s'aperçut bientôt que ni M. Loyson, ni MM. Herzog et Reinkens n'avaient réussi à galvaniser le cadavre. Vainement M. Loyson recommanda-t-il à la jeune église de faire appel aux principes du self-government ; M. Jolissaint apprécia beaucoup mieux la situation, en se plaignant hautement de l'abandon des autorités bernoises. Restaient à la vérité les fidèles pour soutenir le schisme ; mais parler ici de fidèles, c'était presque de la dérision : le *Journal de Genève* avoua lui-même que la réunion de Berne ne renfermait que " très peu de vieux-catholiques. „

Un symptôme nouveau de l'apaisement graduel du conflit confessionnel ne tarda pas à se produire ; il résulta des travaux de la Conférence diocésaine de l'évêché de Bâle, à la fin de l'année 1879. Sept ans auparavant, cinq des sept gouvernements de ce diocèse, Bâle, Berne, Thurgovie, Argovie et Soleure, avaient voté, au sein de la Conférence, contrairement à l'avis de Lucerne et de Zug, la destitution de Mgr Lachat, et, depuis lors, ils s'étaient systématiquement refusés à tout arrangement, soit avec le prélat dépossédé, soit avec le Saint-Siège. En 1879, plusieurs des gouvernements qui avaient contribué à former la majorité d'alors, se montrèrent disposés à entrer en négociations avec la curie romaine. Les délégués de Berne, à la vérité, se refusèrent énergiquement à tout arrangement de ce genre ; leurs instructions portaient qu'ils devaient, aussi longtemps que le Saint-Siège n'aurait pas reconnu la révocation de Mgr Lachat, refuser d'entrer en matière au sujet de l'évêché de Bâle, « pour repourvoir ou suppléer au siège épiscopal du diocèse. „ Cette résistance, appuyée par le canton de Thurgovie, fit renvoyer l'affaire à la session suivante. Mais elle n'empêcha pas les cinq autres gouvernements de charger le Conseil d'État de Soleure d'élaborer un projet de lettre au Conseil fédéral, à l'effet d'obtenir qu'il ouvrît des négociations avec le Vatican.

En 1880, l'assemblée annuelle du Synode vieux-catholique se tint à Genève ; elle ne fit que confirmer les prévisions nées des assemblées précédentes. On y constata que le nombre des paroisses avait de nouveau sensiblement diminué, et que les soixante-douze ecclésiastiques de 1879 se trouvaient réduits à cinquante-sept. Quarante membres seulement étaient présents, et ce qui témoignait bien de l'irrémédiable impuissance de l'église schismatique, c'est qu'elle avait dû faire une fois de plus appel aux protestants. Aux côtés de M. Herzog siégeaient un évêque anglican d'Irlande, plusieurs pasteurs de Genève et de l'étranger, puis M. Loyson, le triste fondateur de l'église gallicane, puis encore M. Carteret, l'un des pontifes de la libre-pensée.

Ce n'est certes pas avec de tels éléments qu'un culte se propage ; il y faut la foi ; or, ce qui se rencontrait le moins dans ce milieu disparate, c'était précisément cela. Assurément les protestants avaient des sourires pour l'église vieille-catholique ; mais ils ne lui avaient fait aucune concession ; ils attendaient que ses derniers partisans, après des évolutions successives, se décidassent à grossir leurs rangs. L'évêque Herzog, peu de temps après la réunion de Genève, annonça son départ pour l'Amérique, à l'effet de participer à une assemblée de délégués de différentes sectes ayant pour objet de travailler à une entente générale de toutes les églises dissidentes contre l'Église romaine. Que de projets de ce genre n'ont pas été déjà faits ! et que d'échecs leurs promoteurs n'ont pas recueillis ! Quoi qu'il en soit, le voyage de M. Herzog ne devait guères avancer les affaires des vieux-catholiques en Suisse. Il laissa pour le remplacer pendant son absence, M. l'abbé Michaud, professeur de « théologie catholique „ à l'université de Berne, qui avait récemment épousé une jeune veuve russe.

II

On pouvait espérer que le gouvernement de Berne, après avoir fait preuve d'un grand esprit de conciliation pour ramener la paix dans le Jura, renoncerait définitivement à accorder sa protection aux vieux-catholiques. Il n'y mit pas cependant toute la bonne grâce qu'on attendait de lui, et mille prétextes furent mis en œuvre, ici, pour retarder la convocation des électeurs chargés de nommer les curés, là pour ajourner l'exécution de leurs décisions, ailleurs pour venir en aide aux prêtres intrus.

Les deux échecs les plus sensibles que le schisme eut à essuyer en 1879 et en 1880, lui furent infligés à Délémont et à Porrentruy. Dans la première de ces paroisses, les électeurs reconnurent à l'unanimité pour leur curé, M. le doyen Vautrey, nommé régulièrement à ce poste par Mgr Lachat; malgré ce vote, de tous points légal, le curé vieux-catholique conserva quelque temps encore son traitement ; enfin, cette anomalie prit fin au mois de septembre 1879 par la mort subite de l'intrus, et les catholiques purent rentrer pacifiquement dans leur église depuis si longtemps déserte. A Porrentruy, la capitale du Jura, la majorité de la paroisse proclama également, au mois de février 1880, M. le doyen Hornstein son pasteur légitime; M. Pipy, dit Déramey, l'un des principaux fondateurs du schisme et son appui le plus capable, fut, sans plus de façon, congédié par les ouailles auxquelles on l'avait imposé. La réinstallation de M. Hornstein se fit au mois de mai 1880 au milieu d'une foule émue et joyeuse, accourue, non seulement de la ville, mais des villages environnants. Le doyen monta en chaire, et, dans un langage d'une modération exemplaire, il recommanda l'oubli du passé et souhaita que l'ère de paix que ce jour inaugurait ne serait plus troublée.

C'est ainsi que les deux principales localités de la contrée secouèrent le joug de la secte. D'autres, moins importantes, en firent autant. Tel fut le cas à Pleigne, où vint à mourir l'intrus Ramella, à Bonfol, à Movelier, à Courfaivre, à Domphreux, à Moutier, etc., et, chose remarquable qui atteste le peu de crédit du schisme, la nomination des curés légitimes eut lieu partout à d'écrasantes majorités : à Domphreux, par exemple, l'intrus n'obtint qu'une voix; à Moutier, le candidat catholique eut l'unanimité moins trois abstentions; à Bonfol, la même unanimité se prononça en faveur du curé légitime.

En présence de ces faits, il y eût eu pour les autorités de Berne une attitude loyale à prendre : c'était d'enlever définitivement à tout l'appareil du schisme la protection légale qui lui avait été si libéralement accordée, et de nommer, dans le Jura, des fonctionnaires ayant pour mission de ne plus le favoriser. Mais elles ne purent s'y résigner : tant il est difficile d'être juste sur le terrain religieux!

Le préfet de Porrentruy étant mort, le Grand Conseil fut appelé à lui donner un successeur : une forte majorité, parmi les électeurs de la région, présenta un candidat catholique des plus recommandable. Il fut écarté, et l'assemblée nomma à ce poste important, M. Favrot, l'un des hommes les plus prononcés du parti radical et l'un des chefs du vieux-catholicisme bernois, auquel il avait donné une preuve de sympathie non équivoque, en présidant en 1878 le Synode de Bienne.

Ce fait significatif semblait attester que le gouvernement n'entendait pas rendre aux catholiques la justice complète qui leur était due. Un second fait confirma cette crainte. En 1879, le Grand Conseil fut appelé à discuter le maintien de la faculté de théologie vieille-catholique de Berne, cette création factice qui figurait au budget pour plus de 40,000 fr., sans donner satisfaction à aucun besoin public. Mais l'assemblée ne put se décider à la sacrifier; M. de Wattenwyl lui-même, qui s'était montré animé d'un certain esprit d'équité lors de la transaction jurassienne, estima qu'il n'était pas de la dignité de l'État d'abandonner cette institution; et cependant, pendant l'été de 1879, la faculté n'avait été fréquentée que par onze étudiants, dont deux seulement étaient bernois; au mois de novembre suivant, ce nombre était réduit à six !

Bientôt on apprit qu'un projet nouveau, attentatoire aux droits et aux intérêts catholiques, se préparait dans les régions gouvernementales. Les radicaux et les vieux-catholiques, irrités de voir partout les fidèles rentrer dans leurs églises par l'effet du fonctionnement régulier de la loi, avaient imaginé de demander à l'État de reconnaître aux deux cultes, au culte orthodoxe et au culte schismatique, la co-jouissance de ces églises. Là-dessus les cinq préfets du Jura furent appelés à Berne pour donner leur avis sur cette demande, et, comme tous appartenaient à la secte ou au radicalisme, ils y donnèrent leur plein assentiment : d'après eux, c'était le moyen de rétablir définitivement la paix religieuse dans la contrée. A cette nouvelle, l'émotion des catholiques fut grande ; les journaux protestèrent; le nouveau Conseil synodal se joignit à eux et déclara que, dans aucun cas, les catholiques ne se prêteraient à un arrangement de ce genre; un mémoire fut même présenté au Conseil d'État pour lui faire connaître que le résultat d'un pareil projet serait de réveiller la lutte religieuse avec plus de violence que jamais.

Néanmoins, le Conseil d'État rendit un arrêté qui, sous l'apparence de tenir la balance égale entre les deux partis, constituait un véritable recul dans la voie où, sous la pression des circonstances, il était entré en 1879. Cet arrêté statuait bien, en premier lieu, que les temples, appartenant aux paroisses officielles reconnues, devaient être avant tout affectés aux exercices du culte professé par la majorité de la population; mais il ajoutait que lorsqu'il se rencontrait dans une paroisse des personnes contribuant aux charges communales qui, en raison de leurs opinions religieuses, désiraient célébrer un culte spécial, ces personnes auraient le droit de jouir, sans indemnité, des édifices religieux publics pour les exercices de leur culte. Un tempérament était cependant apporté à cette concession, pour le cas où une paroisse possédait plusieurs temples : l'un d'eux pouvait être affecté aux besoins religieux de la minorité. Celle-ci dans les temples communs, avait droit à un autel spécial comme à l'usage des orgues et des cloches; mais les autres objets servant au culte, les calices, les vêtements sacerdotaux et les ornements, devaient rester exclusivement à la disposition de la majorité.

L'arrêté fut, on le conçoit, très mal accueilli des catholiques dont il blessait les sentiments les plus intimes. Il tendait à établir une sorte de confusion entre l'orthodoxie et le schisme : comment d'ailleurs distinguer désormais, dans les églises, les offices qui, célébrés tantôt par les intrus, tantôt par les prêtres fidèles, auraient tous l'aspect d'offices catholiques ? Un appel fut interjeté auprès du tribunal fédéral qui ordonna aux autorités de Berne de suspendre l'application de leur décret jusqu'au prononcé de son jugement. Cette décision irrita vivement les radicaux; mais les catholiques auraient eu tort d'en conclure que leur cause était gagnée : elle éprouva en dernière analyse un échec qui, sans être aussi sensible que celui qui lui avait été infligé par le Conseil d'État de Berne, n'en impliquait pas moins le mépris de leurs droits et de leurs intérêts les plus respectables.

Le tribunal fédéral n'accorda pas aux vieux-catholiques la co-jouissance absolue des églises dans le canton. Il se contenta de reconnaître au Conseil d'État la faculté d'obliger les conseils paroissiaux à fournir dans chaque paroisse aux dissidents " un bâtiment de culte convenable „. La co-jouissance devait être accordée seulement lorsque la paroisse ne possédait qu'une église ; mais encore, même dans ce cas, fallait-il que la minorité constituât " une fraction notable „ de la paroisse.

Sainement appliquée, une telle décision, si regrettable qu'elle fût en principe, n'était pas de nature à entraîner d'inconvénients très sérieux. Dans un grand nombre de localités du Jura, en effet, il existe plusieurs églises ou chapelles, et l'affectation de l'une d'elles au culte vieux-catholique devait suffire pour satisfaire aux prescriptions du tribunal; dans les villages moins importants où il n'y a qu'une seule église, la minorité schismatique était si faible, qu'elle ne pouvait pas former " la fraction notable „ qu'exigeait le tribunal pour la cojouissance du temple.

Il ne restait aux catholiques qu'à faire des vœux pour que le Conseil d'État appliquât avec équité la sentence du tribunal fédéral. Le Conseil d'État parut du reste avoir compris, dans une autre circonstance, le danger de continuer à étendre au schisme un patronage aussi exclusif que par le passé. Une commission, composée par moitié de vieux-catholiques et de catholiques, avait été instituée par lui pour faire subir l'examen d'État aux jeunes prêtres appelés à entrer dans le clergé bernois. Aucun candidat catholique n'aurait jamais consenti à se présenter devant un tel jury, et si celui-ci avait été maintenu, le gouvernement eût réussi par cet expédient à écarter du ministère sacerdotal, sinon les prêtres anciens, au moins toute nouvelle recrue. Il se rendit probablement compte de l'injustice d'une semblable exigence, car il finit par substituer au jury primitivement établi deux commissions, l'une exclusivement catholique, l'autre vieille-catholique. De cette façon, le clergé orthodoxe fut mis à même de combler les vides que la mort faisait dans ses rangs.

Quelle aberration d'ailleurs de la part d'un gouvernement, que celle de vouloir soutenir des prêtres apostats qui non seulement étaient répudiés par les populations, mais encore attestaient tous les jours par leur conduite le peu de confiance qu'ils avaient dans l'avenir de l'église à laquelle ils avaient momentanément attaché leur sort ! Et cependant les autorités de Berne ne pouvaient se décider à reconnaître qu'elles avaient fait fausse route : parmi les faits récents qui témoignaient de la persistance de leurs sympathies pour les vieux-catholiques, citons le maintien à Fontenais de l'intrus Murena, qui, dans des lettres " à ses paroissiens „ avait déclaré " qu'il voyait depuis longtemps que toutes les religions ne sont autres que de la comédie et des commérages de vieilles femmes „, et la protection accordée au sacristain schismatique de Porrentruy, malgré les vœux du conseil de paroisse. Mais ces marques de bienveillance n'empêchaient pas les rangs du clergé vieux-catholique de s'éclaircir de plus en plus. En 1881, ses derniers représentants n'occupaient plus guère qu'une dizaine de paroisses. Le curé schismatique de Montfaucon venait de rentrer dans le giron de l'Église, celui de Brislach, de fuir le Jura. On comptait à cette époque 41 prêtres apostats qui avaient quitté la région depuis l'introduction du culte vieux-catholique. Le dernier qui avait pris ce parti, était le fameux M. Pipy. Au mois de septembre 1880, il avait annoncé à ses paroissiens qu'il allait faire un voyage en France pour y étudier " le mouvement „ : c'était le prélude d'un exode définitif ; il n'avait pas tardé à donner sa démission ; par son départ, le schisme avait perdu l'ecclésiastique le plus en vue qu'il avait recruté : on calcule qu'il avait coûté 42,000 francs à l'État, pendant son passage à Porrentruy. Sur ces entrefaites, le Conseil d'État fut appelé à se prononcer sur une pétition revêtue de plus de 7,000 signatures jurassiennes et demandant pour Mgr Lachat l'autorisation d'administrer le sacrement de confirmation aux fidèles. La demande fut rejetée purement et simplement. L'évêque schismatique Herzog pouvait confirmer partout où il le voulait : ainsi l'exigeait la liberté religieuse ; l'évêque légitime ne le pouvait pas ; ainsi le réclamaient les intérêts de l'État.

III

A Genève, la situation restait tendue. La majorité nouvelle, issue des élections du mois de novembre 1878, hésitait à ouvrir pour les catholiques l'ère des réparations. Sans doute il faut dire à sa décharge que, par une anomalie de la constitution, le Conseil d'État radical avait pu, après avoir perdu l'appui du Grand Conseil, rester en fonctions ; néanmoins, dès les premiers jours, il avait été visible qu'elle éprouverait quelque peine à prendre une attitude bien nette.

Peu après son installation, le Grand Conseil fut appelé à se prononcer sur le maintien du budget du culte vieux-catholique. Il n'eut pas le courage de le supprimer, et il se contenta d'y apporter quelques réductions. De son côté, M. Carteret, usant de la prépondérance qu'il exerçait encore au sein du pouvoir exécutif, provoqua le 30 juin 1879 de la part du Conseil d'État un arrêté mettant à la disposition du Conseil supérieur les biens des paroisses où ne se trouvaient ni curé libéral ni conseil paroissial, faute d'un seul schismatique; de plus, il continua à mettre à exécution la loi sur les cultes, et fit nommer un intrus au mois de mai 1879, par 26 électeurs sur 213, dans la commune de Collonges-Bellerive; encore, parmi les votants, y avait-il douze fonctionnaires.

Cependant, les consolations ne manquaient pas aux catholiques. Dans la ville de Genève même, les trois églises de Notre-Dame, de Saint-Joseph et de Saint-Germain restaient vides, depuis qu'elles avaient été profanées, tandis que les quatre pauvres chapelles, ouvertes par les catholiques depuis le schisme, ne cessaient de regorger de fidèles. Un intrus, M. Groult, préposé pendant quelque temps à la paroisse d'Hermance, s'était rétracté en faisant profession de foi pleine et entière " aux enseignements de l'Église et en particulier aux enseignements du concile du Vatican. „ Enfin, le Grand Conseil, bien que fort hésitant au sujet du conflit religieux, ne laissa pas que de réagir dans une certaine mesure contre la politique de ses prédécesseurs : d'une part, il vota deux lois, toutes favorables aux campagnes, la première substituant 24 cercles électoraux aux 3 circonscriptions uniques qui existaient jusque-là, et la seconde autorisant le *referendum* du moment où il était réclamé par 3,500 citoyens; d'autre part, il abolit les lois restrictives des libertés municipales élaborées sous le régime précédent. En vain M. Carteret en appela-t-il au peuple en s'écriant: " Citoyens, si nous sommes battus encore cette fois, nous ne cesserons plus de rouler de défaite en défaite. „ Le peuple lui donna tort.

Il restait au Grand Conseil, après avoir restauré la liberté électorale et la liberté municipale, à rétablir la liberté religieuse, en rendant aux catholiques leurs églises et en chassant les intrus. Mais ici, comme je l'ai déjà dit, il était moins facile d'obtenir justice complète d'une majorité protestante, et du reste la tâche n'était pas sans difficulté.

Fallait-il négocier une entente avec le Saint-Siège, recourir à quelque transaction émanée de l'initiative du pouvoir législatif, ou bien séparer complètement l'Église de l'État? Les avis étaient des plus divergents; en tout cas une solution ne paraissait pas encore mûre. Beaucoup croyaient que le peuple genevois ne consentirait pas à abroger ou à modifier les lois confessionnelles de 1873; et quant à la séparation de l'Église et de l'État, elle rencontrait comme adversaires non seulement les radicaux, qui la redoutaient comme devant mettre fin à la protection officielle du vieux-catholicisme par le pouvoir civil, mais encore une fraction notable de conservateurs protestants, et, est-il nécessaire de le dire? tous les partisans du schisme.

C'est dans ces circonstances, en novembre 1879, que le Grand Conseil fut appelé à discuter le projet de M. Henri Fazy tendant à la séparation de l'Église et de l'État. Aux termes de ce projet, le budget des cultes était supprimé; les églises du canton étaient remises aux mains des municipalités qui ne pourraient désormais les affecter au service d'un culte particulier qu'à titre onéreux; la cathédrale de S.-Pierre à Genève devait rester à jamais aux mains du protestantisme; enfin, la cessation de l'exil de Mgr Mermillod était envisagée comme relevant de l'autorité supérieure de la Confédération.

La discussion révéla, au sujet de cette question brûlante, la plus extrême confusion d'avis. Tandis que l'auteur de la proposition s'attachait à la défendre comme offrant la seule issue possible du conflit, M. Chennevière montra, dans l'union intime des deux pouvoirs, la cause du triomphe de la réforme dans le passé et sa plus grande force contre les progrès du catholicisme dans le présent; M. Bard se prononça en faveur du projet, mais uniquement, dit-il, pour donner au peuple l'occasion de le repousser définitivement et de désavouer ses mandataires; M. Necker estima qu'il ne fallait plus imposer les frais d'un culte déterminé qu'à ceux qui déclaraient vouloir lui appartenir; M. Vogt recommanda la séparation proposée au nom du matérialisme et du positivisme; pour lui, " l'Église n'est qu'une compagnie d'assurance contre les feux de l'enfer et du purgatoire, et l'État n'a pas plus à s'en occuper que des compagnies d'assurance contre l'incendie; „ M. Carteret se plaça, pour repousser le projet, au point de vue de l'intérêt et des droits de l'État, menacés par les envahissements du catholicisme, et fit une fois de plus l'apologie de sa politique, qualifiée bien à tort, d'après lui, " de manière forte. „

En réalité, la note dominante de toute cette discussion fut la crainte de voir l'église protestante s'éparpiller en autant de sectes que d'individus, et perdre, par absence d'unité, toute action sur la population, ainsi que la terreur d'assister au triomphe de l'Église catholique, prête à profiter des pertes que sa rivale ne manquerait pas d'essuyer.

Au vote, l'ajournement indéfini de la question fut rejeté à une grande majorité. Mais l'ajournement au mois de mai 1880 fut adopté par 68 voix contre 17.

Au lendemain de ce débat, le 10 novembre 1879, eut lieu l'élection du Conseil d'État. A ne consulter que les résultats de la lutte qui, l'année précédente, lors du renouvellement du Grand Conseil, avait infligé aux radicaux une défaite mémorable, on pouvait s'attendre à une seconde victoire, non moins complète pour les conservateurs ou démocrates. Cependant les membres sortants du Conseil d'État n'avaient pas perdu tout espoir; ils exploitèrent habilement l'impuissance dont leurs adversaires avaient fait preuve dans la discussion relative à la séparation des deux pouvoirs; ils cherchèrent à réveiller les haines de la vieille cité calviniste contre Rome, et, grâce à leurs efforts, ils parvinrent à sauver du naufrage trois des leurs; les quatre autres élus appartenaient au parti conservateur. MM. Vautier, Chalumeau et Héridier, ce dernier, l'un des fauteurs les plus ardents du vieux-catholicisme, restèrent sur le carreau; mais M. Carteret parvint à se faire réélire. On peut se demander comment la majorité des électeurs, qui, dans des scrutins répétés, avait depuis un an condamné sa politique, s'était décidée à lui continuer ses fonctions. Il est assez difficile de répondre à cette question; tout le monde reconnaissait que le régime institué par lui avait fait son temps; mais on suppose que l'incertitude qui régnait dans les esprits au sujet de la solution à donner au conflit confessionnel, avait contribué à jeter dans les votes une grande confusion.

Quoi qu'il en soit, le parti radical était désormais en minorité dans le Conseil d'État, et la majorité se révéla immédiatement en investissant de la présidence et de la vice-présidence, MM. Chauvet et Bourdillon. Ces noms marquaient que le pouvoir exécutif avait l'intention d'inaugurer une nouvelle politique ; mais ici commençaient les difficultés de sa tâche : comment satisfaire à la fois les catholiques qui avaient contribué à la victoire des conservateurs, en votant en masse pour leurs candidats, et les protestants, pleins encore de préjugés et peu désireux de tourner complètement le dos aux vieux-catholiques? Le Conseil d'État sentit probablement ce qu'il y avait de faux dans sa position. Car les discours prononcés, lors de son inauguration, par son président, M. Chauvet, et le président du Grand Conseil, M. Pictet, portèrent l'empreinte de tendances contradictoires. Ils affirmèrent bien l'intention de maintenir " une liberté religieuse complète, „ et " de régler d'une manière juste et équitable les rapports entre l'État et l'Église; „ mais en même temps ils manifestèrent l'intention de laisser subsister les lois de 1873 qui avaient servi de point de départ à la persécution religieuse. Comment concilier des visées aussi opposées? Il n'eût pas été aisé de le dire; toutefois le désir exprimé par le Conseil d'État de travailler à la pacification religieuse n'était pas sans importance.

Sur ces entrefaites, le vieux-catholicisme, déjà frappé par la retraite de deux des trois prêtres qui, à Genève, avaient travaillé à " la réforme catholique „, MM. Loyson et Hurtault, vit sa désorganisation s'achever par la défection du troisième, M. Chavard. Le 30 décembre 1879, celui-ci écrivit au Conseil d'État une lettre pour lui annoncer que, " voulant rester fidèle aux principes éternels de la véritable Église de Jésus-Christ „, il se retirait de " l'église dite catholique-libérale qui, depuis quelque temps, sous le régime d'un évêque impuissant, n'était plus que la parodie de l'ancien christianisme, sans unité de doctrine et de liturgie „. A cette nouvelle, l'émotion fut sans bornes parmi les pontifes dé la secte. Au sein du Conseil supérieur, M. Bard exprima leur ressentiment, en accusant M. Chavard d'avoir toujours manqué " des deux qualités fondamentales du prêtre chrétien, la charité envers ses confrères et envers les pauvres „ ; il lui reprocha en outre d'avoir laissé l'église qu'il desservait fermée le dimanche matin et de ne pas y avoir dit la messe basse prescrite par le Conseil supérieur. A quoi l'ex-curé répondit que, depuis trois ans, il ne s'était plus présenté à cette messe un seul assistant : " Quoi d'étonnant, ajouta-t-il, lorsqu'au culte solennel (!) de dix heures, auquel n'assistent jamais ceux qui sont à la tête du mouvement religieux, les fidèles eux-mêmes deviennent de plus en plus clairsemés, au point de n'avoir vu à mon dernier service solennel que quatre assistants, c'est-à-dire un peu plus qu'il ne s'en trouve dans les églises les plus prospères de la campagne? „ M. Chavard était le trentième prêtre-vieux-catholique qui donnait sa démission à Genève. Le schisme ne manifestait donc plus guère son existence que par les lourdes charges dont il frappait les populations et par les injustices que son caractère officiel lui permettait de continuer à faire peser sur les catholiques. Il faut ajouter néanmoins que le Grand Conseil réduisit de nouveau les crédits affectés aux besoins de l'église vieille-catholique (1).

J'ai dit tout à l'heure que le Conseil d'État, en entrant en fonctions, avait paru vouloir maintenir la législation sur les cultes. Celle-ci, cependant, reçut bientôt une atteinte qui ne manqua pas d'importance. On sait que la loi du 27 août 1873 avait exigé la présence d'un quart des électeurs pour l'élection des curés et que la loi du 30 janvier 1875 avait aboli cette prescription qui rendait le scrutin impossible dans le plus grand nombre des communes rurales. Au mois de janvier 1880, M. Vogt proposa au Grand Conseil d'abroger

(1) Ces crédits, réduits d'abord de 15,000 à 5,000 francs, ne furent plus après le vote nouveau du Grand Conseil, que de 2,000 francs. Quant aux traitements de curés, ils subirent aussi une certaine réduction.

la loi de 1875; il y avait là, disait-il, une injustice à réparer tout de suite, sans attendre la discussion du projet sur la séparation de l'Église et de l'État : " Nous désirons maintenant, s'écria-t-il, la conciliation dans le pays; si on la veut, il faut la faire par des actes, non par des paroles qui ne produisent aucune conséquence. „ MM. Bard et Carteret protestèrent immédiatement. " Cette proposition de M. Vogt, demanda ce dernier, est-elle un commencement ou est-ce en même temps le commencement et la fin de ce qu'ont pu espérer un certain nombre de nos concitoyens? „ Cette question attestait à elle seule qu'il était fort peu rassuré. Toujours est-il que le projet de M. Vogt fut adopté.

Un recours fut formulé après du tribunal fédéral. Mais celui-ci le rejeta et, par cette décision, mit désormais les vieux-catholiques dans l'impossibilité de pourvoir, faute d'un nombre suffisant d'électeurs, à la plupart des cures des campagnes, lorsque des vacances se produiraient.

Quant aux catholiques, ils pouvaient attendre qu'il plût aux protestants et aux radicaux d'être complètement justes à leur égard. Leur dévouement et leur générosité étaient assez forts pour vaincre le temps. Quelques années auparavant, M. Carteret disait au Grand Conseil, en lui proposant de substituer dans les libéralités du budget le vieux-catholicisme au culte catholique : " Coupez les cordons de la bourse, et vous verrez! „ Les cordons de la bourse avaient été coupés, et l'on avait vu les catholiques du canton, malgré l'exiguïté de leurs ressources, se charger de l'entretien de leurs prêtres. Ils n'avaient pas cessé depuis lors ces sacrifices, et ils n'étaient nullement disposés à y mettre un terme. En 1880, l'un d'eux rendit compte, dans un rapport annuel, de la situation de l'*Œuvre pour le traitement du clergé catholique*, et, en face des résultats obtenus, un organe radical, la *Tribune de Genève*, écrivit : " Quelque opinion que l'on ait sur les doctrines ultramontaines, on ne peut s'empêcher de rendre hommage au zèle avec lequel les catholiques dissidents (!) subviennent aux frais de leur culte. Si les vieux-catholiques s'étaient chargés dès l'origine de soutenir leur église, celle-ci ne serait jamais venue au jour. „

Au mois de mai 1880, le Grand Conseil aborda enfin l'examen du projet de M. Fazy sur les rapports de l'Église et l'État. Dès l'ouverture des débats, M. Fazy, tout en défendant son œuvre et en manifestant dans son succès futur une pleine confiance, convint que le vote du peuple lui serait vraisemblablement défavorable. Un autre orateur, M. Wessel, exprima le même avis en faisant ressortir que l'union de l'Église et de l'État était encore une idée ancrée dans l'esprit de la population. Enfin, un des membres du Conseil d'État, M. Ador, déclara que ce corps (où cependant M. Carteret ne dominait plus) s'était unanimement prononcé contre l'adoption de la réforme proposée. Il y avait là plus qu'il n'en fallait pour faire repousser par le Grand Conseil le principe de la séparation. Cependant, il était difficile à cette assemblée de se rallier à cette solution; comme elle s'était refusée à rétablir les catholiques dans leurs droits anciens, et que d'autre part elle ne pouvait maintenir la législation de 1873 sans mentir à son origine, le vote du projet Fazy s'imposait en quelque sorte à elle comme une nécessité. Aussi l'article 1er de ce projet fut-il adopté après un débat des plus vifs; mais il ne le fut qu'à une voix de majorité : indice irrécusable du désaccord profond qui existait sur la question. Cet article était ainsi conçu : " La liberté des cultes est garantie; l'État et les communes ne salarient aucun culte; nul ne peut être contraint de participer aux dépenses d'un culte. „

Les autres articles furent votés à une majorité aussi faible. L'art. 2 autorisait les cultes, avec l'assentiment du Grand Conseil, à se constituer en personnes civiles et à recevoir des dons et des legs; il leur interdisait toutefois de posséder d'autres immeubles que les temples ou les églises et les cures ou presbytères. L'art. 3 permettait aux communes de disposer des églises, temples, cures et presbytères existants suivant la règle applicable aux biens communaux, mais sous la réserve que les temples protestants ne pourraient être affectés au culte catholique, ni les églises catholiques au culte protestant. L'art. 4 statuait que le temple de Saint-Pierre resterait la propriété inaliénable de la ville de Genève

et continuerait à être affecté au culte de la confession protestante. L'art. 5 conservait à l'église protestante les biens
dont elle jouissait (1).

Le projet fut soumis à une troisième lecture, et il l'emporta, lors de cette dernière épreuve, à une majorité un peu

(1) Voici au surplus le texte des cinq premiers articles de loi :

Art. 1. — La liberté des cultes est garantie. L'État et les communes
ne salarient aucun culte, nul ne peut être contraint de contribuer aux
dépenses d'un culte.

Art. 2. — Les personnes qui se réunissent et s'associent pour l'exercice d'un culte, sont tenues de se conformer aux lois générales, tant
fédérales que cantonales, ainsi qu'au règlement de police sur son exercice extérieur.

Les cultes peuvent, avec l'assentiment du Grand Conseil, se constituer
en fondateurs et recevoir, à ce titre, des dons et des legs ; mais ils ne
peuvent, sans une autorisation spéciale du Grand Conseil, être propriétaires d'autres immeubles que des temples et des églises, des cures ou
presbytères et de leurs dépendances.

Art. 3. — Les communes disposent des églises, temples, cures et presbytères qui sont propriétés communales, suivant les règles applicables
aux autres biens communaux, et sous les réserves ci-après :

Les temples et églises qui sont propriétés communales sont inaliéna-
bles pendant 30 années à partir de la promulgation de la présente loi, sauf
en cas d'expropriation pour cause d'utilité publique.

Les temples protestants qui sont propriétés communales ne pourront
être affectés au culte catholique, et réciproquement les églises catholiques qui sont propriétés communales ne pourront être affectées au
culte protestant.

Art. 4. — Le temple de Saint-Pierre restera la propriété inaliénable de
la ville de Genève ; il continuera à être affecté au culte de la confession
protestante ; l'État pourra, comme par le passé, en disposer pour les
cérémonies nationales.

Art. 5. — Les biens qui appartiennent à l'Église protestante, ainsi que
le revenu annuel de 40,000 francs attribué au Consistoire par la loi du
26 août 1868, seront remis à une fondation, constituée conformémeat
aux dispositions légales sur les fondations, et dont les ayants droit seront
tous les citoyens protestants qui déclareront vouloir en faire partie.

Les revenus de cette fondation seront employés dans l'intérêt du culte
protestant dans le canton de Genève.

Le Conseil d'État est chargé de convoquer, avant la mise en vigueur
de la présente loi, les citoyens protestants pour nommer une commission de vingt membres, qui sera chargée d'élaborer les statuts de cette
fondation et de les soumettre à l'approbation des ayants-droit.

plus forte : 52 voix contre 43 adoptèrent l'art. 1er qui contenait le principe fondamental de la loi. On ne peut dire que
celle-ci fût l'idéal pour les catholiques; mais dans les circonstances où on se trouvait, elle consacrait le régime le
moins mauvais qu'ils eussent à redouter. Si elle avait été
ratifiée par le peuple, ils seraient rentrés successivement
dans toutes les églises qu'à la campagne le schisme leur
avait enlevées, et le culte vieux-catholique, n'étant plus ni
protégé ni subsidié par l'Etat, ne pouvant d'ailleurs compter
sur l'appui de véritables croyants, n'aurait pas tardé à
disparaître du sol du canton.

Mais, si désirable que fût cette éventualité, ils ne se faisaient aucune illusion. Le peuple se prononça contre la loi à
une forte majorité : sur 17,413 électeurs inscrits, 13,370 prirent part au vote ; 9,306 repoussèrent le projet, 4,054 seulement l'adoptèrent. Pour obtenir ce résultat, les calvinistes
de la vieille école et les radicaux libres-penseurs s'étaient
coalisés et livrés à une propagande acharnée ; les premiers
craignaient que l'église protestante ne pût se maintenir sans
les subventions du budget en face de l'Église catholique
devenue complètement libre ; les seconds se refusaient à
admettre que les catholiques rentrassent dans leurs anciens
temples et jouissent des mêmes droits que les autres citoyens.

Aussi, lorsque le vote populaire fut connu, une grande joie
éclata dans les rangs des fractions protestante et radicale.
MM. Carteret et Vautier s'abandonnèrent à leurs déclamations habituelles à l'adresse de la Rome papale et du Vatican, qui, à les entendre, soulevait les catholiques contre les
lois de l'État. Le pasteur Cougnard félicita dans un style
ampoulé la patrie d'avoir échappé à un grand danger ; après
quoi tous ensemble, le Conseil d'État, le Consistoire protestant, de nombreux pasteurs, le Conseil supérieur du schisme,
le conseil municipal, etc., se formèrent en cortège, et par-
coururent les rues de la ville en poussant des clameurs contre les prêtres et les jésuites ; en même temps, le canon tonna
et les cloches des églises sonnèrent à pleine volée. Tant il est
vrai que les ennemis du catholicisme ne redoutent rien tant
que la liberté et le droit commun !

L'échec que venait d'essuyer la majorité du Grand Conseil était de nature à la dépouiller de son autorité morale, et l'on pouvait prévoir qu'elle succomberait à son tour, à l'heure prochaine où elle devrait comparaître devant le corps électoral. C'est ce qui arriva effectivement.

Il serait cependant injuste de méconnaître les courageux efforts qu'elle avait faits pour atténuer l'œuvre de ses prédécesseurs. Au point de vue constitutionnel, elle avait élaboré deux lois importantes : la loi sur le referendum facultatif qui fournissait au peuple une arme contre les tentatives autoritaires du pouvoir législatif, et la loi sur les lieux de vote qui, en rapprochant l'urne de l'électeur, facilitait l'exercice du droit de suffrage. Au point de vue de la législation ordinaire, elle avait introduit dans les lois scolaires des réformes destinées à faire disparaître les plus graves atteintes qui avaient été portées à la liberté d'enseignement, et elle avait abrogé la loi qui avait livré l'indépendance des maires et des adjoints à la discrétion du Conseil d'État en permettant à celui-ci, par un simple arrêté, de les rendre inéligibles pendant un certain temps. De tels titres étaient bien de nature à recommander à la confiance publique la majorité du Grand Conseil ; ils avaient dû aussi maintenir entre les catholiques et les conservateurs l'alliance qui en 1878 avait assuré leur succès. Mais la loi sur la séparation de l'État et de l'Église avait rompu cette alliance ; beaucoup de conservateurs protestants, effrayés du sort dont un pareil projet aurait menacé leur église, craignant le triomphe du catholicisme au milieu de l'affaiblissement de toutes les autres sectes privées de l'appui du bras séculier, se rapprochèrent des radicaux et marchèrent avec eux au scrutin dans le but d'envoyer au Conseil une majorité nouvelle. Ils ne réussirent que trop ; c'est à peine si une dizaine des membres sortants furent réélus ; les autres furent battus à un millier de voix de majorité.

Qu'allait faire le Conseil d'État composé de quatre membres appartenant au parti vaincu et de trois radicaux ? Devait-il rester en fonctions et attendre l'époque de son renouvellement normal en 1881 ? S'il l'avait fait, il eût suivi l'exemple de M. Carteret et de ses amis qui, en 1878, avaient conservé le pouvoir en dépit du changement de majorité au sein du Grand Conseil. Mais les conservateurs ont rarement l'énergie et encore moins l'audace des radicaux. MM. Ador et Bourdillon s'empressèrent de donner leur démission, et ils furent remplacés par MM. Héridier et Vautier auxquels le scrutin donna un peu plus de 4,000 voix sur 17,000 inscrits. L'un et l'autre étaient les acolytes dévoués de M. Carteret dont la prépondérance se manifestait ainsi de nouveau d'une manière éclatante.

Est-ce à dire que cette prépondérance dût s'accuser par le renouvellement des vexations sans nom qui avaient une première fois signalé l'emploi " de la manière forte „ ? On pouvait espérer le contraire. Dans la période électorale, le parti radical s'était abstenu de placer la question sur le terrain religieux; il avait même donné à entendre que le passé ne ressusciterait pas. Il était dès lors permis de conjecturer que l'apaisement relatif qui s'était produit au sujet du conflit confessionnel, survivrait à ceux qui avaient reçu la mission d'y travailler. Toutefois, il était certain que le schisme serait plus que jamais protégé par le gouvernement; déjà de nouvelles largesses avaient été distribuées aux intrus, largesses que M. Carteret se permit de faire figurer sous le titre de " Budget du culte catholique. „ On ne renonça pas non plus aux élections de prêtres vieux-catholiques. On procéda à la nomination d'un nouveau curé de ce genre à Genève : le nom d'un M. Mehudin, ancien vicaire du " culte national „, sortit victorieux de l'urne.

Mais ces largesses et ces élections étaient impuissantes à rendre la vie au cadavre. L'église schismatique n'était soutenue, dans un intérêt d'hostilité au catholicisme, que par quelques hommes sans foi qui en méprisaient les offices. Quant aux catholiques, ils étaient plus fervents et plus dévoués aux œuvres religieuses que jamais. La persécution avait été pour eux un aiguillon, et malgré les tristesses qui l'avaient accompagnée, il semblait que son principal effet eût été de faire grandir de plus en plus l'Église catholique de Genève. Écoutons sur ce point un témoin non suspect : " On leur a enlevé (aux catholiques) leurs églises, écrivait le 9 juin 1880 le correspondant du *Journal des Débats;* ils en ont construit à leurs frais. Ceux qui n'y allaient pas autrefois y vont maintenant pour faire pièce au pouvoir civil; il y a toujours foule, tandis que les églises officielles des catholiques-libéraux restent vides... Leur évêque, souverainement impopulaire il y a dix ans, même dans son clergé(?), est devenu un personnage, un martyr; il s'est fait une grande situation dans l'exil. Voilà les résultats obtenus; on ne peut les contester, ils sont éclatants. „

Qu'on ne s'étonne pas après cela, que le 12 décembre 1880, Mgr Mermillod, remerciant les catholiques genevois des témoignages de sincère dévouement et d'inaltérable fidélité dont ils lui avaient envoyé l'expression, leur eût écrit : " Persévérez à travers vos luttes et ayez confiance dans l'avenir. „ On ne risquait guère de s'égarer en voyant dans ces paroles une prophétie.

<h2 style="text-align:center">IV</h2>

Dans le reste de la Suisse, la situation restait la même : pas de persécution; de temps en temps quelques actes d'hostilité; et aussi çà et là, des victoires pour les catholiques et les conservateurs.

A Argovie, le gouvernement décida que les églises de certaines communes seraient utilisées en commun par les catholiques et les vieux-catholiques, et le Grand Conseil confirma cette décision.

A Soleure, on refusa une fois de plus à Mgr Lachat le droit d'administrer la confirmation.

Le canton de Saint-Gall continua à être fort disputé. Le fantôme de l'ultramontanisme, habilement évoqué, avait éloigné des catholiques beaucoup d'hommes d'entre-deux : " Le canton de Saint-Gall, disait un organe influent du pays (1), ne peut ni ne doit à aucun prix devenir ultramon-

(1) *La Gazette de Saint-Gall.*

tain. „ Toutefois, les radicaux n'avaient obtenu que 22 voix sur les 160 membres qui forment le Grand Conseil, et les 80 libéraux qui y constituaient la majorité représentaient un élément assez modéré, pour qu'il ne fût pas à craindre de voir de ce côté renaître le Culturkampf.

La situation du canton était donc demeurée à peu près ce qu'elle était. Mais dans la ville de Saint-Gall, les protestants et les radicaux dominaient, et, de concert, ils avaient décrété la sécularisation des écoles publiques. Jusqu'en 1879, les deux communions avaient eu des écoles communales confessionnelles, dirigées par des commissions scolaires. Au mois d'avril de cette année, leurs représentants sanctionnèrent un projet d'après lequel les écoles officielles devaient désormais être accessibles aux enfants des divers cultes et ne plus fournir qu'une instruction religieuse générale. Par là, elles se trouvaient en réalité placées sous l'influence prépondérante des protestants qui disposaient des cinq-huitièmes de la population de la ville; à la vérité, comme les écoles laïques étaient, dès avant 1879, sous la direction des radicaux, on ne peut dire qu'elles fussent, antérieurement à cette réforme, de nature à inspirer confiance à nos coreligionnaires. Cependant la fusion des diverses écoles accusait le progrès de cette détestable doctrine d'indifférentisme, qui tend à envahir, dans beaucoup de pays, les services publics; et à ce titre, elle ne pouvait être que désapprouvée.

Dans le Tessin, les conservateurs gardaient la suprématie qu'ils avaient conquise deux ans auparavant. Mais leurs actes formaient l'objet des dénonciations constantes des municipalités radicales et de la surveillance ombrageuse du Conseil fédéral. Au printemps de 1879, le Grand Conseil du canton avait voté une loi, permettant aux capucins établis à Lugano et dans quelques autres localités, de combler les vides existant dans leurs maisons et dans diverses autres paroisses, en y appelant de l'étranger un certain nombre de religieux de leur ordre. Le culte catholique était intéressé à cette mesure, le personnel du clergé séculier étant trop restreint pour les besoins de la population. Aussitôt les radicaux jetèrent un cri d'alarme, et le Conseil fédéral, considérant qu'il y avait là " un danger public, „ se crut en droit d'user de l'article 51 de la constitution, excluant les Jésuites de la Confédération, et statuant que cette interdiction pourrait s'étendre à d'autres ordres religieux dont l'action serait périlleuse pour l'État; en conséquence, il invita le gouvernement du Tessin à retirer l'autorisation accordée. Décision qui montre bien le cas que font les libéraux de la liberté et de l'égalité devant la loi, lorsqu'il s'agit des catholiques! D'une part, on ouvrait les portes de la Suisse toutes grandes aux réfugiés de tous les pays du monde, et l'on installait dans les églises enlevées aux catholiques des intrus venant de France, d'Allemagne et d'Italie; d'autre part, on chassait de Genève les prêtres étrangers qui desservaient paisiblement les paroisses catholiques, et, dans un canton aussi fidèle à l'Église que le Tessin, on s'effrayait de la présence de quelques capucins, religieux paisibles entre tous et n'ayant jamais provoqué de plainte sérieuse! Mais les autorités fédérales avaient beau faire: le Tessin avait reconquis sa place légitime parmi les cantons catholiques, et l'ardeur qu'y déployaient les conservateurs, autorisait à espérer qu'il ne la perdrait plus.

Ajoutons qu'à Lucerne les radicaux avaient cherché, sans y réussir, à reconquérir le Grand Conseil, et que, dans le chef-lieu du canton, le renouvellement du conseil de paroisse avait tourné à l'avantage des catholiques.

CHAPITRE XI.

(Mai 1881 à Janvier 1883.)

—

I

Les années 1881 et 1882 marquèrent le déclin croissant du vieux-catholicisme.

Les assemblées générales de la secte se tinrent à Bâle en 1881 et à Olten en 1882; elles fournirent de nouveau la preuve, — et cela d'une manière plus éloquente encore que par le passé, — que le mouvement vieux-catholique était dépourvu de toute vitalité.

L'assemblée d'Olten se composait de 80 délégués environ, venus de Genève, Neufchâtel, Berne, Soleure, Bâle, Argovie, Saint-Gall et Lucerne. Mais les renseignements qui lui furent communiqués n'étaient guère encourageants, et ils durent convaincre l'auditoire qu'il fallait renoncer à susciter au sein de l'Église catholique une sorte d'évolution anti-papale. L'évêque Herzog, qui n'avait pas réussi à faire de recrues en Amérique, déclara à la vérité que le vieux-catholicisme comptait encore 42 paroisses avec 57 ecclésiastiques. Mais la plupart d'entr'elles étaient sur le territoire de Genève; or là, par un abus d'autocratie scandaleux, les anciennes paroisses avaient été officiellement rattachées au schisme, bien qu'elles eussent perdu pour ainsi dire tout lien avec les populations; elles émargeaient au budget; les curés d'Etat étaient libéralement rétribués; ils occupaient les presbytères d'où avaient été chassés les pasteurs légitimes; mais, quant à des ouailles, ils n'en avaient pas; c'est à peine si l'on pouvait signaler comme telles quelques libres-penseurs qui, sur le papier et par tactique, se rangeaient parmi leurs adhérents.

A côté des paroisses genevoises, figuraient quatre paroisses jurassiennes encore occupées par des curés schismatiques :

Laufon, Saint-Imier, Charmoillé et Bourgenay; mais l'heure allait bientôt sonner où ceux-ci, à l'exemple de leurs complices, ne pourraient plus conserver des fonctions que l'appui tout-puissant du pouvoir civil leur avait procurées. Aussi ne doit-on pas s'étonner que le Synode catholique institué par la loi bernoise et dans lequel l'élément orthodoxe dominait depuis que le gouvernement de Berne avait prêté les mains au retour des anciens curés jurassiens, que ce Synode, disonsnous réuni à Délémont au mois de décembre 1882, eût voté des résolutions demandant le rappel de l'évêque exilé, Mgr Lachat, et le rétablissement des anciennes circonscriptions paroissiales.

Le gouvernement de Berne, tout en ayant fait vers les catholiques un pas qui l'honorait, hésitait à reconnaître ses torts d'une manière complète. Il est si difficile d'avouer qu'on s'est trompé! et cependant, c'est par une violation flagrante de la liberté religieuse, qu'il était interdit à Mgr Lachat d'exercer ses fonctions épiscopales dans les deux tiers du diocèse de Bâle. Les finances de l'État bernois ne se trouvaient pas mieux que la liberté religieuse de la persistance avec laquelle le gouvernement se refusait à briser tout à fait avec le schisme; la faculté de théologie vieille-catholique annexée, au plus fort de la lutte, à l'Université de Berne, avait coûté plus de 300,000 francs depuis sa fondation, et il n'en était sorti que deux prêtres schismatiques; ses professeurs eux-mêmes la quittaient les uns après les autres; le dernier qui avait pris ce parti était M. Hurtault, dont le nom avait fait tant de bruit à l'époque de l'érection de l'église officielle.

Indépendamment des paroisses genevoises et des quatre paroisses jurassiennes, non encore rendues aux curés légitimes, c'est à peine si le schisme pouvait en revendiquer quelques autres, éparses sur le territoire suisse. Nulle part du reste il ne faisait de progrès; là même où il avait été accueilli avec une certaine faveur, il perdait du terrain; c'est ainsi que le culte catholique, qui avait cessé depuis près de dix ans à Laufenbourg, dans le canton d'Argovie, y fut rétabli en 1884 et qu'il groupa immédiatement plus de deux cents adhérents autour de lui.

Si l'on s'était décidé dès cette époque à retirer au vieux-catholicisme la protection plus ou moins dissimulée du pouvoir civil, ses dernières traces auraient incontinent disparu. En 1882, dans le Grand Conseil de Bâle, un orateur protestant, M. Vischer, reconnut loyalement que le vieux-catholicisme était " un enfant mort-né, „ " un coup d'épée dans l'eau „ à l'égard de l'Église romaine. Mais les radicaux et les protestants ne pouvaient se résigner à lui retirer leurs sympathies, et s'ils s'abstenaient d'actes de violence à son profit, ils ne savaient se décider, au moins dans les régions où ils dominaient, à traiter les catholiques sur le même pied que les autres citoyens. Nous avons déjà raconté la confiscation par M. Carteret des biens mis par leurs propriétaires à la disposition des corporations religieuses de Genève, et nous avons signalé le recours interjeté contre cette mesure odieuse devant le tribunal fédéral. Enfin, après quatre années d'attente, celui-ci rendit sa sentence; mais il débouta les réclamants comme n'étant investis que d'une propriété apparente. A la vérité, il n'admit pas que l'État genevois fût devenu propriétaire des immeubles par le fait seul de sa prise de possession violente; les propriétaires réels pouvaient les revendiquer; mais, en attendant, l'État devait continuer à les détenir. On voit à l'aide de quels artifices on cherchait à disputer aux ordres religieux les moyens de se loger et de subsister; ces artifices n'étaient pas précisément les mêmes qu'ailleurs, mais ils avaient pour objet comme dans beaucoup d'autres pays de placer les religieux en dehors du droit commun.

La décision du tribunal fédéral fut pour M. Carteret un succès qui, sans être éclatant, dut le réjouir d'autant plus, qu'il ne s'y attendait guère.

La cause qu'il personnifiait avait du reste remporté, dès avant la décision du tribunal fédéral, une autre victoire.

Les Chambre fédérales sorties du mouvement de réaction engendré par les excès du Culturkampf ne s'étaient pas montrées à la hauteur de leur tâche; les conservateurs protestants n'y avaient pas su contracter avec les catholiques une alliance féconde; de là étaient nés des tiraillements et des divisions qui avaient suscité chez les radicaux l'espoir d'une prompte revanche. Les cantons les plus travaillés par eux furent les cantons romands, principalement ceux de Genève et de Vaud, longtemps le boulevard du fédéralisme, mais qui, sous l'influence des préoccupations antireligieuses, paraissaient de plus en plus vouloir se rallier au drapeau centralisateur. Il n'est pas aisé, surtout à une époque où les passions politiques sont surexcitées, de résister à la tentation de se servir de la majorité dont on dispose pour enlever à la minorité ses droits et sa liberté. Cette résistance, du reste, les radicaux ne l'essayaient même pas : irrités de voir les catholiques user largement dans plusieurs cantons de toutes les libertés qui leur étaient laissées, surtout de la liberté d'enseignement, ils étaient portés à imposer partout de vive force ce qu'ils appelaient " les progrès nécessaires „ et à obliger la population tout entière à fréquenter des écoles laïques organisées à leur image. Assurément, il se rencontrait encore de divers côtés des libéraux et des protestants, qui cherchaient à arrêter leur pays sur la pente où il semblait glisser ; ils défendaient les droits des catholiques et l'indépendance des cantons. Mais le courant se dessinait en faveur de la propagande radicale.

Les élections qui eurent lieu à la fin d'octobre 1881 justifièrent les prévisions pessimistes que la situation provoquait. Les catholiques à la vérité maintinrent leurs positions ; ils firent passer une trentaine de leurs amis ; mais les conservateurs protestants perdirent un grand nombre de sièges, et le radicalisme, vainqueur dans les cantons de Genève, de Vaud et de Neufchâtel, sans parler des succès qu'il avait remportés dans la Suisse allemande, disposait désormais dans le Conseil national, de concert avec les libéraux et les démocrates, d'une forte majorité. Toutefois, cette majorité ne devait exister que pour autant que les trois fractions marchassent d'accord ; il était à craindre que, dans les questions religieuses, l'entente ne se produisît toujours ; mais, en dehors de là, elle était moins certaine, et c'est ce qui explique comment l'ancien Conseil fédéral, que les radicaux espéraient abattre, fut, après la constitution de l'assemblée nouvelle, réélu à

quelques voix de majorité. Les efforts de la gauche étaient
surtout dirigés contre MM. Hammer et Hortenstein, suspects
de modérantisme, et qu'elle voulait remplacer par MM. Vigier
et Frei; tous deux furent réélus.

Les plans du radicalisme se trouvèrent quelque peu
entravés par ce vote; mais il fallait s'attendre à ce qu'une
majorité compacte se formât, lorsqu'il s'agirait de développer la centralisation et de prendre des mesures de parti
contre les catholiques. Nous verrons bientôt qu'il en fut
ainsi.

Quelques mois avant les élections, l'Assemblée fédérale
avait créé dix sièges de députés nouveaux. Notamment, sous
le prétexte de permettre aux minorités radicales des cantons
de Fribourg et de Tessin d'être représentées, elle avait
découpé dans ces cantons deux nouvelles circonscriptions,
où l'on pouvait affirmer d'avance que les conservateurs
seraient battus. Mais, en même temps, par une contradiction
qui ne parut en rien lui coûter, elle avait refusé aux minorités
catholiques ou conservatrices du Jura, de Neufchâtel et
d'Argovie, l'avantage qu'elle avait accordé aux radicaux de
Fribourg et du Tessin. Cette iniquité révoltante avait reçu
l'appui de la gauche et des conservateurs protestants; et
cependant, comment contester que le Jura, qui avait fait,
par sa ténacité religieuse, l'admiration du monde catholique
depuis dix ans, aurait eu le droit d'être représenté par des
hommes partageant ses croyances religieuses? Eh bien, il
n'en avait pas été ainsi jusque-là; il ne devait pas en être
davantage ainsi dans l'avenir. Une feuille, non suspecte de
sympathie pour le catholicisme, le *Journal de Genève*, reconnut que le procédé était injustifiable, et elle déclara qu'on
avait créé dans le canton de Fribourg avec la plus flagrante
partialité un nouvel arrondissement dans le but de favoriser
les minorités radicales.

Mais quand les catholiques étaient en cause, tous les
moyens de combat paraissaient légitimes. Dans deux autres
circonstances, cette vérité se vérifia également.

Dès le mois d'avril de l'année 1881, une pétition adressée
à l'Assemblée fédérale avait saisi le Conseil national du point

de savoir si les Sœurs pourraient continuer à enseigner dans les écoles publiques. Aucun reproche n'était dirigé contre leur enseignement; leur popularité, dans la partie catholique du pays, n'était pas contestable. Mais l'art. 27 de la Constitution place l'école sous la surveillance de la Confédération, et les Sœurs enseignantes n'étaient-elles pas *a priori* un danger pour l'État? Ici, conservateurs protestants et radicaux se montrèrent de nouveau d'accord. Pour sauvegarder la liberté de conscience, ne fallait-il pas infliger aux catholiques des instituteurs n'ayant pas leur confiance ? L'affaire fut renvoyée pour enquête au Conseil fédéral, et, au mois de janvier 1882, l'Assemblée fédérale adopta une motion invitant le Conseil fédéral à déposer au plus tôt une proposition sur la question. Le siège des radicaux paraissait fait, et il était fort à craindre qu'à moins d'un revirement de l'opinion publique, les catholiques ne dussent faire leur deuil des Sœurs enseignantes.

Un second élément vint bientôt alimenter la polémique anti-religieuse. Les Jésuites étaient à Fribourg ! Ce cri se répandit comme une traînée de poudre dans toute la Confédération. Les amis sincères de la liberté ne s'émouvraient certes pas d'un tel fait; pourquoi les Jésuites ne pourraient-ils séjourner à Fribourg comme à Bruxelles ou à New-York ? La réponse est simple : la Constitution l'interdit. Mais, en cela, elle commet un véritable excès de pouvoir dont les parleurs de liberté suisses devraient rougir, si, lorsque leur intérêt est en cause, il leur coûtait de s'abandonner aux plus éclatantes palinodies. Aussitôt que la fatale nouvelle fut connue du Conseil fédéral, il envoya un message au Conseil d'État de Fribourg, pour lui demander si, " à l'occasion de la fête du P. Canisius, le discours n'avait pas été prononcé à l'église de Saint-Michel par un jésuite. „ Le Conseil d'État répondit qu'effectivement le panégyrique du P. Canisius avait été prononcé par un jésuite, le P. Andelfingen, mais que, dès le lendemain de la fête, celui-ci avait quitté Fribourg. Le Conseil fédéral se récria : il vit dans ce fait " une perturbation de l'ordre public, „ et il se réserva de prendre les mesures nécessaires pour faire respecter la constitution.

Le branle une fois donné, on signala successivement la présence dans le Valais d'un jésuite comme professeur du séminaire du canton, puis d'un autre à Montreux. Le Conseil fédéral porta incontinent son attention sur les points menacés; des significations furent faites aux États soupçonnés de tolérance. Mais il se trouvait que les deux prêtres dénoncés avaient renoncé à leur qualité de jésuites, et le gouvernement ne crut pas dès lors pouvoir ordonner leur expulsion.

Rassuré de ce côté, le Conseil fédéral ne tarda pas à s'émouvoir de nouveau. L'art. 51 de la Constitution porte : « L'ordre des Jésuites et les sociétés qui lui sont affiliées ne peuvent être reçus dans aucune partie de la Suisse, et toute action dans l'Église et l'école est interdite à leurs membres. Cette interdiction peut s'étendre aussi, par voie d'arrêté fédéral, à d'autres ordres religieux dont l'action est dangereuse pour l'État ou trouble la paix entre les confessions. » En outre, l'art. 52 défend de fonder de nouveaux couvents. Rien de plus élastique que ces dispositions : en deux mots, elles proscrivent les Jésuites et permettent de proscrire tous les autres ordres religieux. Or, depuis quelques mois, des Maristes et des Capucins s'étaient établis dans le canton de Fribourg. Que signifie cela? demanda le Conseil fédéral. On lui répondit que ces religieux n'avaient dans le pays qu'un établissement provisoire, en attendant qu'ils eussent fondé un établissement définitif en Angleterre. Le Conseil fédéral ne se contenta pas de cette réponse, et, au mois de janvier, il invita le gouvernement du canton du Fribourg à fermer, dans le délai de quatre semaines, l'établissement des Maristes à Gavisiez et celui des Capucins à Guschelmuth, et, en outre, à interdire à ces religieux le séjour dans tout autre établissement semblable sur le territoire fribourgeois.

Le cas était grave en effet. Les Maristes, outre que leur installation dans le canton était toute provisoire, vivaient dans l'intérieur de leur maison qu'ils ne quittaient jamais et y célébraient exclusivement le service divin; les Capucins étaient au nombre de deux moines et quelques novices. Mais le Conseil fédéral n'en crut pas moins devoir prendre les choses de haut, comme si la patrie était en danger, et il déclara solennellement le 6 janvier au Conseil d'État de Fribourg, que " les faits inconstitutionnels qui s'étaient produits à plusieurs reprises dans ce canton témoignaient, au point de vue des obligations fédérales, d'une attitude contre laquelle il continuerait à réagir énergiquement en cas de besoin. „ La conduite du Conseil fédéral était d'autant plus cruelle, qu'il s'agissait de religieux français qui étaient venus demander asile en Suisse pour un temps limité.

La chasse commencée, le Conseil fédéral crut voir des religieux partout. On lui signala l'érection d'un nouveau couvent à Lucerne et la présence de Liguoriens à Brigue dans le Valais. Immédiatement, il adressa des messages aux autorités supérieures de ces deux cantons, auxquels il rappela les art. 51 et 52 de la Constitution, en ajoutant avec un sans-gêne surprenant, que les Liguoriens étaient affiliés à l'ordre des jésuites! Mais à Lucerne comme à Brigue, il avait vu trouble ; aucun nouveau couvent n'avait été fondé. Ces échecs ne calmèrent pas les inquiétudes du Conseil fédéral et, au mois de février, il découvrit deux jésuites italiens dans le Tessin. Ceux-ci avaient, en effet, donné à Locarno, dans le couvent des capucins, des conférences à des ecclésiastiques tessinois ; mais le public n'y avait pas été admis, et l'on ne pouvait voir là une action exercée par eux " dans l'Église et dans l'école „. Mais l'interprétation extensive est la bonne, quand il s'agit de molester des religieux inoffensifs ; et le Conseil fédéral fit savoir au gouvernement du Tessin, que l'art. 51 de la Constitution défendait aux jésuites, non seulement d'exercer des fonctions dans les églises ouvertes au public, mais dans toute réunion d'ecclésiastiques et dans les couvents, " lesquels sont tous renfermés tacitement dans le mot " églises „ ! „

On voit jusqu'où allait l'intolérance des libéraux suisses, car le Conseil fédéral était composé plutôt de libéraux que de radicaux. La liberté n'est bonne que quand ils en usent et qu'ils en profitent. Veut-on la leur enlever? C'est un attentat contre les droits de la conscience et un retour au moyen âge. S'agit-il de la disputer aux catholiques, à l'Église et aux religieux? C'est faire œuvre de progrès et de justice. Ce qui se

passait dans les cantons de Berne et de Genève, les deux
foyers les plus actifs de la lutte antireligieuse, achèvera de
montrer que cette appréciation caractérisait exactement la
situation.

II

On se rappelle la décision en vertu de laquelle les autorités
fédérales, sollicitées par quelques brouillons, avaient statué
que la co-jouissance des églises devait être accordée dans le
Jura aux catholiques et aux vieux-catholiques, là où il n'existait pas deux temples qu'on pût leur assigner séparément.

A la suite de cette décision, les schismatiques de Porrentruy et de Chevencz, les deux localités où " l'évêque „ Herzog comptait le plus de partisans, — ce qui du reste n'était
pas beaucoup dire, — en réclamèrent le bénéfice. A Porrentruy, les choses s'arrangèrent sans difficulté; on abandonna aux vieux-catholiques l'ancienne église des Moulins.
Mais à Chevenez, il n'y avait qu'une église; une petite chapelle offerte aux schismatiques ne fut acceptée ni par eux ni
par le gouvernement; et le jour même où le curé catholique
avait été installé, ils manifestèrent l'intention de prendre
possession de l'église. La population se montra d'abord si
indignée, que le préfet et les gendarmes ne purent triompher
de sa résistance. Mais, devant l'impossibilité de tenir plus
longtemps l'autorité en échec, elle se résigna, et, quelques
jours après leur première tentative, les vieux-catholiques,
accompagnés de leur curé et escortés d'un détachement de
cavalerie, purent de nouveau consommer leur usurpation.
Les catholiques, c'est-à-dire la population presqu'entière du
village, furent, une fois de plus, obligés de plier devant leurs
adversaires, et ils transportèrent le siège de leur paroisse à
Courtedoux, commune voisine de Chevenez.

De telles violences perpétuaient les conflits entre les victimes et les persécuteurs. Des troubles éclatèrent à Chevenez
à la suite de provocations du curé intrus, M. Béiss, et il semble que le gouvernement de Berne eût bien fait d'ouvrir enfin

les yeux et de rapporter le décret sur la co-jouissance des églises ; il ne s'y résolut pas.

Heureusement que la main du gouvernement ne suffisait plus pour soutenir le schisme. Beaucoup de ses anciens adhérents avaient renoncé à leurs erreurs ; et petit à petit, les dernières églises restées aux mains de ses partisans retournaient aux catholiques, les derniers curés intrus disparaissaient. Au mois de juin 1881, le terme fixé pour la réélection du curé de Courendlin étant arrivé, aucun électeur ne se présenta pour donner son vote au pasteur schismatique qui fonctionnait depuis quelques années dans cette paroisse ; toutes les voix se portèrent sur l'ancien curé octogénaire, heureux de voir ses ouailles lui revenir en masse. Au mois de janvier 1882, M. Murena, curé de Fontenais, abandonna sa cure pour se faire marchand de porcs : c'est lui qui avait dit : " toutes les religions ne sont que des histoires des vieilles femmes. „ Mais comment le gouvernement de Berne avait-il jamais cru pouvoir fonder une religion avec de pareils instruments ?

A Genève, les choses ne s'amélioraient ni n'empiraient. On se souvient qu'au mois de novembre 1880, la majorité du Grand Conseil était redevenue radicale, et qu'à la suite de ce vote, les éléments conservateurs du Conseil d'État, ayant donné leur démission, avaient été remplacés par des amis de M. Carteret, qui avait repris ainsi son ancienne prépondérance. Toutefois, ni le Grand Conseil, ni M. Carteret lui-même ne parurent disposés à employer de nouveau contre les catholiques, du moins avec autant d'acharnement, " la manière forte „ qui avait sévi pendant plusieurs années. C'est un des phénomènes les plus intéressants de l'histoire, que celui de la prompte lassitude que ressent la violence ; à l'heure même où elle semble ne plus rencontrer d'obstacles, elle s'affaiblit d'elle-même pour aller parfois jusqu'à déposer les armes. On rétablit bien la loi Reverchon, abolie par la législature précédente et aux termes de laquelle il devait suffire du vote d'un seul électeur pour dépouiller les deux ou trois paroisses catholiques restantes de leurs églises et de leurs presbytères ; mais, cette satisfaction d'amour-propre obtenue, on n'alla pas plus loin.

Aussi, lorsque la campagne électorale, qui devait conduire au renouvellement du Conseil d'État, s'ouvrit à l'automne de 1881, les radicaux déclarèrent, en parcourant les communes rurales, que les luttes confessionnelles étaient finies, et que désormais la paix religieuse ne serait plus troublée. Ce ne fut pas sans étonnement, que l'on entendit ce langage dans la bouche de M. Héridier, l'âme-lige de M. Carteret, et l'un des promoteurs les plus ardents du schisme dans le canton.

Est-ce parce que les radicaux craignaient un revirement ? Peut-être ; car, le jour des élections, les deux listes se serrèrent d'assez près, pour qu'un conservateur passât et que les autres réunissent une minorité imposante.

Est-ce parce que la conviction s'était généralement répandue que le vieux-catholicisme était une cause désormais perdue? On peut le présumer. Bien des signes en effet avaient depuis deux ou trois années attesté sa décrépitude précoce, et ces signes ne faisaient que se multiplier. A Genève même, on procéda, vers la fin de 1881, a l'élection d'un curé vieux-catholique ; or, le jour du scrutin, on ne réussit pas à amener à l'urne le quart des électeurs inscrits, et sur ce quart il n'y avait qu'une minorité infime qui fît acte de présence à l'église. Ce n'est pas tout : les vieux-catholiques ne savaient plus quelle destination donner aux églises dont ils s'étaient emparés. L'église Saint-Joseph, à Genève, avait été élevée par les contributions volontaires des catholiques qui n'avaient cessé, aussi longtemps qu'ils en avaient conservé la jouissance, de payer religieusement les intérêts de la dette qu'ils avaient contractée. Les vieux-catholiques, mis en possession de l'église, refusèrent de payer les créanciers ; ceux-ci s'adressèrent aux tribunaux qui leur donnèrent gain de cause ; sur quoi ils firent afficher sur l'église un placard de saisie. Par contre les catholiques déployaient toujours le même dévouement que nous avons signalé plusieurs fois, et en 1881, l'œuvre du clergé parvint à recueillir 53,484 francs qui devaient servir à l'entretien de quarante-cinq prêtres.

Ces faits et bien d'autres avaient sans doute quelque peu ouvert les yeux des radicaux. Toujours est-il, que le jour de la prestation du serment du nouveau Conseil d'État, son président, M. Chalumeau, déclara que la lutte religieuse serait ajournée jusqu'au jour où les populations catholiques, mieux éclairées, diraient elles-mêmes à leurs prêtres : " Enseignez-nous la religion et la morale ; parlez-nous du Dieu de bonté et de charité ; mais cessez de mêler la politique à la religion, et cessez de nous prêcher la révolte contre les lois de notre pays. „ En d'autres termes, l'État avouait son impuissance à triompher de la conscience religieuse, et il ne pouvait dès lors rester à - M. Carteret que des regrets des violences auxquelles il s'était livrées. Il avait accumulé les injustices au préjudice des catholiques ; il avait soutenu de tout son pouvoir une église sans racine dans le cœur des populations, dirigée par des prêtres indignes ; et, pour prix de tous ces efforts, il ne recueillait que mécomptes et déceptions !

Toutefois, l'on ne devait pas s'attendre à voir le pouvoir civil enlever au vieux-catholicisme son caractère d'institution légale. En effet, les élections au Grand Conseil du mois de novembre 1882 avaient donné au radicalisme une majorité considérable ; sur cent députés à élire, les conservateurs n'avaient fait passer que 25 de leurs candidats ; à la vérité, ceux-ci ne pouvaient que s'accuser eux-mêmes de leur défaite ; ils n'entendaient pas contracter avec les catholiques une franche alliance, et c'est sous l'influence de cette défiance vraiment inconcevable que la minorité radicale était parvenue à l'emporter une fois de plus sur le terrain électoral.

III

Nous avons dit qu'en 1881, la nouvelle assemblée fédérale, à peine installée, avait manifesté l'intention de réaliser des réformes scolaires. Ces réformes devaient être inspirées par une double pensée de centralisation et de sécularisation.

Lorsqu'on envisage les efforts qui ont été faits presque partout depuis quelque vingt ans pour séculariser l'école publique, on ne peut contester sérieusement qu'ils se rattachent à un plan de déchristianisation de la société. Ils émanent en effet d'hommes ou de partis dont l'hostilité antireligieuse est notoire. Ceux-ci ont beau dire que rendre l'enseignement neutre, ce n'est pas combattre la religion, mais seulement l'empêcher d'envahir un domaine qui n'est pas le sien ; outre que cette neutralité n'est guère réalisable, il est certain qu'en supprimant l'atmosphère chrétienne de l'école, en écartant de l'enfant, durant le cours de ses études, les idées, les souvenirs et les faits religieux, on détourne sa pensée et son cœur de la religion ; la religion n'occupera plus dans sa vie qu'une place secondaire, si tant est que cette place réduite, elle réussisse à la conserver. Des aveux significatifs attestent du reste que telle est bien l'espérance des promoteurs de cette dangereuse réforme, et c'est ce qui explique comment elle a été recommandée presque partout en même temps, à l'heure où un puissant courant antichrétien se manifestait au sein de la société sous les auspices de ce qu'on appelle " la science „.

La Suisse n'avait pas échappé à l'influence de ce courant ; mais il devait y rencontrer des résistances plus vives encore qu'ailleurs, nées de ce vieil esprit d'indépendance locale qui répugnait aux lois appelées à centraliser dans les mains des pouvoirs fédéraux la direction morale et matérielle du pays. Aussi les partisans de la sécularisation de l'école y avaient-ils mis une certaine prudence ; ils n'avaient pas cherché à atteindre le but d'un bond ; ils avaient préféré y marcher par étapes.

Jusqu'en 1874, tout ce qui concerne l'enseignement avait été laissé à la libre décision des cantons. A cette époque, on était parvenu à introduire dans la constitution révisée un article 27 traçant quelques règles générales auxquelles tous les cantons devaient désormais se soumettre. Cet article était ainsi conçu : " Les cantons pourvoient à l'instruction publique qui doit être suffisante et placée exclusivement sous la direction de l'autorité civile. Elle est obligatoire et, dans les écoles publiques, gratuite. Les écoles publiques doivent pouvoir être fréquentées par les adhérents de toutes les confessions, sans qu'ils aient à souffrir d'aucune façon dans leur liberté de conscience ou de croyance. La Confédération prendra les mesures nécessaires contre les cantons qui ne satisferaient pas à ces obligations. „ Quelle était la portée de cette disposition? Refusait-elle au clergé une part dans l'inspection ou la surveillance de l'école? On ne le pensa point; et les législations cantonales qui, à ce double point de vue, donnaient satisfaction aux sentiments religieux des populations, demeurèrent en vigueur (1).

Un tel état de choses ne faisait pas le compte des champions de la neutralité. Ils comprirent bientôt, que cette réforme ne s'introduirait que par le moyen d'une loi générale et, pour y préparer les voies, ils résolurent de réclamer deux choses: une enquête sur la situation de l'enseignement, et la nomination au Département de l'intérieur d'un secrétaire rétribué, chargé de présider à l'enquête. Le plan était apparent : il s'agissait tout à la fois de démontrer la nécessité d'une législation fédérale sur la matière et d'arriver graduellement à la constitution d'un ministère de l'instruction publique. En conséquence le projet d'arrêté suivant fut soumis au Conseil national.

" 1. Le Conseil fédéral est chargé de faire procéder immédiatement par le département de l'intérieur aux enquêtes et études sur la situation des écoles dans les cantons, qui sont nécessaires pour assurer l'exécution complète de l'art. 27 de la Constitution fédérale et permettre de légiférer sur la matière.

„ 2. Pour mettre le département en état de satisfaire à cette tâche, il lui est donné un secrétaire particulier, secrétaire de l'instruction publique, avec un traitement annuel pouvant atteindre 6,000 fr. Ses attributions seront fixées par un règlement spécial qu'édictera le Conseil fédéral.

„ 3. Le Conseil fédéral est chargé, conformément aux dispositions de la loi fédérale du 17 juin 1874 concernant la votation populaire sur les lois et arrêtés fédéraux, de publier le présent arrêté fédéral et de fixer l'époque où il entrera en vigueur. „

On voit avec quel art ce projet s'abstenait de toucher directement à la question religieuse. Mais son auteur, M. le conseiller fédéral Schenk, ancien pasteur protestant, imbu d'idées rationalistes, fut amené dans la discussion, à la suite

(1) Voir *Les législations étrangères sur l'instruction primaire* (Vingt ans de polémique, tome II).

d'interpellations formelles, à donner connaissance des notes qu'il avait rédigées comme chef du Département de l'intérieur et qui contenaient le programme scolaire à accomplir. Ces notes, les voici :

" Quant à la *direction exclusive de l'autorité civile*, seront considérées comme ne remplissant pas cette condition :

„ 1° les écoles se rattachant par leur base à une association ecclésiastique ;

„ 2° les écoles à la direction desquelles ne peuvent coopérer que ceux qui appartiennent à une certaine confession ;

„ 3° les écoles que sont appelées à diriger ou à la direction desquelles sont appelées à coopérer *ex officio* des personnes revêtues de charges ecclésiastiques, que ce devoir soit ou non attaché à la charge elle-même ;

„ 4° les écoles dont l'organisation, en ce qui concerne le plan d'études, les méthodes, le système et les moyens d'enseigner ou à quelque autre égard que ce soit, dépend totalement ou partiellement d'une autorité ecclésiastique, d'une institution ou d'une association ayant un caractère confessionnel ;

„ 5° les écoles dont les instituteurs et les institutrices n'ont pas à justifier seulement devant une autorité exclusivement civile et d'après les règles générales fixées par la loi de leur capacité d'enseigner ; celles dont les instituteurs et institutrices sont soumis, quant à leurs fonctions ou à une partie de leurs fonctions scolaires, non seulement à la direction de l'autorité civile, mais aussi et simultanément à la direction d'une autre autorité n'ayant pas le caractère civil ; celles où les instituteurs et institutrices peuvent être, à raison d'engagements pris par eux, soumis à des obligations ayant un caractère ecclésiastique.

" La constitution impose la direction exclusive de l'autorité civile, non seulement aux écoles publiques, mais aussi aux écoles particulières. Quant à ces dernières, comme elles ont le droit d'exister, on pourra modifier les exigences énumérées plus haut de façon à ce que ce droit puisse subsister.

" *Les écoles publiques doivent pouvoir être fréquentées par les adhérents de toutes les confessions, sans qu'ils aient à souffrir d'aucune façon dans leur liberté de conscience ou de croyance.*

„ Le but de cette prescription est l'école civile sans caractère confessionnel, en opposition à l'école civile avec un enseignement ayant un caractère confessionnel.

Il y a atteinte à la liberté de conscience ou de croyance :

„ 1° lorsqu'un enfant est astreint à suivre un enseignement religieux contre la volonté de ses parents ou de son tuteur ;

„ 2° ou lorsqu'il est forcé d'accomplir un acte religieux ;

„ 3° ou lorsquon lui fait subir un châtiment quelconque à cause de sa foi ou du fait qu'il appartient à une association religieuse;

„ 4° lorsque l'on se sert dans l'école, en imposant cet usage, de livres dans lesquels la foi ou le culte d'une confession sont signalés directement ou indirectement au mépris;

„ 5° lorsqu'il y a dans le local où se trouve l'école des emblèmes où des images relatifs à la foi ou au culte d'une confession spéciale;

„ 6° lorsque pendant les heures d'école on se livre à la pratique de cérémonies religieuses se rattachant à la foi ou au culte d'une confession spéciale;

„ 7° lorsque, dans la partie de l'enseignement que l'enfant est astreint à suivre, on raconte des histoires, on donne des explications ou des détails qui sont destinés à représenter ou qui peuvent faire envisager la foi ou le culte d'une confession comme contraires à la vérité, méritant d'être repoussés ou dignes d'exciter la haine;

„ 8° lorsque l'on distribue dans les écoles des brochures ou des écrits inspirés par des visées confessionnelles ou empreints de tendances confessionnelles;

„ 9° lorsque dans l'école, soit l'instituteur, soit telle autre personne cherchent à exercer sur les enfants une influence dans le sens d'une confession existante.

„ Que dans une commune il y ait, à tel moment donné, des adhérents de différentes confessions, ou que les représentants d'une confession spéciale forment une majorité plus ou moins considérable, peu importe; l'école publique doit, sans se préoccuper de ces faits, être exempte de tout caractère confessionnel, afin que les adhérents de toutes les confessions puissent la fréquenter, c'est-à-dire la faire fréquenter par leurs enfants sans que ces derniers aient à souffrir d'aucune façon dans leur liberté de croyances ou de conscience. „

Rien n'était plus clair que tout cela : on avait en vue de laïciser le personnel enseignant, le local de l'école, les livres, et en général tout le programme scolaire; en d'autres termes, la proposition était dirigée contre les cantons catholiques, et son but, suivant l'aveu attribué à un de ses partisans, était de revêtir toute la jeunesse suisse " de la camisole de force fédérale. „

Les discussions du Conseil national et du Conseil des États furent du reste instructives sur ce point, et l'on entendit sans surprise M. Schenk faire la déclaration suivante : " L'enseignement religieux sera conservé avec cette seule réserve, qu'il ne pourra être ni dogmatique ni confessionnel. On gardera les grandes vérités religieuses qui peuvent unir tous les enfants dans un même sentiment, et on laissera de côté les questions dogmatiques qui peuvent les séparer. „ Cette phraséologie est bien celle que les promoteurs de la neutralité emploient dans tous les pays ; mais elle ne trompe personne sur le mobile qui les inspire ; pourquoi en effet, si ce n'est par hostilité contre la religion, réclamer un enseignement non confessionnel dans un canton ou dans une commune entièrement catholique ? Pourquoi sur ce point faire violence à la conscience des populations ? Aussi, au Conseil des États, M. Schaller, après avoir montré que la proposition contenait en germe toute une législation scolaire, s'écria avec raison : " Des déclarations parties de haut nous éclairent sur les tendances d'une fraction de l'assemblée ; il ne s'agit de rien moins que de créer une organisation hostile aux convictions religieuses, de soustraire la jeunesse à l'influence de la famille et de la façonner dans le moule de l'État. „

Le Conseil des États, pas plus que le Conseil national, ne se laissa toucher par ces protestations. Il vota le 14 juin 1882 l'arrêté scolaire ; mais le bon sens public devait être plus clairvoyant et moins passionné. L'essai de centralisation et de laïcisation que comportait la décision de l'Assemblée fédérale émut à la fois les catholiques, les protestants orthodoxes et tous ceux chez qui le vieil esprit cantonal n'était pas éteint. En conséquence, un grand pétitionnement demandant le referendum fut organisé. 30,000 adhésions seulement étaient requises : le 15 septembre, 188,834 signatures avaient été réunies, attestant par ce nombre imposant à quel point le peuple percevait la gravité du péril dont le pays était menacé. Sans doute, les opposants obéissaient à des suggestions diverses : les uns étaient froissés dans leurs opinions politiques, les autres dans leurs convictions religieuses ; mais tous étaient bien décidés à ne rien négliger pour faire échouer le monopole que l'autorité centrale voulait s'arroger en fait d'enseignement.

M. Schenk et ses collègues du Conseil fédéral ou du moins la majorité d'entr'eux (1) furent vivement surpris du mou-

(1) Il paraît en effet qu'une minorité s'était manifestée contre l'arrêté scolaire au sein du Conseil fédéral.

vement qui se dessinait. Ils le furent d'autant plus, qu'ils avaient cru leur victoire certaine. Aussi n'avaient-ils pas hésité à mettre en quelque sorte en vigueur l'arrêté du 14 juin, avant qu'il eût acquis force de loi. Ils avaient à cet effet envoyé à tous les cantons, au nom du Département de l'intérieur, une circulaire leur demandant des renseignements sur leurs écoles. Mais plusieurs gouvernements cantonaux, ceux d'Uri, de Lucerne, du Valais et du Tessin, refusèrent formellement de répondre, en déclinant la compétence du Conseil fédéral : " Il ne sera donné aucune suite, déclara l'un d'eux, le Tessin, aux invitations formulées par M. le conseiller fédéral Schenk. „

Ces fières résistances n'enlevèrent pas tout espoir au gouvernement fédéral ; mais il voulut se donner le temps de combattre par une propagande active l'opposition qu'il rencontrait, et c'est pour organiser cette propagande, qu'il retarda jusqu'au 26 novembre le vote à émettre par le peuple sur l'arrêté scolaire. Dans l'intervalle, de grands efforts furent déployés par les protestants rationalistes de la Suisse allemande et les radicaux de la Suisse romande, ayant à leur tête, les premiers M. Schenk, les autres MM. Carteret et Ruchonnet. Comme toujours, on évoqua le spectre noir : l'ultramontanisme était aux portes du pays ! il fallait au plus tôt conjurer ses envahissements ! Partout on afficha des placards inspirés par cet esprit ; l'un d'eux, qu'on lisait sur les murs de la Chaux-de-Fonds, disait : " La patrie est en danger. Nos confédérés demandent aide et secours. Aidons-les à conquérir ce que nous possédons, l'instruction gratuite et laïque. Vive l'instruction populaire ! vive la liberté de conscience ! „

Mais cette fois, le jeu ne réussit pas. Ce ne furent pas seulement les cantons catholiques qui résistèrent ; une portion considérable de la Suisse romande, craignant l'influence centralisatrice de l'esprit allemand, préféra les conseils du *Journal de Genève* et de la *Gazette de Lausanne* aux exhortations unitaires de chefs radicaux. Des cantons protestants ne se montrèrent pas plus favorables à la réforme projetée ; on peut citer, comme l'indice de leurs sentiments, les résolutions suivantes émanées du comité de résistance qui s'était constitué dans le demi-canton d'Appenzell (Rhodes extérieures) :

« 1° L'instruction populaire en Suisse a toujours été jusqu'à ce moment considérée par les personnes compétentes comme une des meilleures et des plus avancées de toute l'Europe, et il n'y a dès lors aucune raison qui légitime une ingérence arbitraire de la Confédération dans ce que font les cantons.

» 2° L'autonomie en matière d'éducation est le droit le plus précieux qui ait été conservé aux cantons. Ces derniers vouent aux écoles bien plus de sollicitude que ne le feraient des autorités nouvelles créées dans ce but par la dictature fédérale.

» 3° L'intérêt de la jeunesse de nos jours, laquelle (tout le monde s'en plaint) a toujours moins de convictions et plus de prétentions, est moins de voir croître progressivement la durée de la période scolaire que de revenir aux bonnes habitudes de travail et d'obéissance.

» 4° Nous, pères de famille, devons solennellement protester, que nous ne voulons pas que nos enfants soient élevés dans l'hostilité aux convictions religieuses que nous honorons comme la vérité. L'État n'a que le droit de veiller à ce que les parents donnent à leurs enfants l'instruction nécessaire pour qu'ils puissent suivre convenablement la carrière à laquelle ils seront appelés : mais l'État n'a nullement le droit de travailler dans l'école à détruire les principes religieux que les parents éprouvent le besoin de faire pénétrer dans l'âme de leurs fils.

» Aucun état monarchique n'a essayé à ce point de mettre sous tutelle les citoyens et d'usurper les droits les plus sacrés de la famille : cela ne se tente que dans notre Suisse républicaine.

» Aucun vrai Suisse, ayant à cœur la conservation de la liberté, qui nous a été transmise par nos ancêtres, ne peut se soumettre à un si honteux esclavage, qui deviendrait, s'il venait à triompher, un tison de discorde dont les effets pernicieux ne peuvent être prévus. »

De son côté, le Synode ecclésiastique protestant de l'Ober-Emmenthal s'unit au mouvement dans un document basé sur les motifs suivants, — nous citons textuellement :

« Si, à teneur de l'art. 27, la Confédération a la haute surveillance de l'instruction primaire, elle n'a pas la compétence de décider comment la matière la plus importante sera réglée dans les écoles ; un tel empiètement violerait la souveraineté cantonale, la constitution fédérale et porterait atteinte à l'autonomie des communes ;

» Il y a encore en Suisse des centaines d'écoles où les élèves professent une même religion, et qui cependant devraient être placées sous une telle contrainte ;

« L'enseignement non confessionnel priverait les maîtres d'un puissant moyen de discipline, et peu à peu ce serait un encouragement à l'immoralité et au vice;

« Une religion d'État ouvrirait la porte au communisme ;

« On ôterait la base nécessaire à l'enseignement religieux ;

« Le peuple suisse dans sa grande majorité veut encore être un peuple chrétien et faire élever ses enfants comme chrétiens dans les écoles. »

On doit reconnaître, en présence de ces faits, que la thèse de l'école neutre aurait encore beaucoup de chemin à parcourir pour prévaloir en Suisse. Aussi, la journée du 26 novembre vengea-t-elle à la fois l'indépendance des cantons et l'enseignement confessionnel ; l'arrêté du 14 juin fut repoussé par 313,000 voix contre 171,000. Tous les cantons, à l'exception de Neufchâtel, de Soleure, de Thurgovie et de Bâle-ville, se prononcèrent pour le rejet à des majorités parfois écrasantes. Des cantons où le radicalisme dominait, tels que Zurich, Schaffouse et Argovie, votèrent presqu'aussi bien que les cantons catholiques ; Vaud, où M. le conseiller fédéral Ruchonnet paraissait exercer une influence prépondérante, donna 21,000 non contre 18,000 oui ; à Berne, où M. Schenk semblait tout-puissant, la majorité dépassa la minorité de 13,000 voix.

Telle fut la journée vraiment historique du 26 novembre 1882 : elle sauva le principe fédéraliste et l'enseignement confessionnel ; elle prouva que le bon sens du peuple suisse n'était pas oblitéré, et qu'il ne sympathisait pas avec les projets du radicalisme centralisateur et anti-religieux ; elle fortifia au sein du Conseil fédéral l'élément modéré qui, quoiqu'en minorité, s'était, dit-on, prononcé résolument contre l'arrêté du 14 juin.

Une leçon significative ressortait du reste du plébiscite scolaire. On croit souvent, dans les États libres, que le verdict, rendu par le pays lors des élections législatives, a, dans sa pensée, pour effet d'autoriser le parti vainqueur à réaliser son programme tout entier. Il n'en est rien. Les faits qui influent, au jour du scrutin, sur le vote des électeurs, sont très complexes ; ceux-ci cèdent souvent à l'impression du moment ; ils ne se rendent pas compte des conséquences des suffrages qu'ils émettent ; il faut qu'ils les aient sous les yeux pour qu'ils daignent s'y arrêter. Cette vérité, que l'expérience confirme, devrait rendre les législateurs prudents. Pour nous, nous sommes convaincu, que si, dans tous les États où on a réformé la législation scolaire dans ces dernières années, on avait, comme en Suisse, soumis la question aux populations, elles se seraient en grande majorité prononcées en faveur de l'école religieuse.

Mais revenons au scrutin du 26 novembre. Grand fut le désappointement des radicaux antireligieux. Les plus sinistres prophéties furent proférées : c'était le cléricalisme qui triomphait ! c'étaient les jésuites qui allaient s'abattre sur la Suisse ! Des manifestations furent même essayées à Berne. Mais les esprits plus calmes se réjouirent de l'issue de la campagne : parmi ses résultats les plus heureux, on peut enregistrer le maintien des Sœurs à la tête des écoles de divers cantons, maintien qui était devenu fort problématique.

Dans l'Assemblée fédérale elle-même, beaucoup de députés, au lieu de récriminer contre le vote populaire, déclarèrent loyalement vouloir s'y conformer. Tel fut nettamment le langage du président du Conseil national, M. Deucher, qui s'écria: " Le peuple a parlé; inclinons-nous devant la majesté de sa volonté. L'article 27 doit être appliqué sans porter atteinte à la souveraineté des cantons, à la liberté des communes, à celle des individus, et sans ébranler la foi vivante en Dieu. „ Au Conseil des États, le président, M. Vigier, bien loin d'engager l'assemblée à réagir contre le verdict du pays, déclara que les députés devaient " rechercher davantage le contact avec la nation „. On aime à proposer ces salutaires exemples aux autres États constitutionnels : chercher à violenter le sentiment public au moyen d'une majorité factice, obtenue par une loi électorale injuste, constitue un procédé à l'aide duquel, dans maints pays, le libéralisme s'efforce d'asseoir sa suprématie. Je ne dis pas qu'en Suisse, on n'en tente jamais l'emploi ; mais au moins faut-il reconnaître que, quand le peuple a ouvertement manifesté sa volonté, les pouvoirs publics ne s'efforcent plus de se mettre en opposition avec lui.

Celui qui sortait le plus meurtri de cette longue aventure, c'était M. Schenk. Quinze jours après sa défaite, ses partisans, dans l'Assemblée fédérale, tâchèrent de lui procurer une compensation, en le nommant vice-président de la Confédération. Mais les idées de pacification l'emportèrent, et M. Welti, son concurrent, obtint une majorité de 12 voix.

Depuis de longues années, un événement aussi considérable ne s'était pas produit en Suisse. De 1872 à 1882, les ennemis de l'Église avaient d'abord essayé de s'en prendre directement à elle; voyant la persécution religieuse échouer, ils avaient résolu de miner son influence en la chassant de l'école. Or, ce n'était rien moins que ce programme tout entier qui avait succombé, et il faut espérer dès lors que, d'ici à longtemps, l'enseignement cessera d'être le terrain sur lequel se porteront les efforts du radicalisme antireligieux.

Ajoutons que les vaincus du 26 novembre parurent renoncer à tout retour offensif. On en trouve la preuve dans ces paroles de M. Ruchonnet, devenu dans l'intervalle président de la Confédération, paroles qu'il prononça au mois de juillet 1882 au tir fédéral de Lugano : " Vous entendez maintenir l'autonomie des cantons. Nous le voulons tous, et si quelques esprits exagérés ont rêvé la restauration de la République helvétique, ils montrent qu'ils ne connaissent ni les mœurs, ni les besoins, ni les lois fondamentales de notre République. Ces hommes-là ignorent que la centralisation est le chemin de l'autoritarisme, et que les peuples de nos cantons aiment d'autant mieux la Confédération, qu'ils trouvent en elle une plus grande somme d'autonomie et de liberté. "

Puissent ces paroles demeurer toujours une vérité !

CHAPITRE XII.

(1883 à 1886.)

—

Nous sommes enfin arrivés dans ce long récit à une période d'un caractère différent, à la période des réparations. A vrai dire, la rentrée dans le Jura des curés exilés annonçait qu'au moins de ce côté la lassitude avait gagné les persécuteurs. Il restait à reconstituer le diocèse de Bâle ; il le fut en 1884 : mais, au préalable, la question de l'évêché de Genève devait recevoir une solution satisfaisante.

I

Deux mois environ avant le dénouement heureux de la crise scolaire, l'évêque de Lausanne, Mgr Cosandey, était décédé, et ce triste événement allait permettre à Léon XIII de faire aux autorités suisses des concessions qui, sans compromettre la dignité du Saint-Siège ni affaiblir la position de Mgr Mermillod, devaient être cependant de nature à désarmer toute opposition sérieuse.

Le 14 mars 1883, il retira le bref de 1873 qui avait institué le vicariat apostolique de Genève ; il réunit de nouveau ce canton au diocèse de Lausanne, et le lendemain, il en nomma titulaire Mgr Mermillod ; en informant ce dernier de sa décision, il lui dit : " Je vous envoie à un poste de confiance. „ En même temps, le cardinal Jacobini lui remit une note dans laquelle se trouvait consignée la décision du Saint-Siège, note qu'il l'autorisa à communiquer au Conseil fédéral. Voici le texte de cette note :

« Le Saint-Père s'est décidé à préconiser, dans le prochain consistoire, Mgr Gaspard Mermillod comme évêque de Lausanne et de Genève.

Cette détermination pontificale met conséquemment fin au vicariat apostolique de cette dernière ville, institué par feu Pie IX, de sacrée mémoire.

« Sa Sainteté est pleinement convaincue que le nouvel évêque de Lausanne et Genève répondra parfaitement à ses vues paternelles, de donner aux fidèles qu'il confie à sa juridiction ecclésiastique un digne pasteur.

« Communication en est faite à Mgr Mermillod pour son information et pour sa règle.

« Le cardinal JACOBINI. »

Dès le 15 mars, Mgr Mermillod envoya ce document au président du Conseil fédéral en y joignant la lettre suivante :

« Rome, le 16 mars 1883,

« Monsieur le Président,

« J'ai l'honneur de communiquer à Votre Excellence la note que Son Éminence le cardinal secrétaire d'État de Sa Sainteté Léon XIII m'a adressée il y a trois jours.

« Cette note témoigne du désir du Souverain Pontife d'amener la paix religieuse dans notre chère patrie. La détermination du Chef de l'Église catholique s'est accomplie dans le consistoire d'hier : la charge et le titre d'évêque de Lausanne et Genève m'ont été imposés. Cet acte du Saint-Siège, comme le déclare la note de Son Éminence le secrétaire d'État, met fin au vicariat apostolique de Genève institué par Pie IX en 1873 ; il écarte en conséquence les motifs de mon éloignement.

« Les pouvoirs fédéraux et cantonaux peuvent avoir foi dans le loyal patriotisme avec lequel je veux seconder les vues pacificatrices de Léon XIII, et m'acquitter de la mission qu'il me confie.

« J'ose compter sur l'esprit d'équité de mes concitoyens et en particulier des hautes autorités qui président aux destinées de la Confédération et des cantons diocésains.

« Je forme les vœux les plus sincères pour la prospérité croissante de la patrie suisse.

« Veuillez agréer, Monsieur le Président, l'assurance de ma haute considération.

« Gaspard MERMILLOD,
« évêque de Lausanne et Genève. »

La combinaison imaginée par le Souverain Pontife attestait son intelligence des besoins du temps, en même temps que sa déférence pour les susceptibilités nationales. Il pouvait légitimement espérer que ses intentions pacificatrices trouveraient de l'écho aussi bien à Genève qu'à Berne, et que, dans chacune de ces villes, on s'emploierait avec empressement à effacer les traces de trop longs dissentiments. Son espoir ne fut qu'à moitié couronné de succès.

Le Conseil fédéral se montra d'emblée des mieux disposés ; il avait été du reste mis au courant du plan du Saint-Père et il y avait applaudi (1). Tout permettait donc de compter sur un retrait immédiat du décret d'exil prononcé contre Mgr Mermillod, lorsque M. Carteret, sans perdre un instant, entra en scène ; il courut à Berne en compagnie de M. Héridier et y déclara que jamais les autorités genevoises ne reconnaîtraient Mgr Mermillod comme évêque de Genève. De leur côté, ses organes dans la presse s'écrièrent que si les paroisses catholiques demandaient à être rattachées à un évêché catholique romain, le pouvoir civil était prêt à leur faciliter " le retour à l'ordre et à la légalité „, mais que jamais il n'admettrait pour leur chef l'ancien curé de Notre-Dame. Étrange prétention, en vérité ! Tous les actes posés par le Conseil d'État depuis dix ans avaient eu pour cause le démembrement du diocèse de Lausanne et de Genève ; ce démembrement était venu à cesser ; l'ancien état des choses avait été rétabli ; et voici que le Conseil d'État tirait argument de la reconstitution du diocèse pour donner le signal d'un conflit nouveau ! En vain prétextait-il que les paroisses avaient été rattachées au diocèse de M. Herzog ; rien ne semblait plus simple que d'enlever tout caractère officiel à un culte qui n'avait pas de fidèles et dont les ministres étaient l'objet du mépris général ; mais, en admettant même que le Conseil d'État ne voulût pas s'arrêter à ce parti, comment pouvait-il, sans fouler la liberté religieuse aux pieds, refuser aux catholiques romains qui formaient une église libre le

______

(1) M. Ruchonnet déclara même depuis lors, que le Conseil fédéral dont il était membre avait demandé au Saint-Père le rétablissement de l'évêché de Lausanne et de Genève. — Dans la séance du Conseil des États du 29 juin 1883, il appela Mgr Mermillod " l'un des représentants les plus illustres de l'épiscopat. „

droit de reconnaître pour pasteur Mgr Mermillod? La réponse est dans l'intolérance propre au radicalisme. Que lui importe la liberté religieuse, quand les catholiques veulent en profiter ! Les consciences individuelles doivent s'incliner devant la volonté toute puissante de l'État hostile ou indifférent.

De retour à Genève, M. Carteret informa le Conseil d'État des dispositions du Conseil fédéral, et le 21 mars, il télégraphia à ce dernier ce qui suit : " Conseil fédéral, Berne. Informés que le Conseil fédéral a reçu notification de la désignation de M. Mermillod comme évêque de Lausanne et Genève, nous vous prions instamment de ne prendre aucune décision sur cet objet avant que le gouvernement de Genève vous ait soumis par écrit le motif de son opposition. „.

Aucune décision ! pas même quant au retrait du décret d'exil ! Telle était en effet la prétention de M. Carteret, et pour donner plus de poids à sa résistance, il saisit le Grand Conseil de la question ; reprenant " la manière forte „, il lui fit le 24 mars la communication suivante :

„ La nomination dont il s'agit, dit-il, est un soufflet donné à la Confé-
„ dération; on ne poussera pas sans doute ce soufflet papal jusqu'à
„ forcer le canton de Genève à recevoir l'ex-vicaire apostolique. Et si ce
„ personnage violait ici la constitution en faisant acte de fonctions
„ épiscopales, le Conseil d'État n'hésiterait pas à lui faire mettre la main
„ dessus et à lui faire rendre compte devant les tribunaux. „

Il y avait dans ce langage autant d'audace que de dédain du droit ; mais M. Carteret espérait probablement, par cette attitude hautaine, faire redouter un conflit au Conseil fédéral, et l'empêcher de donner suite à ses bonnes dispositions. Il ne devait pas réussir dans cette tentative.

Le 27 mars, il envoya au Conseil fédéral un mémoire d'où nous extrayons le passage suivant :

" Le premier point qui nous frappe, c'est la forme absolument inusitée que revêt la communication qui a été transmise au Conseil fédéral.
„ Et d'abord, nous ne pouvons admettre que le Saint-Siège ait pu procéder à la reconstitution de l'évêché Lausanne-Genève sans avoir pressenti notre gouvernement sur l'accueil qui serait fait chez nous à une pareille détermination.

„ Nous ne pouvons pas supposer non plus que le Conseil fédéral ait entamé de sérieuses négociations avec le Saint-Siège sans nous avoir consultés ; car il sait quelles sont les intrigues dangereuses pour la paix publique auxquelles s'est livré à Genève M. Mermillod, et il ne peut ignorer la gravité que présenterait la rentrée dans nos murs du rebelle que le Conseil fédéral a lui-même expulsé du territoire suisse.

„ C'est un bref qui a détaché le canton de Genève de l'ancien évêché de Lausanne et Genève pour en constituer un vicariat apostolique au bénéfice de M. Mermillod.

„ Si la cour de Rome a réellement la pensée de mettre fin au vicariat apostolique, il faut qu'un bref nouveau rapporte celui du 19 janvier 1873.

„ Évidemment, le Conseil fédéral ne peut accorder aucune valeur à un simple vote de la Chancellerie apostolique.

„ Nous lisons dans la communication de M. Mermillod en date du 16 mars 1883 ces mots : "Cet acte du Saint-Siège, comme le déclare la note „ de Son Éminence le secrétaire d'État, met fin au vicariat apostolique de „ Genève, institué par Pie IX en 1873, et il écarte en conséquence les „ motifs de mon éloignement. „

„ Outre le vice de forme que nous venons d'invoquer, nous constatons d'abord que les conditions que le Conseil fédéral a mises au retrait de son arrêté du 19 février 1873 ne sont pas remplies, et nous demandons en conséquence que cet arrêté soit maintenu, tant que M. Mermillod n'aura pas déclaré au Conseil fédéral ou au Conseil d'État du canton de Genève qu'il renonce expressément à toutes fonctions conférées par le Saint-Siège contrairement aux décisions des autorités fédérales et cantonales.

„ Il est impossible d'admettre que l'élévation de M. Mermillod aux fonctions d'évêque renferme implicitement une déclaration telle que celle qu'il doit faire au Conseil fédéral ou au Conseil d'État pour être autorisé à rentrer en Suisse.

„ En réalité, M. Mermillod remplira en qualité d'évêque les mêmes fonctions que celles qu'il n'a pas été autorisé par le Conseil fédéral à exercer en qualité de vicaire apostolique.

„ Il résulte du reste évidemment de la note même du secrétaire d'État, M. Jacobini, que le vicariat apostolique de Genève n'est point absolument annulé, et que, dans le cas où M. Mermillod, pour une raison quelconque, cesserait d'être évêque de Lausanne et Genève, il serait possible qu'il conservât néanmoins le titre et les fonctions de vicaire apostolique de Genève, sans qu'il fût besoin d'un nouveau bref du pape pour le rétablir. „

On est frappé de la pauvreté de cette argumentation. Elle était basée tout entière sur ce que le vicariat apostolique de Genève, créé en 1873, n'avait pas été formellement supprimé. Comme si le rétablissement de l'ancien évêché de Lausanne et de Genève n'impliquait pas la suppression du vicariat apostolique ! Comme si du reste le Saint-Siège ne s'en était pas formellement expliqué !

M. Carteret comprit si bien que ses arguties avaient peu de chance de triompher auprès du Conseil fédéral, qu'il prit, en vue de l'intimider, l'arrêté suivant :

« Considérant que l'État de Genève, en adjoignant les paroisses catholiques du canton à un évêché autre que celui de Lausanne et de Genève, les a définitivement disjointes du dit évêché ; que le titulaire de l'évêché ainsi restreint ne saurait dès lors continuer à porter le titre de fonctions qui n'existent plus,

Arrête :

„ 1° De constater que l'ancien évêché de Lausanne et Genève a cessé d'exister ;

„ 2° D'interdire à M. Gaspard Mermillod de prendre le titre et d'exercer la charge d'évêque de Lausanne et de Genève, ainsi que tout acte quelconque de juridiction et d'administration épiscopales dans le canton de Genève ;

„ 3° D'inviter le Conseil fédéral à mettre M. Gaspard Mermillod en demeure de faire connaître s'il entend prendre le titre d'évêque de Lausanne et Genève, s'il entend exercer ces fonctions ou tout acte quelconque de juridiction et d'administration épiscopales dans le canton de Genève, malgré la décision du Conseil d'Etat ;

„ 4° De demander au Conseil fédéral de prendre contre M. Mermillod, au cas où celui-ci persisterait à usurper le titre et à exercer les fonctions susvisées, des mesures promptes et efficaces, prévues par l'art. 50 de la Constitution fédérale, en cas d'empiètement des autorités ecclésiastiques sur les droits des citoyens et de l'État. „

Ces formules impératives accusaient un singulier manque de mémoire. Il est vrai que la passion antireligieuse explique tout. Comment ! le démembrement de l'évêché de Lausanne et de Genève avait été l'origine de la campagne entreprise par M. Carteret contre l'Église catholique, et, au moment où cette campagne, par l'effet de la lassitude générale, commençait à s'apaiser, M. Carteret en ouvrait une nouvelle à raison du rétablissement de l'évêché sur les mêmes bases qu'autrefois ! C'était avouer clairement que l'on repoussait toute entente et qu'on ne voulait pas donner aux intérêts catholiques les satisfactions légitimes que l'équité réclamait pour eux. Aussi, en présence de ces menaces violentes et de ces excès d'un fanatisme despotique, le Conseil fédéral ne pouvait plus tarder à se prononcer. Les réponses favorables des gouvernements protestants de Neufchâtel et de Vaud ainsi que du gouvernement catholique de Fribourg venaient de lui arriver. En conséquence, le 15 avril, il rendit le décret suivant :

" Le Conseil fédéral,

„ Vu l'arrêté du 17 février 1873 interdisant à M. Gaspard Mermillod le séjour sur le territoire suisse ;

„ Vu les termes du dit arrêté, portant que cette interdiction cesserait à partir du jour où M. Mermillod déclarerait au Conseil fédéral ou au Conseil d'État de Genève qu'il renonçait à toute fonction conférée par le Saint-Siège contrairement aux décisions des autorités fédérales et cantonales ;

„ Attendu que cette disposition visait la charge de vicaire apostolique pour le canton de Genève, conférée par le Saint-Siège le 16 janvier 1873 à M. Mermillod et que ce dernier avait déclaré vouloir exercer, malgré les décisions contraires du Conseil fédéral et du Conseil d'État de Genève ;

„ Attendu que, dans sa lettre du 16 mars 1883 adressée au Conseil fédéral, M. Mermillod a expressément déclaré que le vicariat apostolique de Genève avait pris fin ;

„ Attendu qu'une déclaration semblable se trouve aussi dans la note signée le 13 du même mois par le cardinal Jacobini, note remise au Conseil fédéral par M. Mermillod ;

„ Considérant qu'il est satisfait par ces déclarations aux conditions exigées par l'arrêté du 17 février 1873 pour la main-levée de l'interdiction de séjourner sur le territoire suisse, prononcée contre M. Mermillod ;

„ En ce qui concerne l'arrêté rendu le 27 mars 1883 par le gouvernement de Genève et la lettre adressée par ce dernier le même jour au Conseil fédéral ;

„ Attendu que, sous réserve des dispositions de la Constitution fédérale, tout ce qui concerne l'organisation de l'Église est du domaine des cantons ;

„ Arrête :

„ 1. L'arrêté du 17 février 1873 est rapporté.

„ 2. En ce qui concerne la charge épiscopale conférée à M. Mermillod, les droits des cantons intéressés sont entièrement réservés et notamment ceux qui peuvent découler pour le canton de Genève de sa loi constitutionnelle. „

Ainsi finissait l'exil de Mgr Mermillod. Non seulement il pouvait rentrer en Suisse, mais il lui était loisible de séjourner sur un point quelconque du pays, même à Genève. En vain le Conseil d'État de Genève avait-il demandé qu'il ne pût prendre le titre d'évêque de Lausanne et de Genève, ni exercer un acte quelconque de juridiction et d'administration épiscopales sur le territoire genevois. Rien de pareil n'était accordé par le Conseil fédéral. Le décret renfermait, à la vérité, dans son article 2, une disposition quelque peu équivoque. On parut néanmoins d'accord pour admettre que, par cette disposition, le Conseil fédéral n'avait voulu qu'une chose, ne pas s'arroger le droit de prescrire au gouvernement de Genève l'abrogation de sa loi sur les cultes ou d'y toucher lui-même, et laisser par suite aux autorités locales la faculté de maintenir comme culte légal le vieux-catholicisme : mais en même temps, la religion catholique romaine existant à l'état de culte libre, personne ne pouvait empêcher désormais Mgr Mermillod de remplir vis-à-vis d'elle les devoirs de sa charge épiscopale, fût-ce sur le territoire de Genève.

Les intéressés, au surplus, ne se firent pas illusion sur la portée du décret fédéral. L'organe de M. Carteret, le *Genevois*, écrivit : " La Confédération juge qu'à son point de vue l'évêché de Lausanne et Genève subsiste encore ; cette opinion diffère de la nôtre. „ Il était clair cependant que c'était l'opinion du Conseil fédéral qui devait prévaloir, et que si la situation légale comportait l'existence d'un seul évêché catholique pour les quatre cantons de Fribourg, Neufchâtel, Vaud et Genève, l'un d'eux ne pouvait empêcher le titulaire de cet évêché d'exercer sur son territoire les droits inhérents aux fonctions épiscopales.

Malgré l'évidence de cette conclusion, M. Carteret ne parut pas disposé à baisser pavillon. Le *Genevois*, envisageant l'hypothèse de la présence à Genève de Mgr Mermillod, s'écria : " Nous l'arrêterons, attendu que, s'il agit ainsi, il contreviendra à l'ordre formel du gouvernement qui interdit tout acte épiscopal dans le canton et s'insurgera contre le droit de placet. Une fois arrêté, nous le déférerons aux tribunaux qui lui appliqueront la loi. Le culte de toutes les con-

fessions est, chez nous, complètement libre ; mais il n'est
permis à personne d'exercer les fonctions d'évêque à Genève
sans l'agrément de l'autorité civile. „

O piperie des mots ! Comme si un culte est libre, alors
qu'il lui est interdit de reconnaître comme évêque le prélat
qui, en vertu de l'organisation de ce culte, est placé à sa tête
par l'autorité compétente !

Mgr Mermillod aurait certes été en droit, dès son arrivée
en Suisse, de provoquer de la part du Conseil fédéral une
solution des difficultés que l'obstination du canton de Genève
lui suscitait, et il n'est pas vraisemblable que cette solution
lui aurait été défavorable. Mais, en brusquant les choses, il
aurait provoqué des froissements, qui, à la longue, eussent pu
engendrer des conflits aigus. Il préféra donc s'inspirer des
intentions du Souverain Pontife ; il résolut de patienter, attendant de la Providence et du temps l'aplanissement des obstacles que M. Carteret opposait à sa présence à Genève. Certes
l'influence de M. Carteret était encore grande, mais tout passe
en ce monde, les hommes et l'action qu'ils exercent sur leurs
concitoyens ; la violence surtout ne dure pas ; l'expérience
de tous les siècles l'atteste ; et Mgr Mermillod connaissait
trop bien les leçons de l'histoire pour ne pas en tenir
compte.

La ligne de conduite qu'il avait à suivre se trouvait donc
tout naturellement tracée par les instructions du Saint-Père,
sa propre prudence et son désir de ne pas créer, au moyen
de démarches intempestives, des embarras dont les catholiques auraient pu être les victimes. Il ne songea pas à braver
les décrets injustes et oppresseurs de l'autorité qui règne à
Genève avec le concours des passions radicales. Mais en
même temps, il se hâta de quitter Rome pour aller prendre
possession de son siège épiscopal. Le 29 mars, la ville de Fribourg entière était debout pour l'accueillir : étranger à tout
ressentiment, à toute pensée d'amertume, il n'eut pas un
mot de reproche pour le gouvernement genevois ; il se présenta comme l'apôtre de la pacification, et il recommanda
avec insistance l'union de toutes les forces catholiques.

Mais ce n'était pas assez pour lui d'exercer sans délai les

fonctions épiscopales auxquelles la confiance de Léon XIII l'avait appelé. L'un de ses premiers soins fut de se mettre en rapport avec le Conseil fédéral et les autorités civiles des cantons qui lui avaient rouvert avec un louable empressement les portes de la Suisse. Il se rendit successivement à Berne, à Neufchâtel, à Lausanne ; partout, il fut reçu avec distinction, et les séductions de sa personne, sa conversation à la fois élevée et attrayante, les assurances dont il était porteur en faveur de la conciliation et du rapprochement des esprits, firent tomber bien des préventions, en même temps qu'elles lui procurèrent d'emblée le bon vouloir du Conseil fédéral.

II

Avant de raconter les faits qui amenèrent la reconstitution de l'évêché de Bâle, il est utile de montrer le jeu d'un frein créé par la constitution même et qui, en arrêtant les projets scolaires du radicalisme et d'autres encore, devait faire comprendre au Conseil fédéral la nécessité de tenir compte de l'opinion publique.

Ce frein, c'est le *referendum*, rouage curieux et unique, croyons-nous, dans le monde. Lorsqu'une mesure est votée par l'Assemblée fédérale, 30,000 pétitionnaires ont le droit de demander qu'elle soit soumise au peuple, et le peuple, par la voie du suffrage universel, est appelé à confirmer ou à réformer les votes de ses mandataires.

En principe, le *referendum*, comme la plupart des institutions politiques, donne prise à de nombreuses objections. Cependant il a pour effet de paralyser les décisions arbitraires ou contraires aux vœux des populations que prend la représentation législative, et il faut avouer qu'en Suisse son fonctionnement entraîne plus d'avantages que d'inconvénients.

Depuis de longues années, la majorité de l'Assemblée fédérale appartenait aux radicaux. Sous quelles influences ceux-ci avaient-ils été élus ? Devaient-ils leur mandat à une distribution savante des circonscriptions électorales, ou bien à des sympathies personnelles, ou bien encore à l'effet qu'en temps d'élections produisent sur l'esprit public quelques accusations retentissantes dirigées contre leurs adversaires, quelques programmes d'autant plus séduisants qu'ils sont plus vagues? Il est probable que toutes ces causes avaient agi sur le scrutin; ce qui est certain, c'est que, pas plus en Suisse qu'ailleurs, le corps électoral, lorsqu'il choisit des radicaux, n'entend leur donner un blanc-seing et couvrir d'une approbation anticipée la réalisation d'innovations dangereuses.

Le parti radical oublie volontiers cette vérité; lorsqu'il a la prépondérance, il use, ou plutôt il abuse de sa force; il ne connaît d'autres lois que sa passion, et comme celle-ci est âpre et envahissante, il atteint bientôt les extrêmes. En Belgique et dans d'autres États, le seul remède à cette politique aventureuse réside dans le choix par les électeurs de mandataires nouveaux. Mais ce remède n'est pas toujours d'une efficacité aisée. Lorsque le corps électoral a renversé les radicaux, leurs lois subsistent; les conservateurs ont alors la tâche difficile de devoir les abroger; ils viennent, en le faisant, se heurter aux excitations que suscite dans les villes l'esprit de sédition, et ils risquent de perdre bientôt leur popularité sous le reproche de réaction.

La Suisse, semble-t-il, a été plus sage, en mettant aux mains des populations l'instrument du *referendum*. Cet instrument frappe directement, instantanément, la loi votée, et comme ce n'est pas un gouvernement ayant une couleur politique tranchée et une responsabilité toujours pesante, mais le peuple lui-même qui en fait usage en exprimant sa volonté dans un scrutin secret, il est impossible de l'empêcher de fonctionner librement.

Pendant longtemps on ne s'était pas rendu compte des ressources qu'offrait le *referendum;* on y recourait rarement. Mais les catholiques et les conservateurs, en voyant l'abus que faisait de son autorité une majorité radicale sans scrupule, avaient résolu, à l'époque dont nous retraçons l'histoire, chaque fois qu'une loi de parti ou une mesure mal vue de la majorité du pays serait portée, d'en appeler au peuple. Il arriva de là, qu'une série de réformes émanées des Chambres législatives furent annulées par le vote populaire. L'une d'elles mérite une mention spéciale. L'Assemblée fédérale avait adopté l'innovation suivante : " Lorsque la confiance en l'indépendance ou l'impartialité des tribunaux cantonaux sera ébranlée par suite d'agitations politiques, le Conseil fédéral pourra renvoyer la cause au tribunal fédéral. „ Rien n'était plus opposé à l'autonomie cantonale qu'une telle réforme : elle était dirigée contre les cantons catholiques; c'est assez dire qu'elle devait avoir toutes les sympathies des radicaux. Mais quand le peuple fut appelé à émettre son verdict, le vieil esprit cantonal se coalisa avec les répugnances des catholiques et des conservateurs protestants, et l'empiètement projeté par le radicalisme fut condamné.

Les vaincus poussèrent de hauts cris. Ils appelèrent le *referendum* " un instrument qui joue faux „, un " phylloxera législatif „. Quoi! le peuple se servir du pouvoir législatif! Les masses exercer directement la souveraineté, au lieu de la laisser " aux hommes intelligents et amis des lumières „, qui siégeaient au Palais fédéral ! Pouvait-on imaginer une institution plus anarchique? Tel était le langage des radicaux. Certes, on concevrait difficilement que le peuple lui-même discutât les lois. Mais autre chose est de débattre des lois compliquées, article par article, autre chose est de frapper de son veto une mesure qui froisse légitimement le sentiment populaire ou un intérêt public vital, et c'est là précisément la mission qu'accomplit en Suisse le *referendum*. Dans ce pays comme partout, les radicaux ont la fièvre du changement : jamais ils n'ont légiféré assez; ils le font d'ordinaire en s'inspirant d'idées sérieusement discutables, sans tenir suffisamment compte des habitudes prises, des mœurs et des croyances. La nation n'entend pas qu'il en soit ainsi; elle est plus conservatrice que ses mandataires et elle en arrête résolument les excès. J'ai rappelé précédemment ce mot de M. Carteret qui, dans l'enivrement de sa victoire, s'était écrié au Grand Conseil de Genève : " Nous ferons ce que nous voudrons. „ Eh bien, le peuple n'est pas de cet avis; il professe un certain respect pour les droits des minorités; il ne veut pas que la majorité soit oppressive. Il semble donc que la Suisse donne, par ce droit d'appel au vote populaire, un exemple qui mérite d'être médité. Peut-être préviendrait-on dans d'autres pays beaucoup de réformes mauvaises et de réactions inévitables, si le *referendum* y était introduit. Supposez notamment qu'on eût soumis la loi belge du 1er juillet 1879 au verdict de la nation; elle aurait été rejetée, le terrain politique aurait été pour longtemps déblayé de tout projet d'innovation en matière scolaire, et le domaine de l'enseignement primaire aurait été mis à l'abri des coups de de parti. Qui oserait dire qu'un tel résultat n'eût pas été satisfaisant?

Peu de temps après avoir rejeté quatre lois votées par l'Assemblée fédérale, le corps électoral fut appelé, au mois de mai 1884, à renouveler le Conseil national. Chose étrange, au moins en apparence, la majorité radicale qui y siégeait fut réélue. A l'étranger, ce résultat étonna vivement. Quoi! s'écria-t-on de toutes parts, le peuple suisse désavoue ses représentants, après quoi il les renomme: quelle inconséquence!

Il ne faut pas demander aux masses une logique rigoureuse; l'esprit de suite n'est pas leur apanage. On leur soumet directement une loi qui leur déplaît: elles la repoussent; puis, avec la mobilité propre à tous ceux, — et c'est le grand nombre, — qui ne font pas de la politique l'affaire principale de leur vie, elles investissent les auteurs de cette loi d'un nouveau mandat, soit que, la loi ayant disparu, elles n'y pensent plus, soit qu'elles ne se préoccupent au moment de l'élection que de leurs sympathies personnelles, soit enfin que les idées générales, inscrites par les candidats sur leur drapeau, exercent sur elles une séduction d'autant plus irrésistible, qu'ils avaient pris soin de ne pas les traduire en formules législatives. Après tout le *referendum* ne leur donne-t-il pas des pouvoirs suffisants pour rappeler à l'ordre ceux qui préféreraient leur propre volonté à la volonté nationale, et faut-il, pour prévenir des dangers

qu'il sera toujours possible d'écarter, souscrire à un changement absolu dans la direction des affaires publiques?

Il est juste toutefois d'ajouter que la principale cause de
l'élection d'une Assemblée fédérale radicale réside dans l'art
avec lequel la législature a découpé les circonscriptions
électorales. Là où les radicaux dominent, on a formé des
arrondissements très vastes à l'effet d'empêcher les minorités
d'être représentées; là au contraire où les catholiques et les
conservateurs sont les plus forts, on a établi une multitude
de circonscriptions, dans l'espoir que, dans quelques-unes
d'entr'elles tout au moins, un radical pourrait se glisser. Les
60,000 Jurassiens catholiques, par exemple, n'ont pas de
représentants dans les Chambres fédérales; ils sont noyés
dans la majorité protestante du canton de Berne. Qu'on ne
croie pas qu'ils soient satisfaits. Non, ils demeurent les
adversaires énergiques du radicalisme; aux élections pour le
Grand Conseil de Berne, par exemple, ils se sont bien gardés
de porter leurs suffrages sur les radicaux; c'est ainsi qu'au
mois d'octobre 1883, ils ont réélu leurs anciens députés
catholiques, en leur adjoignant de nouvelles recrues. Mais
l'expérience de partout l'a montré : les radicaux et les libéraux s'entendent à merveille pour fausser le mode d'élection
de la représentation législative. Dans les pays où ils ne rema-
nient pas les circonscriptions électorales à leur guise, ils donnent à certaines fractions de la nation, aux villes notamment,
des avantages marqués sur les autres, et ils réussissent à
s'assurer ainsi une majorité de contrebande. La seule différence est celle-ci : c'est qu'en Suisse, il y a le *referendum*, et
qu'ailleurs il n'y a rien.

III

Est-ce chez les hauts magistrats de la Confédération un
certain esprit de justice, né de l'exercice même de leurs fonctions, est-ce la crainte du *referendum* ou d'une réaction
électorale, qui amena le Conseil fédéral à se prêter au rétablissement de la paix religieuse dans le diocèse de Bâle? Nous

ne savons. Toujours est-il qu'en 1884, le diocèse de Bâle fut reconstitué comme l'avait été en 1883 le diocèse de Lausanne.

C'est là que le Kulturkampf avait surtout sévi. On se souvient que, sous des prétextes qui cachaient à peine une haine aveugle du catholicisme, cinq des sept États compris dans le diocèse de Bâle, Berne, Bâle, Soleure, Argovie et Thurgovie, renfermant ensemble environ 300,000 catholiques, avaient déposé dix ans auparavant Mgr Lachat, auquel les deux autres cantons, Lucerne et Zoug, étaient restés fidèles; la mense épiscopale avait été supprimée et l'on avait dénié au prélat dépossédé le droit de remplir ses fonctions pastorales. Le plan des meneurs avait été de séparer les catholiques des cinq cantons dissidents de la communion romaine, pour les rattacher à " un évêché national „ dont M. Herzog devait être investi. Cette conception avait échoué complètement; M. Herzog avait bien été proclamé évêque, mais il n'avait pas recruté de fidèles; les subventions de cantons n'étaient pas parvenues à donner à son église la moindre vitalité, et, après une expérience de quelques années, les esprits les plus prévenus avaient dû renoncer aux espérances qu'ils avaient fondées sur la création d'une religion nationale indépendante de Rome : en 1884, dans tout le Jura, il n'y avait plus qu'un intrus.

Un tel échec était de nature à faciliter l'apaisement du conflit. A quoi bon persister à imposer aux catholiques suisses l'organisation diocésaine nouvelle, alors qu'il était démontré qu'ils ne l'accepteraient jamais ? Pourquoi s'opposer au rétablissement du diocèse de Bâle, du moment où les catholiques restaient soumis à l'évêque légitime, et qu'en fait, sinon légalement, l'autorité de celui-ci était la seule acceptée ? Toutefois, c'eût été demander trop aux hommes d'État de la Confédération, que de les solliciter de restaurer purement et simplement l'état des choses ancien; ils répugnaient à replacer à la tête du diocèse un prélat, à coup sûr irréprochable, mais contre lequel ils avaient cru pouvoir élever certains griefs.

Une question personnelle menaçait donc d'empêcher ou

de retarder la cessation des hostilités, lorsque tout à coup une issue se fit jour providentiellement.

Le Tessin est le seul canton italien de la Suisse, et, pendant plusieurs siècles, il avait relevé de la province ecclésiastique de Côme et de Milan. En 1859, le radicalisme, qui avait réussi à s'emparer à Bellinzona de la direction des affaires publiques, dénonça ces liens comme un danger national, et obtint du pouvoir fédéral un arrêté supprimant toute juridiction ecclésiastique étrangère sur le territoire suisse. Depuis cette époque, le Tessin n'avait plus eu en droit d'administration diocésaine, bien qu'en fait les catholiques fussent restés dans la dépendance des évêques de Côme et de Milan. L'avènement des conservateurs au pouvoir dans le canton avait fait espérer la solution de ce trop long conflit. Rétablir les relations officielles du Tessin avec les deux évêchés italiens parut impossible ; les susceptibilités nationales avaient été éveillées; il était sage de les ménager. On se rabattit sur un autre projet, et l'on songea à faire du Tessin un diocèse autonome. L'assentiment du Saint-Siège était nécessaire. Les représentants du gouvernement tessinois se rendirent à Rome; ils y reçurent le meilleur accueil, et revinrent avec la conviction que, si le Conseil fédéral se prêtait à un arrangement, aucun obstacle ne viendrait du Vatican. Les autorités de la Confédération se montrèrent bien disposées; MM. Ruchonnet et Welti, et avec eux la majorité du Conseil fédéral, hésitèrent, il est vrai, à se rallier à l'établissement d'un nouvel évêché; mais ils accueillirent l'idée d'un vicariat apostolique dont aussitôt le Tessin parut se contenter ; seulement, ils subordonnèrent leur assentiment au règlement de la question diocésaine de Bâle ; ils proposèrent en conséquence Mgr Lachat comme administrateur apostolique du Tessin, et se déclarèrent disposés, moyennant cette concession, à travailler à la reconstitution du diocèse de Bâle.

Une telle combinaison révélait chez les membres du pouvoir exécutif un sens politique éclairé. Ils avaient compris combien les luttes religieuses apportent de trouble dans les États, et ils avaient reconnu la nécessité d'un accord que les catholiques désiraient ardemment. Sans doute, par le dépla-

cement de Mgr Lachat, ils sollicitaient de l'Église un sacrifice douloureux ; mais, dans la direction des affaires humai-
nes, il faut savoir faire des concessions, surtout lorsqu'elles
n'impliquent aucun abandon de principe; quiconque veut
tout obtenir de ses adversaires risque de perdre complètement la cause qu'il est chargé de défendre.

Les négociations une fois engagées, il était indispensable
que le pape Léon XIII et les sept cantons formant le diocèse
de Bâle donnassent leur assentiment aux bases qui venaient
d'être arrêtées. On pouvait compter sur les intentions conciliantes du Saint-Siège; et en effet, MM. Pedrazzini et Regazzi,
délégués du gouvernement du Tessin, s'étant de nouveau
rendus à Rome, en revinrent avec l'espoir d'une réponse favorable. Mais comment les sept cantons allaient-ils accueillir
les ouvertures du Conseil fédéral? Aucune difficulté n'était à
craindre de la part de Lucerne et de Zoug; il était permis
de compter également sur l'assentiment de Thurgovie, d'Argovie, de Soleure et de Bâle; mais en était-il de même de
Berne, où se concentraient, ainsi qu'à Genève, toutes les animosités anticatholiques? On eut bientôt à redouter de grands
obstacles de ce côté. Le Conseil fédéral ayant demandé aux
cinq cantons dissidents, s'ils étaient disposés à prendre part
à une conférence ayant pour objet la reconstitution du
diocèse de Bâle, la réponse du gouvernement de Berne fut
négative. Ce refus était de tous points injustifiable; il impliquait la volonté de laisser, malgré leurs protestations, les
60,000 catholiques du Jura sacrifiés à l'évêché soi-disant
national de M. Herzog ; il révélait des préoccupations d'intolérance que l'admirable attitude des opprimés laissait sans
excuse. Bientôt cependant, les autorités bernoises parurent
reconnaître qu'elles avaient commis une faute. Elles persistèrent à ne pas vouloir rétablir de relations officielles, ni avec
le Saint-Siège, ni avec les autres États auxquels le canton
avait été uni par le concordat de 1828 : " Berne n'ira pas à
Canossa ! „ s'écria leur organe, le *Bund* ; mais en même
temps, elles déclarèrent qu'elles ne feraient pas obstacle à ce
que les catholiques reconnussent au point de vue spirituel
la juridiction du nouvel évêque de Bâle: c'était dire qu'elles

ne rétribueraient pas l'évêché. L'inconséquence était flagrante : le radicalisme bernois continuait à patronner et à salarier un évêque schismatique, ayant à peine quelques centaines d'ouailles sans conviction ; il entretenait à grands frais une faculté de théologie vieille-catholique sans élèves ou peu s'en faut ; mais quant au clergé catholique, seul reconnu par les populations, il entendait n'avoir aucun rapport avec lui ! Quoi qu'il en soit, la décision finale du gouvernement bernois était moins intransigeante que sa première réponse ; et comme elle ne rendait pas impossible l'exécution du plan du Conseil fédéral, celui-ci, autorisé du reste par les autres cantons, entama des pourparlers officiels avec le Vatican.

Léon XIII se prêta avec empressement aux négociations et délégua Mgr Ferrata pour y représenter le Saint-Siège : le prélat arriva à Berne au mois d'avril 1884. A peine arrivé, il put constater de ses yeux l'une des injustices les plus criantes du Culturkampf : la belle église que les catholiques avaient élevée avec les aumônes généreuses de l'étranger et qui leur avait été odieusement ravie, était toujours occupée par la secte vieille-catholique, et il dut aller célébrer la messe dans le médiocre bâtiment où les fidèles s'étaient réfugiés. Le temps, souhaitons-le, fera disparaître cette spoliation. En attendant, les débats s'ouvrirent le 12 août entre le délégué apostolique d'une part et les trois délégués du gouvernement fédéral, MM. Welti, président de la Confédération, Peterelli et Aepli, d'autre part. Les journaux radicaux éclatèrent en sarcasmes ; l'idée d'un apaisement de la crise confessionnelle les révoltait ; ils dénoncèrent la duplicité ordinaire des diplomates romains et le danger d'entrer en composition avec la Curie. Heureusement que les autorités fédérales ne se laissèrent pas émouvoir par ces objurgations. Les pourparlers marchèrent rapidement, plus rapidement qu'on n'osait l'espérer ; peu de séances suffirent pour amener, le 21 septembre, entre Mgr Ferrata et les délégués du gouvernement fédéral, la signature des deux conventions suivantes :

Les délégués du Conseil fédéral, d'une part, et Mgr Ferrata, représentant du Saint-Siège, ont signé les conventions ci-dessous :

I. Affaire du diocèse de Bâle.

Art. 1er. — Aussitôt que Mgr Lachat aura reçu du Saint-Siège une autre destination, on procédera à la nomination de son successeur au siège épiscopal de Bâle.

Art. 2. — En dérogation aux dispositions de la convention de 1828, qui règle les rapports entre les parties contractantes, la nomination du successeur de Mgr Lachat est dévolue au Saint-Siège, qui choisira pour cette dignité un ecclésiastique agréé par le Conseil fédéral et possédant les qualités exigées par les canons de l'Église.

Il est expressément entendu que cette dérogation ne créera pas un précédent contraire aux dispositions de la convention précitée.

Art. 3. — Le nouvel évêque installé, on procédera à la constitution du chapitre cathédral de Soleure et au règlement des questions financières.

Art. 4. — Les ratifications de la présente convention seront échangées à Berne dans un délai de trois mois.

Procès-verbal. — Les délégués du Conseil fédéral et le représentant du Saint-Siège ont jugé nécessaire de constater :

1° Pour ce qui concerne la situation du canton de Berne, il est constaté que Berne ne prend pas part aux délibérations, mais que toutefois il ne s'est pas séparé de l'union des cantons formant le diocèse de Bâle ;

2° Les délégués du Conseil fédéral constatent que, comme évêque de Bâle, M. Fiala, prévôt du Chapitre cathédral de Soleure, sera agréé par le Conseil fédéral.

II. Affaire du Tessin.

Art. 1er. — Les paroisses du canton du Tessin seront détachées canoniquement des diocèses de Milan et de Côme et placées sous l'administration spirituelle du prélat qui prendra le titre d'administrateur apostolique.

Art. 2. — La nomination de l'administrateur apostolique sera faite par le Saint-Siège.

Art. 3. — Pour le cas où le titulaire viendrait à mourir avant l'organisation définitive de la situation religieuse des paroisses du canton du Tessin, le Conseil fédéral, le canton du Tessin et le Saint-Siège s'entendront sur la prolongation de l'administration provisoire instituée par cette commission.

Art. 4. — Le canton du Tessin s'oblige à prendre les mesures nécessaires pour l'exécution de la présente convention, notamment en ce qui concerne le traitement de l'administrateur apostolique et sa résidence.

Art. 5. — Les ratifications de la présente convention seront échangées à Berne, dans un délai de trois mois.

Procès-verbal. — Les délégués du Conseil fédéral, pour conclusion de la convention ci-dessus avec le Saint-Siège relative à l'organisation provisoire de la situation religieuse des paroisses du canton du Tessin, ont jugé nécessaire de constater, par le présent procès-verbal, que le Conseil fédéral s'en réfère à la communication de Mgr le cardinal Jacobini, du 20 octobre 1883, adressée à M. Regazzi, président du Conseil d'État du canton du Tessin, quant au choix de la personne qui sera appelée à revêtir les fonctions d'administrateur apostolique.

Ces deux conventions, prises dans leur ensemble, présentaient un caractère transactionnel. D'une part, le canton du Tessin cessait d'avoir des relations spirituelles avec les diocèses de Côme et de Milan, et Mgr Lachat n'était plus évêque de Bâle ; d'autre part, une administration diocésaine était établie dans le Tessin, et le diocèse de Bâle, à part les réserves de Berne, était reconstitué. La ville de Soleure redevenait la résidence de l'évêque de Bâle ; seule en effet, dans le diocèse, cette localité réunit les conditions requises d'une ville épiscopale ; elle possède une église cathédrale, des locaux pour le séminaire et un chapitre. Tout le monde avait fait preuve d'esprit de conciliation ; les susceptibilités d'amour-propre avaient été ménagées, les intérêts vitaux de l'Église catholique sauvegardés ; la prudence du Saint-Siège et de son représentant s'était jointe au zèle intelligent de MM. Ruchonnet et Welti pour amener la solution de deux problèmes qui semblaient insolubles.

L'exécution des conventions ne se fit guère attendre. Quatre des cinq cantons dissidents déclarèrent officiellement qu'ils y adhéraient ; le cinquième, le canton de Berne, sans se résigner à une reconnaissance officielle de l'évêché, fit connaître, ainsi qu'il en avait manifesté l'intention, qu'il laisserait le nouvel évêque exercer sur son territoire les fonctions épiscopales. Voici le texte même des résolutions qui furent prises :

1º Les délégués de Soleure, Argovie, Thurgovie et Bâle-Campagne décident que leurs cantons, chacun séparément, feront parvenir au Conseil fédéral leurs réponses au sujet de la ratification de l'entente selon la demande du Conseil fédéral adressée aux cantons. En outre, ces délégués déclarent, et il en est pris note au protocole, qu'ils sanctionnent l'accord intervenu le 1ᵉʳ septembre, entre les délégués du Conseil fédéral et le mandataire du Saint-Siège, relativement à l'administration du diocèse de Bâle, en autorisant le Conseil fédéral à en prononcer la ratification et à procéder à l'échange des signatures. De plus, les délégués, se basant sur la proposition antérieure faite au Conseil fédéral, se déclarent prêts à reconnaître M. le prévôt Fiala, de Soléure, comme évêque de Bâle, dès qu'il aura été élu.

2° Le délégué de Berne déclare, et il en est pris note au protocole, que son gouvernement, conformément à la déclaration faite le 16 février dernier, accordera à M. le prévôt Fiala, quand il aura été nommé évêque de Bâle, la permission d'exercer des fonctions épiscopales dans le canton de Berne, en tant qu'elles seront compatibles avec la loi bernoise sur les cultes.

Mgr Lachat, qui avait fait preuve d'une abnégation admirable, dès qu'une solution du conflit avait pu être entrevue, fut nommé par le Saint-Père archevêque de Damiette et administrateur apostolique du Tessin. M. le chanoine Fiala, prévôt du Chapitre de Soleure, fut promu, comme on l'a vu, à l'évêché de Bâle, de commun accord entre le Saint-Siège et les autorités fédérales.

L'apaisement du conflit confessionnel était tellement dans les désirs de la majorité du peuple suisse, que, dès 1883, un journal peu suspect, l'*Indépendance*, avait annoncé la fin du Culturkampf. " Il aura duré, disait-il, dix ans. Si tout marche bien, pour la fin de l'année, tout sera terminé, les ruines relevées et les blessures guéries. „ La prédiction se réalisa, sauf en un point de détail : ce ne fut qu'au mois d'août de l'année suivante que l'accord fut signé. Cet accord avait tous les caractères d'un traité de paix sincère et durable. Il démontrait aux fureurs radicales leur impuissance et leur injustice ; il était de nature à prévenir de nouveaux conflits du même genre, et à accroître l'influence de la Papauté, dont l'action modératrice était apparue une fois de plus dans sa pleine lumière.

Le nouvel évêq ue s'était distingué, au milieu des luttes du Culkerkampf, par sa fidélité à Mgr Lachat et sa fermeté sacerdotale ; il était entouré de la considération générale ; on lui reconnaissait toutes les qualités d'un prêtre instruit et éclairé.

Il fut consacré à Rome au mois de mai 1885 ; il avait au

préalable prêté serment le 21 avril, dans la salle du Grand Conseil de Soleure, en présence des délégués de tous les États du diocèse, à l'exception de Berne.

A peine consacré, il rentra dans son diocèse, et il fut reçu à Soleure, au bruit des cloches et du canon, par le clergé et les autorités municipales ; partout ailleurs, même à Bâle où il bénit la nouvelle église, il n'eut qu'à se louer de la réception qui lui fut faite.

Les États diocésains s'étaient du reste prononcés immédiatement après la reconstitution de l'évêché, en faveur du rétablissement du chapitre et ils s'étaient engagés à lui allouer un subside ; ils ne tardèrent pas non plus à lui promettre la restitution du legs Linder. Le gouvernement de Berne, de son côté, déclara bientôt, qu'il paierait sa part dans le traitement de l'évêque.

IV

Ce n'est pas à dire que tout sujet de légitime tristesse pour les catholiques fût désormais banni de la Suisse. Les points noirs avaient diminué; ils n'avaient pas complètement disparu. Genève ne s'était pas rattachée au diocèse reconstitué de Lausanne ; et à Bâle, on avait vu subitement les colères radicales, affaiblies ailleurs, s'abattre sur l'œuvre la plus vitale des catholiques, les écoles, avec un acharnement inouï.

On se demande pourquoi le gouvernement de Genève s'est refusé à concourir à la restauration du diocèse de Lausanne. Les catholiques du canton avaient-ils passé au vieux-catholicisme? Soutenaient-ils une église nouvelle n'ayant plus rien de commun avec l'Église romaine ? Combien de fois, dans le cours de ce récit, n'avons-nous pas relaté les faits qui témoignent du contraire ! Au moins le temps n'a-t-il pas amélioré les affaires du schisme? Écoutons le *Journal de Genève* (1) : " Il faut bien le dire pour nos

(1) Juillet 1883.

lecteurs étrangers, nos lecteurs genevois le savent aussi bien que nous : le schisme est dans la décrépitude la plus complète. Il n'a jamais été et ne sera jamais qu'une fiction légale, une immense supercherie, une entreprise officielle d'escroquerie des deniers publics. On paye de soi-disant curés 3.000 francs l'an, ceux de Genève 4.800, et ils n'ont dans l'église volée aux catholiques que leur femme et leur sacristain soldé comme eux. „

On se rend très bien compte de cette situation, lorsqu'on a égard aux sentiments de ceux qui avaient introduit la nouvelle église dans le canton. Le plus actif de ses apôtres avait été M. Marc Héridier : or, en 1867, il avait signé avec Bakounine une profession de foi rédigée en ces termes : « l'*Alliance* se déclare athée, elle veut l'abolition des cultes, la substitution de la science à la foi et de la patrie humaine à la patrie divine ; „ cinq ans plus tard, il avait fondé avec M. Carteret l'église vieille-catholique : qu'on juge si, avec de tels adhérents, cette église était viable. Ses pasteurs du reste continuaient à l'abandonner : témoin MM. Mehudin et Vergoin qui, en 1884, avaient disparu soudain ; et ceux qui, par esprit de parti, s'étaient fait inscrire sur ses listes, n'avaient pas même assez de dévouement pour faire en sa faveur quelques sacrifices pécuniaires. L'une des églises catholiques de Genève était l'église Saint-Joseph ; elle avait été confisquée comme les autres, mais elle était grevée d'hypothèques ; les créanciers réclamèrent ; les vieux-catholiques se refusèrent à payer les créanciers ; les tribunaux ordonnèrent alors la vente de l'édifice aux enchères publiques ; un bienfaiteur catholique en fit l'acquisition et s'empressa d'en remettre les clefs au curé de la paroisse.

Tous ces faits auraient dû, semble-t-il, déterminer le radicalisme genevois à mettre bas les armes. Il n'en fit rien. Pouvait-il vexer les catholiques? il ne s'en faisait pas faute. L'église de la commune de Lancy avait, au début du schisme, été livrée aux vieux-catholiques : ceux-ci étaient si peu nombreux, qu'elle était toujours vide. Vers la fin de 1883, on imagina de la partager entre les vieux-catholiques et les protestants ; un accord s'établit sur ces bases, et une proclamation annonça le fait, afin, disait-elle, de ne pas séparer plus longtemps par là diversité des lieux de culte ceux qui n'ont qu'un même Dieu et une même patrie. Les catholiques protestèrent ; ils furent éconduits, et, le jour de Noël de l'année 1883, le premier service protestant fut célébré dans leur ancienne église.

Cependant les intérêts lésés finirent par élever la voix. Les affaires se ressentaient péniblement des luttes politico-religieuses, la clientèle catholique avait considérablement diminué depuis l'ouverture du Kulturkampf. Déjà, au mois de mars 1884, la *Tribune* avait fait entendre le cri d'alarme : " Beaucoup moins, écrivait-elle, d'étrangers riches catholiques, craignant de se trouver au milieu de querelles ; moins de clients savoyards ou russes ; puis des communards en quête d'ouvrage ou des prêtres réclamant des subsides continuels de l'État. La balance est facile à établir et le déficit s'est chiffré dans ces dix ans par bien des millions à nos dépens. Six ans de luttes, des millions de perdus, un courant commercial détourné pour arriver en définitive à faire nommer Mgr Mermillod évêque de Lausanne et de Genève, à remplir les églises catholiques romaines et à voir se vider toujours davantage les prônes des curés que paye l'État : c'est un maigre résultat pour nos efforts. „ L'un des hommes les plus écoutés du Grand Conseil, M. Chennevière, ne parla pas autrement : " Les étrangers, dit-il, nous tiennent rigueur à cause des mesures sévères adoptées contre le culte catholique romain. „

Cette situation aurait dû, semble-t-il, provoquer un brusque changement. Mais je l'ai déjà fait remarquer, la logique conduit rarement les foules : tout en se plaignant, elles remontent difficilement aux causes et hésitent à les faire disparaître. Ce n'est que lentement que la vérité et la raison reprennent leurs droits. Un symptôme de dispositions plus favorables se manifesta cependant lors de l'élection en 1883 du Conseil d'État. Les démocrates qui sont, à Genève comme aux États-Unis, les conservateurs, y obtinrent deux sièges : l'un d'eux ne leur était pas disputé ; l'autre l'était vivement, et bien qu'ils luttassent sans grand espoir, ils battirent le conseiller sortant, qui représentait le mieux " la manière forte „. Ce succès partiel n'empêcha pas M. Carteret de continuer à disposer dans le Conseil exécutif d'une majorité de cinq voix.

Ce premier symptôme fut suivi, à quelques mois d'intervalle, d'un second beaucoup plus significatif. Le 26 octobre 1884, le Grand Conseil, composé de 100 membres, devait être intégralement renouvelé. Le *Journal de Genève* se rangea nettement du côté des démocrates; il fit toucher du doigt l'une des plaies du régime radical : " Sur ces bancs que l'on veut peupler de dévouements aveugles et de fonctionnaires, écrivit-il, vous voulez, n'est-il pas vrai, qu'il y ait des hommes libres et des yeux clairvoyants ? Cela est nécessaire en tout temps, mais plus encore aujourd'hui, depuis que certains départements de l'État ont cessé d'être une maison de verre et le palais de la vérité. Vous avez vu comment certaines dépenses ont failli être soustraites au contrôle du Grand Conseil, parce qu'elles se trouvaient dissimulées dans un compte-rendu sous des formules inexactes, et vous serez peut-être d'avis que " les commis „ auxquels on imputé cette étourderie auraient été plus attentifs, s'ils avaient eu à compter avec un Grand Conseil plus vigilant. „ A Genève du reste, comme ailleurs, la gestion financière des radicaux avait été détestable, et les budgets du canton avaient soldé en déficit tant en 1884 qu'en 1882 et 1883; les nouveaux impôts ou les emprunts menaçaient l'horizon, et cette perspective jointe à la lassitude née de luttes religieuses stériles ne pouvait que faire espérer un revirement dans une portion notable du corps électoral.

Les catholiques et les conservateurs protestants marchèrent unis au scrutin. M. Carteret évoqua de nouveau le spectre clérical; il tonna, aidé de ses amis, contre l'entente des conservateurs protestants avec les catholiques; mais un des orateurs démocrates, M. Rutty, répondit : " On nous reproche d'avoir des alliances. Eh bien, oui, nous en avons, si c'est avoir des alliances que de donner la main à des patriotes qui nous la tendent. „ Cet hommage rendu au patriotisme des catholiques était un indice heureux.

Le 9 novembre 1884, eurent lieu les élections. Elles donnèrent la majorité à 51 radicaux et à 49 démocrates. La ville de Genève elle-même avait élu 11 démocrates contre 26 radicaux; le collège de la Rive droite s'était prononcé en faveur des radicaux, en élisant 19 de leurs candidats contre 4 démocrates seulement; mais la Rive gauche, témoin principal des exploits de la persécution religieuse, avait choisi 94 démocrates contre 6 radicaux : M. Héridier était resté sur le carreau.

On peut juger, d'après ces résultats, de la réaction qui s'était produite dans l'esprit public. En 1882, la ville et la Rive droite ne nommaient que des radicaux, la Rive gauche en élisait une vingtaine. Désormais les deux partis étaient à peu près en équilibre au sein du pouvoir législatif.

Le *Journal de Genève*, apprécia les élections dans les termes suivants :

« Ce qui, par-dessus tout, nous plaît dans la composition de la nouvelle assemblée, c'est la garantie qu'elle nous offre que tous les actes de l'administration seront à l'avenir sérieusement contrôlés; car au fond, dans notre petit ménage où la politique a toujours tenu une trop grande place, c'est là ce qui nous importe le plus.

» Nous ne voulons pas que l'on nous ruine sous prétexte de politique ni que l'on fasse les affaires de quelques-uns aux dépens de celles de l'ensemble des citoyens. Les contribuables auxquels on avait fait entrevoir la perspective peu riante de nouveaux impôts et de 26 millions de dettes ne seront pas fâchés de voir le Grand Conseil s'occuper de ces questions pratiques que nos grands politiques trouvent trop vulgaires pour eux. Ils seront heureux de voir étudier la réforme administrative et rechercher les moyens de rétablir l'équilibre dans nos budgets, sans que ce soit à leurs dépens. »

Ces lignes pourraient s'appliquer à d'autres pays encore que la Suisse. Les radicaux et les libéraux sont les mêmes partout. Le régime qu'ils établissent est celui d'une coterie qui pèse lourdement, par sa gestion financière, sur les contribuables, et qui, par son intolérance, blesse les consciences : une expérience déjà longue rend cette vérité incontestable.

Le 15 mars 1885, le candidat démocrate fut, dans une élection partielle, nommé conseiller d'État; mais, par un revirement étrange, au mois de novembre suivant, lors des élections générales pour le Conseil d'État, la liste radicale passa tout entière, à l'exception de deux noms, MM. Dunant et Ador, portés cette fois sur les deux listes.

M. Carteret restait ainsi le maître du gouvernement. Les vainqueurs célébrèrent bruyamment leur succès, et le président du Conseil d'État tint le langage suivant : " Les institutions établies en 1873 sont fondées sur des assises assez solides, assez dures pour défier un tentative de réaction. L'opinion publique s'est d'ailleurs prononcée à plusieurs reprises avec une telle fermeté, qu'elle saurait refréner immédiatement l'audace d'une agression quelconque. „

L'avenir, espérons-le, fera justice de cette prophétie. Cependant de nouvelles élections au Grand Conseil, celles de 1886, maintinrent la majorité aux mains des radicaux.

Mais il convient de faire remarquer que si les spoliations décrétées au fort du Culturkampf subsistaient, toute persécution contre les catholiques avait cessé.

La situation s'était donc aussi améliorée à Genève, et vraiment, en parcourant des yeux toute la Suisse, ce n'était guère qu'à Bâle qu'on pouvait signaler une recrudescence victorieuse du fanatisme radical.

Après qu'il y a quelque douze ans le vieux-catholicisme eut reçu l'appui de l'État, les catholiques de Bâle avaient formé une communauté libre. Celle-ci avait prospéré ; bientôt, l'église Sainte-Claire, située à Petit-Bâle, ne leur suffit plus, et ils conçurent le dessein d'en construire une autre à Grand-Bâle même. D'autre part, ils possédaient des patronages pour les apprentis et les ouvriers, et de longue date, depuis cinquante ans environ, des écoles dirigées, les unes par les Frères de Marie, les autres par les Sœurs de Portieux ; ces écoles n'avaient jamais donné lieu à aucune plainte.

Des progrès aussi marqués avaient exaspéré les radicaux, qui cherchèrent à frapper les catholiques au cœur. Tout à coup, en 1883, un décret du Conseil d'État exclut des écoles publiques et privées du canton les congrégations enseignantes, et cette décision fut ratifiée par le Grand Conseil à la majorité de 64 voix contre 54. Le président du Conseil d'État invoqua les intérêts de l'instruction publique, et le docteur Brenner assimila courtoisement les prêtres et leurs aides aux vagabonds, aux mendiants et aux voleurs auxquels il est bon de fermer le territoire. Un appel au peuple ne réussit pas. 4,479 voix contre 2,910 donnèrent, le 24 février 1834, gain de cause aux proscripteurs. Les catholiques avaient donc le nombre contre eux. Mais le droit et la liberté succombaient avec eux. Leurs prétentions étaient-elles excessives ? étaient-elles entachées en quelque manière d'un esprit d'exclusivisme ? Non ; ils demandaient simplement de pouvoir confier leurs enfants aux maîtres de leur choix ; cela même leur était refusé. C'est toujours le vieux programme du libéralisme : on est libre de n'être pas catholique, de fréquenter les écoles de l'État, de doter les établissements publics ; mais si l'on entend être catholique, on doit se résigner à mille entraves apportées à sa liberté ; car l'État, dit-on, a des droits supérieurs à l'individu, et l'Église est une ennemie qui veut lui disputer le commandement.

Un recours fut adressé au Conseil fédéral. Les catholiques s'appuyèrent, pour le justifier, sur plusieurs articles de la Constitution fédérale. Ils firent ressortir que la décision dont ils étaient les victimes violait la liberté religieuse ; que l'intervention des congrégations dans l'enseignement n'était nullement incompatible avec la direction exclusive du pouvoir civil, et que d'ailleurs l'autorité fédérale pouvait seule étendre à d'autres ordres religieux qu'aux Jésuites et aux communautés affiliées, l'interdiction dont ceux-ci étaient frappés. Mais, cette fois, le Conseil fédéral resta sourd à ce cri des consciences froissées : être équitable deux fois, dans la question diocésaine et dans la question scolaire de Bâle, c'eût été trop. Il repoussa donc le recours des catholiques bâlois, en se bornant à alléguer que les articles visés par les pétitionnaires n'étaient pas violés. On a peine à comprendre cette argumentation ; nulle subtilité ne réussira à démontrer que les droits des catholiques n'aient pas été ouvertement foulés aux pieds. Les citoyens suisses jouissent de la liberté de croyance, de la liberté des cultes et de la liberté de pensée. Comment ces libertés seraient-elles sauves, s'il est permis de refuser aux catholiques le droit de donner ou de recevoir l'enseignement qui leur convient, bien plus si on leur impose un enseignement qu'ils considèrent comme étant en opposition avec leurs convictions les plus chères ? Il y a donc eu là de la part du Conseil fédéral une injustice et une défaillance : l'esprit de parti seul pourrait le méconnaître.

Le gouvernement cantonal de Bâle avait rejeté le sursis qu'on lui demandait d'apporter à l'exécution de son décret : une mauvaise action doit se consommer rapidement. Les congréganistes expulsés, on pouvait espérer que le despotisme radical consentirait à laisser les écoles catholiques se reconstituer avec des maîtres laïques. En apparence, il s'y montra disposé. Il avertit en effet le comité directeur des ecoles catholiques, que si celui-ci entendait employer un personnel séculier, il devrait produire avant le 16 août 1884 les preuves de la capacité des nouveaux instituteurs, en même temps que le programme de l'enseignement, le plan des locaux, etc. Le comité se soumit. Mais le dessein de supprimer les écoles catholiques était arrêté dans l'esprit des gouvernants ; le personnel laïque ne trouva pas grâce devant lui, sous le prétexte qu'il ne réunissait pas les conditions légales ; les écoles catholiques furent fermées, et les 1,600 enfants qui les fréquentaient répartis dans les écoles publiques de la ville. De quoi, s'écrièrent les partisans du gouvernement, les catholiques pourraient-ils se plaindre ? On fera suivre désormais à leurs enfants un enseignement " interconfessionnel, „ c'est-à-dire approprié à toutes les communions. C'est toujours le même souci de la liberté des autres. Du moment où un enseignement convient aux radicaux, il doit convenir à tout le monde. Que diraient-ils cependant, si, renversant la situation, on leur imposait un enseignement confessionnel, par la raison que telle est la volonté de la majorité et qu'un enseignement de ce genre ne peut être qu'utile à la jeunesse ?

Il ne suffisait pas d'enlever aux enfants catholiques la liberté de recevoir l'enseignement qui avait les préférences de leurs parents, on les accabla encore d'avanies lorsqu'ils se présentèrent, à la rentrée des classes, dans les écoles de l'État. A la suite d'examens où l'arbitraire se donna libre carrière, ils furent bafoués et plusieurs d'entre eux accablés d'injures et de soufflets. Nous n'exagérons rien : les choses allèrent si loin, qu'un député protestant, M. Burckhardt, fit retentir la salle du Grand Conseil d'éloquentes paroles de réprobation. La population catholique de son côté témoigna son mécontentement par des protestations significatives.

Le but des radicaux bâlois était manifeste ; ils voulaient rendre tous leurs concitoyens, sinon protestants croyants, au moins rationalistes. Mais tout permet de croire qu'ils ne réussiront pas : la persécution a toujours rendu le catholicisme plus vivace, et c'est augmenter la ferveur de ses disciples que de chercher à leur enlever leurs croyances par la violence, soit légale, soit matérielle.

Si du reste les catholiques avaient pris contre les protestants des mesures analogues à celles dont ils étaient les victimes à Bâle et partout où le Culturkampf avait exercé ses ravages, que de clameurs n'aurions-nous pas entendues ! que de récriminations ! que de paroles d'indignation ! Mais, quand il s'agit des catholiques, c'est autre chose. Quelques journaux suisses, respectueux, quoique non catholiques, des droits des consciences, se rangaient du côté des opprimés, mais le silence se faisait bientôt autour de leurs revendications. La grande presse européenne se gardait de les reproduire, et l'iniquité se consommait au milieu d'une indifférence systématique. On est en droit néanmoins de l'affirmer : le catholicisme possède, en Suisse comme ailleurs, une sève qui le rend incomparablement plus fort que ses adversaires, si nombreux que soient ceux-ci, et c'est pourquoi l'on peut espérer que l'intolérance radicale, battue dans presque tous ses centres d'action, sera bientôt chassée des points extrêmes, Bâle et Genève, où elle s'est réfugiée. Alors la pacification, déjà accomplie à peu près partout, sera devenue une vérité sur le territoire suisse entier, et le Culturkampf n'y sera plus qu'un mauvais souvenir.

Ce qui fortifie cette espérance, c'est que, partout ailleurs, les idées de paix prévalent et que le catholicisme est en progrès.

Dans le canton d'Argovie, la paroisse d'Ober-Mumpf, dans le district de Rheinfeld, licencia en 1885 son curé vieux-catholique et le remplaça par un prêtre romain ; à la même époque le pouvoir législatif du canton décida que les biens ecclésiastiques seraient rendus à l'administration des paroisses sous la surveillance de l'État, et que leur produit ne pourrait être employé qu'au paiement des ecclésiastiques, à la réparation et à la reconstruction des églises et des cures.

A Zurich, on avait enlevé aux catholiques leur église pendant la tourmente du Culturkampf, et tous subsides de l'État leur avaient été retirés. Réfugiés dans une chapelle louée, ils bâtirent une église nouvelle qui fut consacrée au mois d'août 1885, et maintenant l'église et la chapelle sont trop petites pour la foule qui s'y presse.

Enfin, dans le Tessin, on a révisé les lois ecclésiastiques portées en 1855, après une longue ère de paix, par le régime radical.

A cette époque, on avait supprimé la juridiction de l'archevêque de Milan et de l'évêque de Côme, à laquelle étaient soumis les catholiques du Tessin ; on avait confié le choix des curés au peuple, abusant ainsi du droit de présentation dont jouissaient certaines paroisses ; on avait attribué aux communes les biens ecclésiastiques, et on en avait confié l'administration aux conseils municipaux ; on avait enfin investi l'État d'un droit de surveillance sur la chaire et même sur le confessionnal.

Nous avons déjà raconté comment les catholiques du Tessin furent, à la suite de la reconstitution du diocèse de Bâle, placés sous l'autorité épiscopale de Mgr Lachat. C'était une première mesure de réparation ; d'autres suivirent. Une loi fut portée qui accorda à l'évêque et à son clergé liberté complète pour l'accomplissement de leur ministère, confia les biens ecclésiastiques à des conseils paroissiaux nommés *ad hoc*, et borna à un droit de présentation les prérogatives de l'assemblée paroissiale quant au choix des curés, sauf dans les lieux où il y a des patronages privés ou dans les paroisses qui ont un chapitre ; toutes les lois radicales furent expressément déclaréees abolies. Les radicaux eurent recours au *referendum* pour tâcher de maintenir l'état des choses existant ; mais le peuple ratifia à 1,300 voix de majorité environ les résolutions du pouvoir législatif.

A peine installé, au mois d'octobre 1886, Mgr Lachat vint à mourir. Aussitôt le canton du Tessin demanda son érection en diocèse ou tout au moins le maintien de l'administration provisoire ; le Conseil fédéral, au contraire, manifesta le désir de le rattacher à l'un des diocèses suisses existants. Cette diversité d'opinions provoqua de la part de la *Gazette de Lausanne* la réflexion suivante : " Quand on peut faire plaisir à des confédérés à si bon compte, il ne faut pas y manquer. „ Espérons que ce sage conseil sera suivi.

CONCLUSION.

—

Nous avons déjà eu occasion de constater, au cours des derniers chapitres de cet ouvrage, que tous les vestiges du Culturkampf n'ont pas disparu du sol de la Suisse. La révision fédérale de 1874 n'a pas été modifiée ; les cadres du schisme, bien qu'affaiblis, subsistent ; l'évêque Herzog est toujours soutenu et rétribué par certains gouvernements ; la faculté de théologie vieille-catholique de Berne continue à être subsidiée par l'État ; à Genève, l'organisation tout entière de la secte a été maintenue et les fidèles sont toujours privés de leurs églises ; les restes des vieux-catholiques, à Porrentruy et à Lucerne, réclament, au détriment des catholiques, des locaux pour la célébration d'un culte auquel, pour la plupart, ils ne participent pas.

Il est cependant permis d'affirmer que l'ère du Culturkampf est close.

Le but de la campagne ouverte en 1872 était d'arracher le peuple catholique à l'unité romaine : il n'a pas été atteint ; les moyens cauteleux et violents ont été tour à tour et souvent en même temps mis en œuvre ; rien n'y a fait : les âmes ne se sont pas laissé conquérir ; ceux-là seulement qui déjà antérieurement avaient passé à l'incrédulité se sont affublés du masque schismatique. Bien plus, les chrétiens se sont retrempés dans la persécution ; ils sont devenus plus fervents, plus zélés, plus énergiques. Quel spectacle admirable n'ont-ils pas donné ! Des populations, pauvres pour la plupart et formant la minorité des cantons où sévissait la tempête, ont résisté à toutes les obsessions du pouvoir, à tous les appâts pécuniaires, à toutes les habiletés de la calomnie; privées de leurs prêtres, elles leur sont restées invinciblement atta- chées. On est consolé de bien des hostilités et de bien des turpitudes en méditant ces exemples réconfortants de vail- lance morale ; on se sent aussi encouragé à les suivre.

Telle est la leçon qui découle de l'histoire du Culturkampf en Suisse ; c'est ce qui m'a décidé à l'écrire : elle constitue à la fois une apologie et un enseignement de propagande.

TABLE DES MATIÈRES.

—